**DER JUGENDRAT
DER GENERATIONEN-STIFTUNG**

IHR HABT KEINEN PLAN
DARUM MACHEN WIR EINEN

DER JUGENDRAT DER GENERATIONEN STIFTUNG

FRANZISKA HEINISCH UND SARAH HADJ AMMAR,
JONATHAN GUT, JAKOB NEHLS, HANNAH LÜBBERT,
LUCIE HAMMECKE, NIKLAS HECHT, DANIEL AL-KAYAL

IHR HABT KEINEN PLAN
DARUM MACHEN WIR EINEN

10 BEDINGUNGEN FÜR DIE RETTUNG UNSERER ZUKUNFT

HERAUSGEGEBEN VON CLAUDIA LANGER

MIT EINEM VORWORT VON HARALD LESCH

BLESSING

Sollte diese Publikation Links auf Webseiten Dritter enthalten, so übernehmen wir für deren Inhalte keine Haftung, da wir uns diese nicht zu eigen machen, sondern lediglich auf deren Stand zum Zeitpunkt der Erstveröffentlichung verweisen.

Verlagsgruppe Random House FSC® N001967

1. Auflage, 2019
Copyright © 2019 by Jugendrat der Generationen Stiftung
Copyright © dieser Ausgabe by Karl Blessing Verlag, München,
in der Verlagsgruppe Random House GmbH,
Neumarkter Str. 28, 81673 München
Herstellung: Ursula Maenner
Satz: Leingärtner, Nabburg
Druck und Einband: GGP Media GmbH, Pößneck
Printed in Germany
ISBN: 978-3-89667-656-6

www.blessing-verlag.de

Wir widmen dieses Buch allen Menschen,
die je zu uns gesagt haben:
„It's not gonna happen."

INHALT

Vorwort von Harald Lesch 11

**Intro von Claudia Langer:
Generationengerechtigkeit –
ein revolutionäres Konzept** 15

AN DIE GENERATION „NOT GONNA HAPPEN" 19

BEDINGUNGEN 1 UND 2:
KLIMA RETTEN UND ÖKOZID VERHINDERN 29

1. Die Menschheit löscht sich selbst aus 29

2. Der Plan gegen die Klimakrise 48

**3. Der Plan zur Vermeidung des ökologischen
Kollapses** 59

BEDINGUNG 3:
DEN ENTFESSELTEN MARKT WIEDER
AN DIE LEINE LEGEN 69

**1. Unsere Wirtschaftsweise hat eine
katastrophale Bilanz** 69

**2. Der Plan für einen Paradigmenwechsel
zu einer generationengerechten Wirtschaft** 83

BEDINGUNG 4:

SOZIALE GERECHTIGKEIT SCHAFFEN – FÜR EINE ZUKUNFTSFÄHIGE GESELLSCHAFT 99

1. Jede gesellschaftliche Veränderung kann
   zur Bestandsprobe werden 99

2. Der Plan für eine Gesellschaft, auf die wir bauen
   und in der wir leben können 102

BEDINGUNG 5:

VORBEREITUNG DER ARBEITSWELT AUF DIE ZUKUNFT 113

1. Die digitale Revolution – ein dramatischer
   Umbruch 113

2. Der Plan für eine neue Arbeitswelt 120

BEDINGUNG 6:

GUTE BILDUNG FÜR ALLE GARANTIEREN 127

1. Wie der Fokus auf Humankapital unendlich
   viele Chancen raubt 127

2. Der Plan für eine Bildung, die vermittelt,
   was wirklich zählt 136

BEDINGUNG 7:

DER DEMOKRATIE NEUES LEBEN EINHAUCHEN 145

1. Die Demokratie ist in Gefahr 145

2. Der Plan zur Weiterentwicklung unserer Demokratie 156

BEDINGUNG 8:

GLOBALE GERECHTIGKEIT ENDLICH KONSEQUENT ANGEHEN 165

1. »Eine Welt« – von Ausbeutung, geraubten Perspektiven und Unmenschlichkeit 165

2. Der Plan für die Grundsteinlegung zu einer gerechten Welt 179

BEDINGUNG 9:

FRIEDEN GARANTIEREN UND MENSCHENRECHTE EINHALTEN 189

1. Das Gerüst von Frieden und Menschlichkeit wankt gefährlich 189

2. Der Plan zur Abrüstung und zu einem menschen- würdigen Umgang mit Geflüchteten 200

BEDINGUNG 10:

**DIGITALE WELT GESTALTEN, BEVOR ES
ZU SPÄT IST** 209

1. Die Digitalisierung als nächste Bestandsprobe
   für die Menschheit 209

2. Der Plan zur Gestaltung der digitalen Zukunft 225

NACHWORT:

SCHLIESST EUCH UNS AN 233

**UNSER PLAN - EINE ÜBERSICHT ÜBER UNSERE
100 FORDERUNGEN** 237

DANKE 249

Anmerkungen 253

Vorwort

Es ist beschämend für uns Erwachsene, dass dieses Buch geschrieben werden musste, wirklich. Ein Land, das so sehr von Wissenschaft und Technik lebt, das so viele großartige Universitäten, Hochschulen und Forschungseinrichtungen staatlich finanziert, braucht seine Jüngsten, die ihm sagen: »Hört auf die Wissenschaft!«

Gesellschaft und Politik haben sich in Deutschland seit Jahrzehnten an der Zukunft der Kinder versündigt. Anstatt darauf zu achten, unseren Kindern eine bessere Welt zu hinterlassen, ihnen die Voraussetzungen für ein gerechtes und glückliches Leben zu bieten, haben wir die Zukunft der kommenden Generationen unserem Jetzt geopfert. Manager und DAX-Vorstände, Gremien und Verbände, Lobbyisten in Legionsstärke, sie alle haben alles unternommen, unseren demokratisch gewählten Repräsentanten einzureden, dass die Warnungen der Wissenschaftler und Wissenschaftlerinnen nicht ernst zu nehmen seien. Klar, einerseits sorgen Forschung und Technik für unseren Wohlstand, aber sobald sie Nachrichten aus dem Reich der Natur bringen, die den Erwartungen der Wirtschaft entgegenstehen, da werden die gemessenen objektiven Ergebnisse einfach ignoriert, verniedlicht oder noch schlimmer, die Forschungsergebnisse werden als Lügen bezeichnet.

Seit 1979 wissen wir, was los ist. Seit vierzig Jahren liegen die Fakten auf dem Tisch. Selbst die Ölkonzerne, wie man inzwischen weiß, wussten schon in den 1980er-Jahren genau, was sie anrichten werden, wenn sie so weitermachen mit der Verbrennung fossiler Ressourcen. Sie kannten die Diagramme der erwartbaren Temperaturerhöhung, alle Beteiligten warfen wahrscheinlich einen kurzen Blick darauf, und dann taten sie das, was sie seitdem immer tun: Business as usual.

Aber damit, mit dem Weiter so wie bisher, muss jetzt Schluss sein! Und genau diesen Aufruf, samt Plänen zur Umsetzung für eine gerechte und ökologisch handelnde Gesellschaft, finden Sie in diesem Buch. Die jungen Leute haben sich zusammengesetzt, haben gestritten und geschuftet und einen Plan gemacht. Sie haben recherchiert, diskutiert und Expertinnen und Experten befragt. Sie haben sich den Fakten gestellt und nicht so getan, als gäbe es sie nicht. Die, die dieses Buch geschrieben haben, haben sich um uns alle verdient gemacht. Denn sie zeigen uns, wie es gehen könnte, wenn wir so mutig und radikal sind wie sie. Wenn wir uns nicht mehr einlassen auf den sozio-ökonomischen Mainstream des politischen Establishments mit seinen Hinterzimmerrunden, die keiner kennt, mit den geheimen Absprachen und wohlorganisierten Einflussnahmen auf Gesetzestexte durch Beratungsbüros und Lobbyistenvereine. Wenn endlich mal die politischen Entscheidungen auf allen Ebenen der Mittelverteilung, der sozialen Gerechtigkeit, der Bildung und der Generationengerechtigkeit offen und transparent diskutiert werden und vor allem, wenn dann auch Handlungen folgen, die diesen Namen verdienen, dann könnte es gerade noch klappen. Dann könnten wir in Deutschland mal wieder zu einer wirklichen Gemeinschaft werden, die sich um die Fragen kümmert, wer wir sind und wohin unser Land, unser Kontinent gehen sollen? Was können wir beitragen, anstatt immer nur mehr zu verdienen?

Ich wünsche mir, dass Sie nach der Lektüre dieses Buches, nachdem Sie sich die Augen gerieben haben und wieder klar sehen, die guten Perspektiven erkennen, dass Sie dieses Buch an andere Menschen weitergeben, die sich vielleicht ebenfalls von den Ideen der jungen Menschen anstecken lassen und aktiv an einer Zukunft für die kommenden Generationen mitarbeiten.

Gemeinsam denken die jungen und älteren Mitglieder der Generationen Stiftung – zu letzteren zähle wohl auch ich – über Lösungen für die drängendsten Zukunftsfragen nach und schmieden Pläne. Bleiben Sie mit uns im Dialog.

Also los jetzt! Und keine Ausreden mehr. Wir müssen es diesmal richtig machen. Und uns bleibt nicht viel Zeit.

Ich rechne mit Ihnen!

Herzlich,
Ihr Harald Lesch

Intro: Generationengerechtigkeit – ein revolutionäres Konzept

Liebe Leserinnen und Leser,

das Buch, das Sie gerade in den Händen halten, ist der vorläufige Höhepunkt unserer Arbeit in der Generationen Stiftung. Begonnen hat alles 2013 mit unserem Generationen Manifest, das über 230 000 Menschen unterzeichneten. Seitdem hat sich die Stiftung als überparteiliche Interessenvertretung kommender Generationen einen einflussreichen Platz im öffentlichen Diskurs gesichert und viele Unterstützer gefunden. Die Sorge um die Zukunft unseres Planeten ist in dieser Zeit nicht geringer geworden. Ganz im Gegenteil.

Anfangs haben wir Initiatoren noch im Namen der jungen und kommenden Generationen gesprochen, doch schon bald haben sie selbst die Stimme erhoben. Gut so.

»Ihr habt keinen Plan, darum machen wir einen« ist ein Wunder. Ein kühner Entwurf, der uns als Gesellschaft viel abverlangt. Geschrieben von bemerkenswerten Menschen mit herausragendem Weitblick, großer Neugier, hoher Teamfähigkeit und der unbändigen Kraft, sich von der immer wieder aufsteigenden Angst um die eigene Zukunft nicht unterkriegen zu lassen.

Tatsächlich ist Generationengerechtigkeit ein revolutionäres Konzept, das uns zwingen würde, unser Leben, unser Wirtschaften und unsere Gesellschaft völlig neu aufzustellen. Und alternativlos, weil wir radikale Gegenmaßnahmen einleiten müssen, um die Zukunft der nächsten Generationen zu retten. Die

Mitglieder des Jugendrats arbeiten in der Generationen Stiftung mit uns, den »älteren« Experten und Wissenschaftlern, gleichberechtigt an Lösungen zu den drängendsten Zukunftsfragen. Für viele von uns, die sonst selbst in der ersten Reihe, vor den Kameras und an den Mikrofonen stehen, bedeutet das ein neues Rollenverständnis: Wir sind nicht mehr die Macher und Welterklärer. Wir treten einen großen Schritt zurück, um unser Wissen, unsere Netzwerke und Erfahrungen zur Verfügung zu stellen, überlassen die große Bühne aber der nächsten Generation.

Wir »Alten« haben die Entstehung dieses folgenreichen Zukunftsplans mit größtem Respekt und echter Bewunderung begleitet und versucht uns mit Rat und Tat nützlich zu machen. Und es bleibt offen, wer von unseren Debatten mehr profitiert hat: wir »Alten« oder die »Jungen«?

Sicher ist, dass wir alle viel gelernt haben und die Begegnungen warm, manchmal hitzig, immer inspirierend und von großem wechselseitigen Respekt getragen waren.

Entstanden ist dieses Buch in einer Phase voller Schreckensmeldungen: dramatischste Klimaszenarien, sterbende Riffe und schmelzende Gletscher, der schnelle Rückgang der Fischbestände, von Überflutungen bedrohte Küstenstädte, steigende soziale Ungleichheit, weltweites Erstarken von Rechtspopulisten.

Die Autor*innen haben dieses Buch im vergangenen Halbjahr in der Überzeugung geschrieben, dass wir in einer entscheidenden Phase der Menschheitsgeschichte angekommen sind. Die Kipppunkte sind bald überschritten. Die nächsten Jahre bieten vielleicht die letzte Möglichkeit, das Schlimmste zu verhindern: die Zerstörung der natürlichen Lebensgrundlagen, wie wir sie seit Beginn unserer Zivilisation kennen.

Wir alle hoffen, dass der vorgelegte Plan und seine Forderungen eine breite gesellschaftliche Debatte auslösen, denn ohne politische und gesellschaftliche Unterstützung ist der notwendige Kurswechsel nicht zu erreichen.

Kommen Sie an unsere Seite!

Seit April 2018 gibt es den Jugendrat der Generationen Stiftung. In dieser Talentschmiede wuchsen die Mitglieder mit Trainings, Workshops und Coachings über sich hinaus. Sie übernehmen schon heute verantwortungsvolle Rollen in NGOs und Parteien und beeindrucken mit souveränen Auftritten in den Medien. Ihre Kampagnen werden bundesweit diskutiert. Die Absenkung des Wahlalters sowieso, aber auch die Frage nach der Generationengerechtigkeit von SUVs und der Zukunft des Generationenvertrages. Die Erfolge dieser Ausnahmetalente begleiten zu dürfen ist für uns alle in der Stiftung und im Kuratorium höchste Motivation für unser Engagement. Ich bin überzeugt, dass von »diesen jungen Leuten« noch viel zu hören sein wird, und bin dankbar, dass ich in unserer Zusammenarbeit so viel von einer anderen Generation lernen konnte.

Ich lade Sie ein, »gemeinsame Sache« mit uns zu machen. Denn es braucht auch Sie, liebe Leserin, lieber Leser, um Generationengerechtigkeit auf die Agenda zu heben und gegen alle Widerstände dort zu halten. Ich wünsche mir daher, dass Sie dieses Buch an viele andere Menschen weitergeben, die sich ebenfalls von den Ideen der jungen Menschen anstecken lassen und aktiv an einer Zukunft für alle mitarbeiten. Bleiben Sie mit uns im Gespräch, im Austausch, in Kontakt. Die Generationen Stiftung freut sich über Ihre Ideen, Anmerkungen und Fragen und vor allem über neue Mitglieder aller Generationen und Spenden, um die Arbeit des Jugendrats weiter zu ermöglichen. Besuchen Sie uns unter www.generationenstiftung.com, abonnieren Sie unseren Newsletter, werden Sie Fördermitglied und lassen Sie uns gemeinsam die Welt für unsere Kinder ein großes Stück besser machen.

Es ist höchste Zeit.

Ihre

Claudia Langer

AN DIE GENERATION „NOT GONNA HAPPEN"

Liebe Generation „not gonna happen",

mit diesem Buch klagen wir euch an.

Wir sind die Kinder und Enkel*innen, die von euch gelernt haben. Ihr habt uns gesagt, wir müssten immer ehrlich sein. Ihr habt uns eingebläut, dass unser Handeln Konsequenzen hat. Wir sollten mutig sein, wenn andere sich verkriechen. Wir sollten füreinander einstehen und ein Miteinander gestalten. Wir sollten unsere Gegenüber ernst nehmen und ihre Kritik annehmen. Ihr wolltet, dass wir Überzeugungen entwickeln und auch nach diesen leben. Wir sollten lernen, Verantwortung zu übernehmen. Wenn wir Fehler machen, so wurdet ihr nicht müde zu wiederholen, sollten wir sie gefälligst auch eingestehen und versuchen, sie auszubügeln. Auf diese Weise habt ihr uns vermittelt, was richtig und falsch ist und worauf es ankommt im Leben. Wir haben uns all das zu Herzen genommen, und wir denken: Damit hattet ihr recht.

Jetzt halten wir euch den Spiegel vor. Ihr habt uns die ganze Zeit etwas vorgemacht, habt nicht nach euren eigenen Regeln gelebt und tut es immer noch nicht. Stattdessen habt ihr ein Leben geführt, das so nur möglich war, wenn man die rücksichtslose Ausbeutung der Natur und unserer Zukunft hinnahm. Mit eurem Konsumverhalten habt ihr den ständigen Ressourcenraubbau befeuert und die Ausbeutung vieler zugunsten weniger in Kauf genommen. Das ist Wahnsinn – und es erschüttert uns.

Aber wenn wir euch das vorhalten, nehmt ihr uns nicht ernst. Selbst bei Minimalzielen sagt ihr uns, das sei unrealistisch: Das ist doch zu viel. *It's not gonna happen.* Dabei schaut ihr uns in die Augen, lächelt süffisant, manchmal auch selbstgefällig. Denn ihr habt ja die Welt verstanden. Wir denken: Nein. Habt ihr nicht. Wenn ihr ehrlich seid, habt ihr vor allem versagt.

Ihr seid die Babyboomer, Generation 60plus, unsere Eltern und Großeltern.

Ihr seid die *Ich-war-auch-mal-jung*-Spießer*innen und *Was-fällt-euch-eigentlich-ein*-Großeltern.

Und ihr seid die *Leistet-erst-mal-was*-Kommentierer*innen und *Uns-ging-es-auch-schlecht*-Sager*innen.

Ihr seid auch *Fangt-erstmal-bei-euch-an*-Entgegner*innen und *Ihr-spaltet-die-Gesellschaft*-Behaupter*innen.

Wir glauben und hoffen, dass nicht alle von euch diese Haltung haben – aber viele haben sie leider schon verinnerlicht. Der Großteil von euch hat sich nie ernsthaft für die wichtigen Geschehnisse der Gegenwart und die Fragen der Zukunft interessiert. Zumindest nicht so ernsthaft, dass ihr euer Leben danach ausgerichtet hättet. Es gab schließlich Wichtigeres als die großen Probleme der Welt. Dafür waren andere zuständig. Aber ihr hättet ja sowieso nichts ausrichten können. Oder?

Wir werfen euch vor: Hätte die Mehrheit von euch sich interessiert, empört und engagiert, wären viele Dinge heute anders.

Wusstet ihr es nicht besser, oder habt ihr es einfach ignoriert? Einige von euch, von denen wir heute besonders nachdrücklich »das geht nicht« oder »das wird nichts« hören, sagen, sie könnten sich in uns wiederentdecken. Schließlich seien sie auch mal auf die Straße gegangen, hätten demonstriert. Wann und warum habt ihr damit aufgehört? Ihr wolltet doch die Welt verändern – und dann seid ihr bequem geworden. Oder wurde euren Ideen auch immer ein »Das wird nicht passieren« – *it's not gonna happen* – entgegengebracht, bis euer Tatendrang darunter erstickte?

Was wir euch vorwerfen, ist nicht nur euer zerstörerisches Handeln, sondern vielmehr euer zerstörerisches Unterlassen. Ihr sagt, dass Zukunftsthemen wichtig sind. Aber mit einem Gang alle paar Jahre zur Wahlurne ist es nicht getan. Wo seid ihr, wenn drängende Fragen jahrelang vertagt werden? Wo seid ihr, wenn Jahr um Jahr einschneidende Maßnahmen gegen die Klimakrise verschlafen werden und wir immer weiter in Richtung Kollaps des Ökosystems schlittern? Ihr regt euch lieber im Privaten auf, statt wirklich zu handeln. Ihr habt die Verantwortung, Entscheidungen für alle zu treffen, an Politiker*innen delegiert. Aber das entbindet euch niemals von eurer eigenen Verantwortung für die Zukunft aller, die nach euch kommen. Wir nehmen euch in Haftung für alle Kosten, die ihr uns aufbürdet, für alle Folgen und Katastrophen, die euer Verhalten für unser Leben hat.

Ihr habt entweder nie angefangen oder irgendwann aufgehört, euch einzumischen. Ist euch bewusst, dass eure »Egal«-Haltung Menschenleben kostet? Wir glauben: Ihr wisst es eigentlich, aber ihr wollt es nicht wahrhaben und verdrängt es. Wir werden euch immer und immer wieder an eure Verantwortung erinnern. Denn wir haben es satt, die Konsequenzen eurer Inkonsequenz und eurer Versäumnisse zu tragen. Euren Ausreden, dass ihr alles unter Kontrolle habt, euren Beschwichtigungen, dass es schon nicht so schlimm werden wird, schenken wir kein Gehör mehr. Wir werden nicht mehr tatenlos zusehen, wie ihr unsere Zukunft gegen die Wand fahrt, während ihr behauptet, ihr hättet einen Plan.

Euer »Plan« schafft eine Krise nach der anderen, setzt unsere Zukunft aufs Spiel – aber die Konsequenzen sind euch egal. Wenn wir aus Angst um unser Leben aufschreien, verhallen diese Schreie in eurer Stille. Ihr schweigt, ihr hört nicht hin, ihr schaut weg. Eure Chance, die Dinge selbst in die Hand zu nehmen, habt ihr verstreichen lassen. Wenn selbst die größten Katastrophen euch nicht in Panik versetzen, was tut es dann? Noch bitten wir euch: Zieht endlich die Notbremse. Aber irgendwann ist es zu spät. Dann ist unsere Zukunft zerstört, und dann werden wir euch die Achtung entziehen dafür, dass ihr den einfachen Weg gewählt habt, obwohl ihr wusstet, was das bedeutet.

Mittlerweile schalten viele von euch ab, wenn sie wieder neue dramatische Nachrichten über das Schmelzen der Polkappen, das Tauen des Permafrosts oder die Hitzewellen sehen oder hören. Solange die Krise nicht direkt vor unserer Haustür angekommen ist, rafft sich kaum jemand auf, wirklich Maßnahmen zu fordern. Wir, die jungen Menschen, gehen jetzt seit Monaten auf die Straße, wir streiken, wir demonstrieren, wir sind laut. Dafür werden wir noch immer belächelt und vertröstet. Politik sei eben nicht ganz so einfach, wie wir uns das vorstellen.

Bei allen Maßnahmen müsse man das Wohlergehen der Wirtschaft gewährleisten und dürfe natürlich niemanden zurücklassen. Sozialverträglichkeit heißt das Stichwort.

Liebe Politiker*innen, liebe Wirtschaftsbosse, wollt ihr uns wirklich sagen, der sichere Tod von Millionen, die kein Trinkwasser und keine fruchtbaren Böden mehr finden werden, sei sozialverträglicher als der Umweltschutz und beispielsweise ein schnellerer Ausstieg aus der Braunkohle?

Dieses Buch ist eine Mischung aus Kampfansage und Einladung, aus Aufschrei und Hilferufen.

Ihr wollt wissen, was gerade in uns vorgeht? Ihr wollt uns verstehen? Ihr wollt endlich herausfinden, warum wir so wütend sind? Warum junge Menschen gerade wieder auf die Straße gehen? Hier ist eure Chance! Nur mit wenigen möchten wir brechen. Die meisten aus der Generation „not gonna happen" wollen wir aufrütteln.

Wir wenden uns nur von denen ab, die ihre Macht mit unverfrorener Arroganz bewusst gegen uns einsetzen. Sie haben ihr Geld auf eine zweifelhafte Weise verdient, die keinen Grund für übertriebenen Stolz bietet und schon gar nicht Selbstgefälligkeit rechtfertigt. In Deutschland gründen sie beispielsweise Stiftungen und sonnen sich im Schein der Wohltätigkeit. Wohltätigkeit, die nicht aneckt, selbstverständlich. Abends fahren sie »nach Hause« in die Schweiz oder nach Luxemburg, um von ihrem Geld möglichst wenig für gemeinnützige Zwecke abzugeben, die andere bestimmen. Sie thronen mit einer Arroganz über den Dingen, die uns abstößt. Denn: Sie wissen, dass ihnen fast niemand etwas anhaben kann – und sorgen dafür, dass das auch so bleibt. Noch haben sie nicht begriffen, dass wir auch gegen sie und ihre Haltung gegenüber der Welt aufstehen. Sie können so viel Geld anhäufen, wie sie wollen. Wir haben keine Achtung vor ihrer Art und Weise zu leben.

Allen anderen wenden wir uns zu – in der Hoffnung, dass ihr euch mit uns zusammenschließt und wir ab jetzt an einem Strang ziehen.

So auch euch Regierenden, Minister*innen im Bundeskabinett und in den Landesregierungen, (Ober)Bürgermeister*innen und Landrät*innen und allen, die sie kontrollieren: die Parlamentarier*innen auf allen Ebenen, von den Kommunalparlamenten bis hoch zum Europaparlament.

Euch wurde Verantwortung übertragen. Ihr habt gesagt: Wir setzen uns für unser aller Zukunft ein. Aber die wenigsten von euch haben die Dringlichkeit des Umweltschutzes und der Beseitigung der sozialen Missstände erkannt. Ihr hättet die Initiative ergreifen müssen, aber ihr habt es nicht getan. Vielleicht seid ihr in die Politik gegangen, um einen Unterschied zu machen. Aber fast alle von euch erkennt man nicht mehr wieder. Ihr habt euch gefügt, eingereiht, seid ununterscheidbar und müde geworden. Ihr behauptet besonders hartnäckig, ihr hättet einen Plan. Aber ausgerechnet bei den wichtigsten Fragen seid ihr ratlos. Ihr macht uns und euch selbst etwas vor, wenn ihr uns an andere Zuständige verweist und eure Machtlosigkeit betont. Macht euch gerade, seid mutig, werdet Visionär*innen. Macht euer Handeln transparent, gebt alles, was ihr könnt, und lasst euch in euren Überzeugungen erschüttern. Wenn ihr das nicht tut, wer soll es dann tun? Ihr seid unsere Interessenvertreter*innen, ihr tragt Verantwortung und ihr habt euch um darum beworben, indem ihr konsequentes Handeln versprochen habt.

Ihr könnt jetzt beweisen, dass ihr es wert wart, Hoffnung und Vertrauen in euch zu haben. Holt euch unser Vertrauen zurück. Gesteht endlich ein, dass ihr schon viel zu lange ohne Plan handelt. Denn mit eurer Planlosigkeit setzt ihr viel zu viel aufs Spiel. Falls ihr welche habt, legt eure Ideen offen. Aber fangt endlich an.

Das gilt auch für alle anderen, die diesen Aufruf lesen – unabhängig von eurem Alter, Geschlecht und eurer gesellschaftlichen Position. Wir sind uns sicher, dass die allermeisten von euch sich in unserer Anklage wiedererkannt haben. Seid ehrlich zu euch und zu uns: Seid ihr auch Teil der Generation „not gonna happen"?

Noch ist es nicht zu spät. Wir, eure Nachkommen, sind nicht in Gleichgültigkeit verfallen. Wir brauchen Mut. Konsequenz statt Lethargie. Wir haben keine Zeit mehr für Ohnmacht. Wir fordern endlich Maßnahmen statt Lippenbekenntnissen und deren Umsetzung statt Sonntagsreden. Nicht handeln heißt weiter gegen uns handeln. Es gibt kein »aber« mehr. Wir fordern, dass ihr euer Bestes gebt und alles in Bewegung setzt. Wir brauchen jede*n Einzelne*n von euch. Aber selbst wenn ihr alle aufhört, SUV zu fahren, wenn ihr alle aufhört, Kreuzfahrten zu unternehmen, eure Flüge storniert und eure Lebensweise ändert: Es wird noch nicht reichen. Das Umdenken muss weitergehen. Wir sind darauf angewiesen, dass die stille Mehrheit endlich (wieder) laut wird. Denn: Wir brauchen einen radikalen Wandel.

Das verlangt, dass ihr euch an das erinnert, was ihr uns selbst gesagt habt. Ihr alle: Präsident*innen und Minister*innen,

Wirtschaftskapitän*innen und Konzernbosse, Chefredakteur*innen und Intendant*innen. Die Babyboomer, die Generation 60plus, unsere Eltern. Fangt endlich an, das zu leben, was ihr uns immer vermitteln wolltet! Erinnert euch an die Zeit, als ihr selbst auf die Straße gegangen seid. Die Zeiten, als ihr noch vom Weltverbessern geträumt habt. Oder denkt an die Zeiten, zu denen ihr besser auf die Straße gegangen wäret. Und wenn all das nicht hilft: Denkt an die Kraterlandschaft von Krisen, die eure Generation der unseren überlässt. Wollt ihr daran weiterhin Mitschuld tragen? Jetzt ist die letzte Chance, das zu verhindern. Wir verlangen, dass ihr den Worten von der Liebe zu euren Kindern und Enkel*innen endlich Taten folgen lasst. Seid radikal und konsequent. Denn es bleibt uns keine andere Wahl. Es geht um alles. Es geht um unser Überleben.

Wir brauchen euer Wissen, eure Fähigkeiten, eure Fantasie. Ihr könnt Lösungen entwerfen und umsetzen. Jede*r von euch hat Einfluss und kann gestalten. Ändert eure Entscheidungskriterien so, dass ihr nicht ständig unsere Zukunft aufs Spiel setzt. Etabliert ein neues Denken, ein neues Handeln, eine neue Konsequenz. Wenn die, denen ihr Verantwortung übertragen habt, diese nicht wahrnehmen, dann dürft ihr die Füße nicht stillhalten. Wir brauchen eure Kraft, Veränderung zu schaffen. Hört auf, den falschen Kurs weiterzufahren, und ändert ihn. Seid konsequent, erwacht aus eurer selbst gewählten Ohnmacht. Ihr habt Macht und Einfluss. Und das schafft Verantwortung. Nehmt diese Verantwortung wahr – bei euren persönlichen Entscheidungsmöglichkeiten, bei Wahlen und auch zwischen den Wahlen. Das Umdenken wird Kraft kosten. Der Systemwandel wird ein Kraftakt werden. Aber: Durchatmen können wir, wenn wir unsere Zukunft zurückgeholt haben.

Weil wir überzeugt sind, dass bislang niemand einen Plan hat, machen wir jetzt einen. Wir bieten Mut, Begeisterung und Kraft, um diesen in die Tat umzusetzen. Wir machen euch das Angebot, anzufangen und voranzugehen, obwohl das eigentlich eure Aufgabe gewesen wäre.

Wir sind die neue Generation. Unsere junge Generation ist genauso gespalten wie alle Generationen vor ihr. Aber wir sind die erste, die keine Zeit mehr hat, diese Spaltungen auszutarieren. Wir sprechen als junge Menschen, aber unser Aufruf gilt allen. Wir müssen aktiv werden – und dazu brauchen wir euch alle. Die neue Generation definiert sich nicht über Altersgrenzen, sondern anhand ihrer Haltung.

Deshalb rufen wir jetzt alle auf: Schließt euch uns an. Alle, die sich in uns wiedererkennen können: Wacht auf. Alle, die viel zu lange inaktiv waren: Jetzt erst recht. Alle, die schon längst an unserer Seite kämpfen: Hört jetzt nicht auf. Beweist Haltung. Werdet Teil von uns, Teil der neuen Generation. Einer Generation ohne Altersgrenzen. Eines Zusammenschlusses aus Jung und Alt, mit dem wir Generationengerechtigkeit in aller Konsequenz durchsetzen. Alleine schaffen wir das nicht. Lest bis zum Ende, auch wenn wir euch empören. Nehmt uns ernst, statt uns weiter zu belächeln. Stellt euch hinter uns. Am Ende verlangen wir und der Ernst der Lage von jedem*jeder eine Entscheidung. Mit uns oder gegen uns. Ein »zwischendrin« gibt es nicht mehr. Ein »Das geht nicht« verstehen wir als ein »Wir wollen nicht«.

Wir alle können zusammen die neue Generation sein. Lasst uns das »ihr« und »wir« beenden. Die Generation „not gonna happen" verspielt unsere Zukunft. Die neue Generation will jetzt um sie kämpfen. Es geht um alles. Noch steht ihr nicht an unserer Seite. Es wird höchste Zeit, dass ihr es tut.

BEDINGUNGEN 1 UND 2:

KLIMA RETTEN UND ÖKOZID VERHINDERN

1. Die Menschheit löscht sich selbst aus

Einatmen. Ausatmen. Fokussieren. Ein letztes Mal die Muskeln durchstrecken. 1, 2, 3 … Wir befinden uns in einem Wettlauf mit der Zeit, gejagt von der Klimakrise und über uns das Damoklesschwert eines drohenden ökologischen Kollapses.

Der Startpfiff ertönte schon vor mehr als dreißig Jahren. Aber gestartet sind wir bis heute nicht. Das ist lange nicht aufgefallen. Es gab kein schallendes Gelächter von den Rängen eines riesigen Stadions. Da war nur diese Handvoll hartnäckiger Fans, deren Rufe im Stadion wider- und schließlich verhallten. Ansonsten: gähnende Leere. Niemand wollte Eintrittsgeld für dieses Rennen zahlen. Klimakrise und ökologischer Kollaps schienen lange Zeit noch so weit weg, dass die meisten ihre Energie lieber auf andere Disziplinen verwendet haben, bei denen es mehr Zuschauer*innen gab. Jetzt sind wir so sehr in Rückstand geraten, dass fraglich ist, ob wir überhaupt noch ins rettende Ziel gelangen. Die Zuschauer*innen haben mittlerweile doch begriffen, dass dieses Rennen von entscheidender Bedeutung ist. Aller Augen ruhen jetzt auf uns. Wenn wir nicht gewinnen, sind wir raus. Ausgeschieden. Disqualifiziert. Und wir werden nie wieder die Chance erhalten, eine fatale Niederlage gutzumachen. Dafür ist es dann zu spät.

Jede*r erlebt krachende Niederlagen. Erst schmerzen sie, aber irgendwann ziehen wir Erkenntnisse aus ihnen. Mit jedem Jahr Lebenserfahrung werden wir geübter darin, die Gefahren eines herben Rückschlages frühzeitig zu erkennen und zu vermeiden. Wir können Szenarien abschätzen, erkennen Stolpersteine schon weit im Voraus und gehen zu großen Risiken aus dem Weg. Leider haben wir in diesem Fall die Gefahren sträflich unterschätzt. Wir alle würden, führen wir mit rasender Geschwindigkeit auf eine Wand zu, bremsen oder das Steuer herumreißen. Alles andere wäre lebensmüde.

Aber in Sachen Klimakrise halten wir, den Fuß weiter auf dem Gaspedal, geradewegs auf die Wand zu. Dabei ahnen wir mittlerweile alle, wie die Folgen der Klimakrise aussehen werden. Wissenschaftliche Studien und Berichte lesen sich wie Science-Fiction-Romane über den Untergang der Welt. Obwohl Wissenschaftler*innen nicht dafür bekannt sind, Szenarien unnötig auszuschmücken, fantasievolle Spannungsbögen zu bauen und voreilige Aussagen zu treffen. Wenn selbst sie von Katastrophen sprechen, wie schlimm muss die Lage dann sein?

Steigen wir nicht endlich auf die Bremse, können wir die Folgen der Klimakrise nur noch minimal verringern und rasen mit voller Geschwindigkeit ins Verderben. Auf die Gefahr, dass wir uns wiederholen: Die menschliche Existenz steht auf dem Spiel.

Die Klimakrise wird dramatische Folgen haben. Bereits jetzt hat sich die Erde um circa ein Grad gegenüber dem vorindustriellen Niveau erwärmt[1], und sie erwärmt sich weiter. Um wie viel Grad, ist noch offen, weil unklar ist, wie sich die Weltgemeinschaft verhalten wird. Noch wird in öffentlichen Debatten immer von dem »1,5-Grad-Ziel« gesprochen – dabei müsste längst klar sein, dass das eigentlich kein Ziel, sondern eine Grenze ist. Und trotzdem kann die potenzielle Erhitzung nach aktuellem Stand noch sehr viel weiter voranschreiten. Was passieren wird, wenn die Erde sich zwischen 1,5 und 4,5 Grad erwärmt, dafür gibt es Prognosen.[2] Was diese Vorhersagen tatsächlich bedeuten, kann sich kaum jemand von uns vorstellen. Denn wenn die Erderhitzung einmal richtig in Gang gekommen ist, steigt sie ungebremst höher und verstärkt sich von selbst.[3]

Die Klimakrise ist heute schon eine Klimakatastrophe

Das Klima hat sich in den 4,6 Milliarden Jahren, seitdem die Erde existiert, immer verändert. Aber die gegenwärtige Veränderung ist in vielerlei Hinsicht anders. Sie geschieht dieses Mal nicht auf natürliche Weise, sondern ist von uns Menschen verursacht. Und sie findet in sehr kurzem Zeitraum mit rasanter Geschwindigkeit statt. Wir sind dieses Mal nicht mit fünf, sondern mit 500 km/h unterwegs. Welche Blessuren die Menschheit davontragen wird, liegt in unserer Hand.

Schon jetzt ist klar, dass die Klimakrise eigentlich eine Klimakatastrophe ist. Wir müssen davon ausgehen, dass über die Hälfte der Gletscher auf der Nordhalbkugel bis 2100 geschmolzen sein werden.[4] Die riesigen Flächen der Permafrostböden, die etwa ein Viertel der Erdoberfläche in den nördlichen Breiten ausmachen[5], tauen jetzt schon und werden weiter tauen. Dadurch gelangen große Mengen Treibhausgase in unsere Atmosphäre, die die globale Erhitzung weiter beschleunigen. Während immer noch von der 1,5-Grad-Grenze gesprochen wird, sind Prognosen, die für dieses Szenario für das Jahr 2090 gemacht wurden, bei den Permafrostböden schon heute erreicht.[6] Immer mehr Landschaften werden sich dann von Kohlenstoffspeichern in Treibhausgasquellen verwandeln und die Erwärmung beschleunigen.

Der Meeresspiegel steigt stetig[7] – der Anstieg beschleunigt sich immer mehr. Wenn das Grönland-Eis komplett schmilzt, könnte unser Meeresspiegel um bis zu 7,2 Meter angehoben werden.[8] Angesichts dessen klingt es fast beruhigend, dass sich die aktuellen Prognosen bis 2100 alle auf einen durchschnittlichen Meeresspiegelanstieg von höchstens einem Meter belaufen.[9] Aber dieser eine Meter bedeutet für viele Inselstaaten und Küstenregionen, dass sie schon bald ganz oder teilweise unter Wasser stehen werden. Schon in ein paar Jahrzehnten werden wir gezwungen sein, ganze Landstriche von unseren Landkarten zu streichen. Verschwunden, überspült, unter Wasser. Ob wir unseren Kindern dann noch auf seltsam verklärte Weise von den Malediven, von Bangkok, Kiribati, Jakarta oder anderen Orten, an denen wir unser Fernweh befriedigt haben, erzählen werden? Oder werden wir beschämt schweigen und unsere Urlaubsfotos kistenweise im Keller verstecken?

Die meisten Menschen würden behaupten, die biologische und geografische Vielfalt unseres Planeten zu kennen und zu lieben. Trotzdem zerstört die Menschheit sie fortwährend. Wenn sich dieser Umgang mit der Natur nicht entscheidend ändert, werden bis 2100 auf bis zu 40 Prozent der Landflächen völlig neuartige klimatische Bedingungen herrschen.[10] Die Wetterextreme werden in Zahl und an Intensität so zunehmen, dass es vermehrt zu Überschwemmungen, Stürmen und Dürren kommt.[11] Praktisch alle Teile der Welt werden davon betroffen sein.[12] Auch in Deutschland werden Waldbrände und Dürren im Sommer, die die Ernten bedrohen, zunehmen.[13] Lebensräume, zunächst und vor allem in strukturschwachen Gebieten des globalen Südens, werden unbewohnbar.[14]

Eine weitere Konsequenz, die unabsehbares Leid heraufbeschwört: Für zwei Milliarden Menschen wird die Versorgung mit Trinkwasser gefährdet.[15] Abgesehen davon, dass dann in den betroffenen Regionen durch Verteilungskämpfe die Kriegsgefahr wachsen wird, werden sich Parasiten und tropische Krankheiten ausbreiten.[16] Insektenbefall und eine Zunahme von tropischen Krankheiten: Was klingt wie die biblischen Plagen, wird bald unsere Realität sein.

Aber damit nicht genug. Schon jetzt hat ein neues Massensterben von Tier- und Pflanzenarten durch die Klimakrise begonnen, das als das sechste Massenaussterben bezeichnet wird.[17] Verschwunden, ausgelöscht, ausgerottet – durch uns Menschen. Laut IPBES-Bericht 2019 sind bereits neun Prozent aller Nutztierrassen ausgestorben, und die globale Masse wildlebender Säugetiere ist um 82 Prozent gesunken. Ungefähr ein Viertel der Arten der meisten Tier- und Pflanzengruppen ist direkt vom Aussterben bedroht.[18] Wenn einmal das große Sterben um sich greift und riesige Löcher in Ökosysteme und Nahrungsketten reißt, ist nichts mehr unter Kontrolle. Jede Einsicht, dass auch wir Menschen ein Teil des großen Ganzen sind, das wir bereitwillig und rücksichtslos zerstören, kommt dann zu spät.

Auf der Flucht vor den Folgen der Klimakrise

Nach einer Schätzung der Internationalen Organisation für Migration (IOM) waren bereits 2008 Folgen der Klimakrise ausschlaggebend für die Flucht von mehr als der Hälfte der insgesamt 36 Millionen Geflüchteten weltweit.[19] Bis zum Jahre 2050 wird prognostiziert, dass Dutzende, wenn nicht Hunderte Millionen Menschen ihre Heimat klimabedingt verlassen müssen.[20] Das wird politische Erdbeben verursachen. Wir müssen davon ausgehen, dass allein im Jahr 2002 mindestens 150 000 Menschen an indirekten Folgen der globalen Erhitzung wie Nahrungsmangel oder Infektionskrankheiten gestorben sind.[21] Und diese Folgen werden von Jahr zu Jahr verheerender.

Das bedeutet: Wenn wir unseren Umgang mit der Natur nicht von Grund auf ändern, wird das Massensterben nicht »nur« Tiere betreffen, sondern auch uns Menschen. Die Klimakrise wird nicht vorrangig Bilder von Eisbären auf wegtauenden Eisschollen produzieren. Sie wird uns mit Menschen konfrontieren, deren Zuhause von Wassermassen und Dürreperioden zerstört worden ist. Sie wird Münder zeigen, die durch die Auswirkungen der Klimakrise für immer verstummt sind. Wenn wir nicht endlich aufschrecken aus unserer Bequemlichkeit, werden wir später Hunderten Millionen Menschen, wenn nicht Milliarden, beim Kampf um ihr Leben zusehen müssen: Und wir werden erleben, dass viele von ihnen sich zwangsläufig auf den Weg machen, um woanders Rettung zu finden.

Auf dieses Szenario bereitet man sich in Europa vor. Gegen alle, die vor den Folgen der Klimakrise fliehen werden, wollen die Rechtspopulist*innen und ihre Anhänger*innen Mauern bauen und sich abschotten. Schon jetzt ertrinken Tausende

Menschen im Mittelmeer, weil die Regierungen Europas sich nicht einigen können, wie sie ihnen gemeinsam helfen können. Während sie über gerechte Verteilungsschlüssel von Geflüchteten streiten, ertrinken diese auf ihrer Flucht über das Mittelmeer. Staaten versagen Menschen, die vor Verfolgung, Krieg und Terror oder Dürre fliehen, das Recht auf Leben und schaffen dadurch ein Massengrab. Aber das Mittelmeer wird nicht alle Millionen oder Milliarden Menschen aufhalten, die in Zukunft fliehen müssen. Diese Menschen werden die Festung Europa erreichen und laut an ihre Tore klopfen. Sie werden nichts zu verlieren haben, weil sie nicht in ihre unbewohnbar gewordenen Heimatländer zurückkehren können. Möglicherweise auch wegen Krieg und Terror, die durch die Klimakrise, durch Kämpfe um Wasser und die letzten brauchbaren Ackerflächen, wahrscheinlicher werden. Aber sie werden vor allem deshalb kommen, weil die Orte, die sie einmal *Heimat* genannt haben, keine tauglichen Lebensräume mehr sein werden: keine Möglichkeiten der Nahrungsmittelproduktion mehr, immer mehr Sturm- und Flutkatastrophen, Ausbreitung von Krankheiten. Überschwemmt, ausgetrocknet oder einfach nicht zum Überleben geeignet.

Legt man die gegenwärtige Politik der Europäischen Union in der sogenannten Flüchtlingskrise zugrunde, müssen wir davon ausgehen: Europa wird alles dafür tun, nicht in die Augen dieser Menschen sehen zu müssen. Aber was bedeutet das genau? Soll an den Grenzen Europas geschossen werden, wie heute schon manche ernsthaft fordern? Sollen die, die auf der Flucht sein werden, sterben müssen, während wir leben dürfen, obwohl es auch unser Ausharren war, das ihr Leben aufs Spiel gesetzt hat?

Die Frage ist nicht, ob jetzt gehandelt werden muss, sondern wie

Die klimabedingten Fluchtbewegungen haben schon längst begonnen. Und doch wird vielerorts in Europa immer noch darüber diskutiert, *ob* gehandelt werden muss – nicht *wie* … Immerhin: Die Zahl der Politiker*innen, die die direkten Folgen der menschengemachten Klimakrise infrage stellen, sinkt hierzulande, auch unter dem Eindruck der Klimastreikbewegung und der Wahlergebnisse. Die deutsche Kanzlerin fordert selbst wieder konsequenten Klimaschutz auf internationaler Ebene.

Aber ausgerechnet Deutschland verfehlt alle seine selbst gesetzten Klimaziele. Dazu haben auch Angela Merkel und die Regierungen unter ihr maßgeblich beigetragen. Die Regierungsparteien haben selbst heute beim Klimaschutz noch wenig Ideen, kaum kompetente Köpfe und – noch schlimmer – nicht einmal eine eindeutige Haltung. Selbst der für viel zu spät angesetzte Kohleausstieg ist bisher nur ein netter Gedanke der Kohlekommission: »Die Empfehlungen der Kohlekommission sind als solche nicht bindend«[22], stellte eine Gruppe von CDU-Bundestagsabgeordneten, die sich mit dem Kohleausstieg nicht abfinden wollen, triumphierend fest.

Im April 2019 wurde ein Klimakabinett einberufen, um unter anderem über Möglichkeiten der CO_2-Bepreisung zu beraten. Selbst nach der dritten Sitzung am 19. Juli 2019 lautete das Ergebnis: Die verschiedenen Fachminister*innen konnten sich nicht auf konkrete Schritte für mehr Klimaschutz einigen.[23] Und das, was am 20. September 2019 endlich von der Bundesregierung als Klimapaket vorgestellt wurde, reicht bei weitem nicht aus, um die gesteckten Ziele zu erreichen. Diese Politik des kleinsten gemeinsamen Nenners, die Mehrheiten sichern und niemanden weh tun soll, ist ein Schlag ins Gesicht aller, deren Zukunft auf dem Spiel steht. Sie manifestiert Stillstand statt Aufbruch und ignoriert den Weckruf der Jugend. Währenddessen wundern sich die Regierungsparteien über immer schlechtere Wahlergebnisse. Was sie offenbar noch immer nicht begriffen haben, erkennen immer mehr ihrer Wähler*innen: Es bleibt keine Zeit mehr für politische Spielchen, weitere Arbeitskreise und dramatische Berichte. Wir haben nicht einmal mehr Zeit bis zur nächsten Wahl. Denn mit jedem Monat, der mit Wahlkampf, Diskussionen und Regierungsbildung ins Land zieht, realisieren sich weitere Elemente der Klimakatastrophe.

Aus Berlin und Brüssel heißt es, man arbeite an Konzepten. Zur Erinnerung: Das Pariser Klimaschutzabkommen wurde 2015 verabschiedet. Seitdem sind vier Jahre vergangen – vier Jahre, in denen die CO_2–Emissionen kaum gesenkt wurden. Im Gegenteil: Die deutsche Regierung hat Zusagen gemacht, ohne sie je einhalten zu wollen. Sie hatte keinen Plan. Jetzt argumentieren die Entscheidungsträger*innen, effektiver und sozialverträglicher Klimaschutz brauche Zeit. Dabei hatten sie Zeit. Sie haben sie nur nicht genutzt. Gingen alle Bürger*innen so mit ihren Verbindlichkeiten und Verträgen um, würde unsere Gesellschaft innerhalb kürzester Zeit zusammenbrechen. In der Schule und der Uni müssen wir jungen Menschen unsere Abgabefristen strikt einhalten. Dasselbe sollte doch selbstverständlich auch für politisch Verantwortliche gelten. Auch sie müssen Fristen einhalten, zumal die Naturgesetze jegliche Fristverlängerung von vornherein ausschließen.

Die Luft brennt – auch vor den Toren Berlins

Waldbrände treten schon einige Zeit vor allem in den Tropen vermehrt auf. Schuld daran ist die Rodung tropischer Wälder. Grasland speichert weniger Wasser als ein Wald und weniger Wasser verdunstet, sodass sich zudem kaum mehr Wolken bilden und die Niederschlagsmenge geringer wird. Durch den weiteren Anstieg von CO_2-Emissionen und die Erderhitzung sind inzwischen auch die großen Waldgebiete von Russland betroffen. Bereits 2012 wütete in Zentralsibirien und im östlichen Jakutien ein riesiger Waldbrand, und diese Verheerungen werden dort immer größer und dauern länger.[24] Im Juli 2019 brannten mehr als drei Millionen Hektar Wald in Russland ab. In Kanada fingen die Wälder bis vor wenigen Jahren frühestens Ende Mai Feuer; jetzt beginnen die Waldbrände dort schon im März oder April.[25]

Mittlerweile ist die Waldbrandgefahr auch in Deutschland unübersehbar gestiegen. Durch die Hitzewellen ist der Boden knochentrocken, auffrischende Winde tun ihr Übriges. Im Juni 2019 wurde Brandenburg von dem größten Waldbrand seit Jahrzehnten heimgesucht. Wie nahe muss die Krise noch kommen, damit endlich gehandelt wird? Schon im Jahr 2018 gab es in der Mark Brandenburg 489 Waldbrände. Die Luft wird überall glühen, egal, wohin sich Verantwortliche und Entscheidungsträger*innen verziehen mögen. Sie brennt nicht nur in Brasilien und Gran Canaria, sondern auch in Potsdam, in München, in Stuttgart, und sie wird auch in der Schweiz und in Luxemburg brennen.

Ausrufung des Klimanotstands

Ab sofort müssen wir die Klimakrise als das wahrnehmen, was sie ist. Sie versetzt die ganze Welt in einen Notstand. Es ist an der Zeit, diesen Klimanotstand symbolisch auszurufen. Dieser Begriff stellt klar, welche Belange ab jetzt absolute Priorität haben. Den Klimanotstand auszurufen ist eine Forderung der *Fridays-for-Future*-Bewegung, und ihr sind unter anderem das französische Parlament (im Juni 2019) nachgekommen, aber auch Städte wie Konstanz, Saarbrücken und Heidelberg. Der Klimanotstand hat zwar erst einmal nur symbolische Wirkung. Aber er ist ein großer Schritt dahin, das Problem nicht mehr zu verniedlichen, sondern in seiner ganzen Tragweite zu benennen und dann auch zu lösen, indem wir Taten folgen lassen.

Noch stehen die Zeichen dafür schlecht. Denn offenbar ist selbst angesichts der größten vorstellbaren Katastrophe konsequentes politisches Handeln nicht möglich oder gewollt. Egal, wie dramatisch die Situation ist: Immer noch scheint eine Befreiung aus lethargischen politischen Prozessen geradezu utopisch. Weiter werden neue Runde Tische gegründet, Pläne evaluiert und absurde Abwägungen versucht. Und denen, die an diesen Tischen sitzen und diese Abwägungen vornehmen, sollte dabei längst klar sein: Ihr Zaudern bringt uns immer näher an den Punkt, wo es keine Rückkehr mehr aus der klimatischen und auch aus der ökologischen Katastrophe gibt. Dieser ökologische Kollaps ist kein schleichender Prozess. Er bahnt sich an, baut sich auf – und dann kommt er sehr plötzlich. *Schlaganfall. Systemfehler. Schluss.* Die menschliche Existenz hängt am seidenen Faden. Zentimeter für Zentimeter sacken wir ab, aber das ist so lange kaum merklich, bis wir plötzlich in die Tiefe stürzen. Um das zu verhindern, müssen wir nicht nur die Veränderungen des Klimas, sondern auch die des Ökosystems genau studieren.

Auf dem Weg in den ökologischen Kollaps?
Der Verlust der Biodiversität

2009 stellten Wissenschaftler*innen erstmals das Konzept der planetaren Grenzen vor.[26] Es umfasst neun Prozesse und Systeme, die die Stabilität und Widerstandskraft der Umwelt definieren. Sie bestimmen die Wechselwirkungen zwischen Land, Ozeanen, Atmosphäre und Lebewesen, die zusammen unsere Umweltbedingungen ausmachen. Für jedes dieser Systeme lassen sich Schwellenwerte benennen, die nicht über- oder unterschritten werden dürfen. Ansonsten sind die existenziellen Lebensgrundlagen der Menschheit gefährdet. Nach aktuellen Einschätzungen der Wissenschaft haben wir schon 2015 bei vieren dieser Einflussgrößen – dem Klima, der Biodiversität, der Landnutzung und den biochemischen Kreisläufen – die kritischen Schwellenwerte überschritten.[27] Dennoch greifen wir weiter in einer nie da gewesenen Intensität und Geschwindigkeit in die Natur ein und lassen ihr keine Chance, sich anzupassen. Kein Winkel dieser Erde bleibt von dem Menschen verschont.

Um den ökologischen Kollaps hinauszuzögern, ist es notwendig, die Klimakrise zu bekämpfen. Fangen wir endlich an, in unserem Handeln die Grenzen der Natur zu respektieren. Denn der Mensch ist genauso von der Natur abhängig wie alle anderen Lebewesen. Wir Menschen sind auf eine möglichst große Biodiversität angewiesen. Nicht nur zur Versorgung, weil wir Luft zum Atmen, Wasser zum Trinken und Nahrung zum Überleben brauchen. Sondern auch, weil die Vielfalt eine Grundlage zum Überleben der einzelnen Arten ist. Wann werden die Menschen also endlich ihre Überheblichkeit los und schauen der Realität ins Auge?

Vermüllung der Meere und Plastikproduktion

Unsere Meere nehmen einen erheblichen Anteil an Kohlenstoffdioxid aus der Atmosphäre auf. Steigt der CO_2-Gehalt in der Atmosphäre, steigt folglich auch der CO_2-Gehalt der Ozeane. Dadurch werden die Meere immer saurer. Durch Landwirtschaft und Industrie gelangen hohe Mengen Stickstoff und Phosphor zusätzlich in die Gewässer. Die Folgen für die Ökosysteme sind drastisch. Lebensraum geht verloren, Arten sterben. »Kippt« das Meer, machen wir zwei Drittel der Erde zu einem vor sich hin rottenden Friedhof. Und gleichzeitig, still und heimlich, bereiten wir damit den Weg für das Ende der menschlichen Zivilisation. Aber statt uns aus dem Wasser zurückzuziehen, überfischen wir die Meere, verankern riesige Ölplattformen im Meeresboden und bohren Tag für Tag tiefer nach Erdöl und anderen Bodenschätzen. In unserer Gier wollen die Menschen den Planeten bis auf das letzte Tröpfchen Erdöl auswringen und auch den letzten Rest Leben und Ressourcen an sich reißen. Langsam aber sollten wir alle uns erinnern: Wir Menschen sind nicht Herrscher*innen über diese Welt, sondern ihre Gäste.

Stattdessen – als wäre das Ausmaß der Zerstörung noch nicht groß genug – vermüllen wir zusätzlich die Ozeane. Verpackungsmaterialien aus Kunststoff gelangen über die Flüsse ins Meer, das durch Abfälle aus der Seefahrt, Fischereigeräte aus Kunststoff oder achtlos weggeworfene Plastikbecher am Strand weiter belastet wird. Einwegrasierer, Zahnbürsten, Kosmetika: Die Liste der Gegenstände, die in unseren Ozeanen herumtreiben, ist unendlich. Tiere verfangen sich in Müllteilen und strangulieren sich, sie ersticken qualvoll oder verhungern mit plastikgefüllten Mägen. Jedes kaputte Fischernetz, das im Meer landet, fischt von alleine weiter und bringt den Tod. Die Meere werden nach und nach von giftigen und tödlichen Müllteppichen bedeckt. Der größte Müllteppich aus Plastik, der aktuell im Meer herumtreibt, ist schon heute so groß wie Mitteleuropa.[28] Täglich wächst er, wie auch die höchstwahrscheinlich durch Überdüngung entstehenden riesigen Algenteppiche, weiter. Die Plastikproduktion wirkt sich dabei besonders fatal aus: Denn Plastik zersetzt sich nicht, unterliegt auch kaum einer Mineralisation, selbst Tüten aus biologisch abbaubarem Kunststoff überdauern am Meeresboden jahrelang praktisch unverändert.[29] Der Müll verkleinert sich nur, wird zu Plastikpulver – und dann von Meeresbewohnern gefressen, angereichert mit weiteren Giftstoffen, die er angezogen hat.[30] Bis 2050 wird fast jeder Meeresvogel Plastik im Magen haben[31] – schon heute sind es über 90 Prozent.[32] Auf diesem Wege steigt das Plastik die Nahrungskette hinauf und landet schließlich auch in unserer Nahrung. Das sind Experimente an unserer eigenen Gesundheit.

Die Gefahren der bedenkenlosen Verwendung von Plastik sind immens. Laut einer vom WWF in Auftrag gegebenen Studie der University of Newcastle in Australien nimmt jeder Mensch pro Woche etwa die einer Kreditkarte entsprechende Menge an Mikroplastik zu sich.[33] Weiß man genau, wie sich das auf unsere Gesundheit auswirkt? Nein. Aber es gibt Studien, die zeigen, dass allein die Weichmacher in Plastik aufgrund ihrer Ähnlichkeit zu Hormonen das Hormonsystem beeinträchtigen, zu Unfruchtbarkeit führen und Tumorbildung fördern.[34] Der begründete Verdacht, dass die Durchdringung unseres Lebensalltages mit Plastik schlimme Folgen haben wird, scheint vielen noch nicht zu reichen – das Experiment geht weiter. Genaue Ergebnisse folgen dann, wenn wir alle längst so viel Mikroplastik in uns aufgenommen haben, dass die Folgen allzu deutlich erkennbar sind. Dann werden wir im Zweifelsfall daran zugrunde gehen. Aber dann gibt es keinen Weg zurück mehr. Wir selbst sind verantwortlich und ignorieren bisher im Rausch des billigen Konsums die Folgen unseres Handelns. Das Plastik ist schon heute in unserer Luft, unserem Wasser, unseren Böden.[35] Wollen wir uns an unserem eigenen Müll zu Tode atmen, trinken, essen? Das Konsumverhalten und die Wegwerfmentalität, die im Plastikverbrauch ihren Ausdruck finden, müssen sich ändern.

Ausbeutung der Natur in der Landwirtschaft

Nicht nur in den Meeren und Ozeanen, auch an Land legen wir Menschen eine gehörige Portion Überheblichkeit an den Tag. Im Jahr 2002, also vor fast zwei Jahrzehnten, hatte die damalige Landwirtschaftsministerin Renate Künast vor, den Anteil der Ökolandwirtschaft bis 2010 auf 20 Prozent zu erhöhen. 2018 betrug der Anteil der ökologisch bewirtschafteten Fläche an der gesamten landwirtschaftlich genutzten Fläche aber erst 9,1 Prozent.[36] Stattdessen wird immer mehr Dünger auf den Feldern eingesetzt, sodass zunehmend Stickstoff in die Böden gelangt. Stickstoff aus Düngemittelsäcken und Güllefässern bezeichnet der Ökologe Josef Reichholf als »Erstick-Stoff für die heimische Artenvielfalt«.[37] Der massenhafte Einsatz von Stickstoff und Phosphor in der Landwirtschaft und Industrie sorgt dafür, dass Unmengen an überflüssigen Nährstoffen in unsere Ökosysteme vordringen.[38] Tonnenweise Gift werden über die Böden geschüttet, um den letzten Rest landwirtschaftlichen Ertrags aus ihnen herauszukitzeln. Selbst das Geschäft mit der überflüssigen Gülle ist lukrativ geworden.[39] Grundwasser und Böden werden belastet. Überdüngung und Chemikalien verändern in grotesker Geschwindigkeit die in Millionen von Jahren fein austarierten Rahmenbedingungen. Indem der Mensch immer mehr Flächen an sich reißt und zubetoniert, werden riesige Lebensräume zerstört. Unter den neuen, vom Menschen geschaffenen künstlichen Bedingungen können Tiere und Pflanzen nicht mehr überleben.

Wir beobachten einen rasanten Rückgang von Artenvielfalt, der in einem Massensterben gipfelt.[40] Dieses Massensterben wird am Ende, solange Artenschutz ein Fremdwort für uns bleibt, auch uns Menschen mit einbeziehen.

Die Natur wird ausgebeutet – vermeintlich ohne Folgekosten. Denn sie macht keine Kostenvoranschläge, sie taucht nicht in Finanzbilanzen auf, sie schreibt keine Rechnungen. Wenn wirtschaftliches Wachstum auf ihre Kosten geht, brauchen die Verantwortlichen das kaum zu rechtfertigen. Sie folgen schließlich nur dem, was allgemein postuliert wird: Wachstum und Produktivität sind Pflicht. Wir brauchen mehr, mehr, immer mehr und müssen unseren Bedarf decken. Irgendjemand muss dafür bezahlen. Wenigstens sollte das Verursacher*innenprinzip gelten: Die Kosten, die durch die Bekämpfung oder Beseitigung von Umweltschäden anfallen, müssten den Unternehmen aufgebürdet werden, die sie verursacht haben, so würden die externen Kosten wieder internalisiert. Noch streckt die Natur die Unsummen an Schäden, die durch menschliches Handeln verursacht werden, vor. Irgendwann wird damit Schluss sein. Dann wird sie die Schulden eintreiben, und wir Menschen werden nicht wissen, wie wir sie zurückzahlen sollen. Es wird an uns, der jungen und zu Recht nun wütenden Generation, sein, diese Zeche zu zahlen.

Wenn wir die Wiesen vor unseren Häusern, die Wälder um unsere Städte und die Flüsse in unserem Land sehen, schwärmen wir von der unberührten Natur. Aber in Wahrheit ist kein Fleck Natur um uns herum noch unberührt. Fast überall hat der Mensch eingegriffen. Er hat Siedlungen und »Kultur«landschaften nach seinen Ideen entstehen lassen und so seine Heimatidylle auf dem Reißbrett entworfen.[41] Der Mensch hat sich eingebildet, etwas modellieren zu können, was er noch nie komplett verstanden hat. Inzwischen kennen wir nur noch so wenig ursprüngliche Natur, dass Fehler im System gar nicht mehr bemerkt werden. Wer in seiner städtischen Umgebung kaum noch mit Natur in Berührung kommt, nimmt auch nicht mehr wahr, wie Schmetterlinge aussterben. Die von dem Wissenschaftler Daniel Pauly 1995 beschriebenen *shifting baselines* vergrößern das Problem: Alle Biolog*innen gehen bei ihren Forschungen von dem Artenbestand aus, den sie vorfinden.[42] Ihr Ausgangspunkt – die *baseline* der Betrachtungen – ist bereits die geschrumpfte Tierwelt. Das heißt: Wir vergessen und gewöhnen uns an den Schwund – von Generation zu Generation, immer weiter.

Die Prozesse verlaufen immer schneller, und der Kollaps naht. Bei langsamen Veränderungen kann die Natur sich anpassen. Aber in der Geschwindigkeit, mit der heute in sie eingegriffen wird, funktioniert das nicht mehr. Beinahe jeder Fleck auf der Erde wurde unter menschliche Kontrolle gebracht – wohin soll die Natur noch ausweichen? Wir setzen ihr ungehemmt zu – bis zu ihrer Auslöschung.

Turnaround statt Selbstauslöschung und Zerstörung

Endlich müssen wir verstehen, dass ein Kollaps unserer Ökosysteme nicht das Ende der Natur sein wird, sondern nur unser eigenes Ende. Die Menschheit macht sich durch ihre Arroganz selbst zu einer bedrohten Art und steuert konsequent auf ihre Selbstauslöschung zu. Kann sich jemand vorstellen, wie sich das für uns junge Menschen anfühlt? Die Natur wird taumeln und sich verändern. Aber sie wird in veränderter Form weiterexistieren. Die Erde mag sich um zwei, vier oder sogar sechs Grad erwärmen können. Wenn sie fiebert, werden jedoch die Menschen die Krankheitserreger sein, die sie zu bekämpfen versucht.

Wir wollen es nicht darauf ankommen lassen, denn wir haben Angst und wir wollen leben. Die Vorwürfe und Forderungen von uns als junge Generation äußern wir aus Notwehr. Denn diese Krise betrifft jede*n von uns. Niemand kann sich mehr zurückziehen und Verantwortung delegieren. Niemand kann weiter Geschäfte durchführen wie bisher, nur zur eigenen Profitmaximierung und zur Vergoldung des privaten Lebensstandards. Wir bekommen keine zweite Chance. Deshalb muss ab jetzt gelten: Es gibt keine Grenze des Machbaren mehr – nicht politisch, nicht finanziell. Ab sofort wird konsequent gehandelt.

Dafür nehmen wir jede*n Einzelne*n in die Verantwortung, alle ihm*ihr zur Verfügung stehende Macht einzusetzen. Persönliche Interessen und Egos dürfen keine Rolle spielen, genauso wenig wie DAX-Kurse oder das Bruttoinlandsprodukt. Geld nicht, Macht sowieso nicht. Es geht einzig und allein um die Sache. Die Zeit, um über Maßnahmen weiter nur zu debattieren, ist abgelaufen. Wir wissen um ihre Notwendigkeit und ihre möglichen Effekte und wir müssen sie so schnell wie irgendwie möglich umsetzen. Es ist an der Zeit, dass Wissenschaftler*innen, Politiker*innen, NGOs, Kinder und Jugendliche, Senior*innen und Eltern sich zusammenschließen, um gemeinsam für eine generationengerechte Welt einzustehen. Angesichts dessen, was auf dem Spiel steht, sind alle bisher diskutierten Maßnahmen kleine Selbstverständlichkeiten. Schluss mit lauwarmen Versprechen und gebrochenen Verträgen, Schluss mit Inlandsflügen und fetten Autos, Schluss mit Kohleabbau und schmutziger Energie, Schluss mit tödlichem Egoismus. Schluss mit dem ständigen Gegeneinander-Ausspielen von Klimaschutz und sozialen Interessen. *Sofort*. Es muss alles gleichzeitig passieren – und das fordert Erhebliches von jedem*jeder von uns ab. Aber wir finden: Das muss es uns als Gesellschaft, als Gemeinschaft, als Menschheit wert sein. Wirtschafts- und Finanzsysteme lassen sich wiederaufbauen. Ökosysteme nicht. Ist unser Leben nicht das kostbarste Gut überhaupt? Dies ist vermutlich unsere letzte Chance für einen radikalen *Turnaround*.

2. Der Plan gegen die Klimakrise

Die Maßnahmen, die wir einfordern, sind radikal. Aber der drohende Ökozid lässt sich nicht durch harmlosere Maßnahmen, die niemandem wehtun, und kleine Einschnitte abwenden. Wir sind überzeugt, dass nur eine Kombination unterschiedlicher Maßnahmen – aus klima- und umweltfreundlichen Anreizen – das Ruder umreißen kann. Und es wird auch nicht ohne Verbote eklatanter umweltschädlicher Gewohnheiten gehen. Gesellschaften, auch unsere, sind bisher immer dann zusammengerückt und haben entschlossen gehandelt, wenn es, wie in Kriegszeiten, galt, möglichst viel zu zerstören und gegen einen gemeinsamen Feind, eine gefühlte oder tatsächliche Bedrohung vorzugehen. Jetzt ist es an der Zeit, eine solche Ressourcenmobilisation aufzubieten, um etwas zu bewahren und vor der Zerstörung zu schützen: unsere Lebensgrundlage. Alles Wissen, alle Erfahrungen, alle Energie, alle Macht müssen gebündelt und gemeinsam eingesetzt werden, um das Ruder noch herumzureißen.

Eine Voraussetzung ist, dass die Zusagen aus dem Pariser Klimaabkommen eingehalten werden. Denn: Wir wissen, dass bei weiterem *business as usual* die Temperaturen viel höher als um zwei oder drei Grad ansteigen werden.[43] Darüber hinaus werden wir konkrete Lösungen entwickeln, wie die Ambitionslücke zur Erreichung der 1,5- oder 2-Grad-Grenze geschlossen werden kann. Alle Ideen werden zeitgleich angegangen werden – wir verdoppeln und verdreifachen die Anstrengungen. Ab dem Jahr 2022 werden die Treibhausgas-Emissionen in Industrieländern, ab 2025 in Entwicklungsländern nur noch reduziert. 2020 wird ein nationaler, europäischer und internationaler

Emissionsreduktionsfahrplan festgelegt, der das maximal Mögliche abbildet. Dieser muss unbedingt eingehalten werden. Denn wenn wir nicht einmal für die Rettung unserer Zukunft, für unser eigenes Überleben, unser Maximum geben, wofür dann?

1. Deutscher Kohleausstieg 2025 und globaler Kohleausstieg 2030

Deutschland muss bis 2025 aus der Kohle ausgestiegen sein. Die Verbrennung von Braunkohle zur Energiegewinnung ist unverantwortlich. Denn pro Kilowattstunde Strom setzt Braunkohle mehr als ein Kilogramm CO_2 frei.[44] Bislang tun die Verantwortlichen so, als könne die Klimakrise einfach verschoben werden, wenn sie nicht in die eigene politische Agenda passt. Die Hälfte der zehn klimaschädlichsten Industrieanlagen Europas sind deutsche Kohlekraftwerke.[45] Die Kompetitivität von Kohlestrom wird durch Subventionen künstlich aufrechterhalten. Es ist absurd, dass Deutschland sich Klimavorreiter nennen will, ohne schnellstmöglich alle seine Kohlekraftwerke stillzulegen. Der erst für 2038 geplante endgültige Kohleausstieg in Deutschland steht für eine Politik des Aufschiebens, Vertagens und Versagens. Wir lehnen es ab, den Klimaschutz gegen soziale Faktoren auszuspielen. Es sollte möglich sein, Menschen, die in der Kohleindustrie kein Auskommen mehr finden, Umschulungen, neue Arbeitsverhältnisse oder auch Entschädigungen anzubieten. Kein einziger der Menschen, die in den drei großen Tagebaurevieren – dem Rheinischen, dem Lausitzer und dem Mitteldeutschen Revier bei Leipzig – beschäftigt waren und noch sind, darf in den sozialen freien Fall entlassen werden.

Immerhin hat das Bundeskabinett im September 2019 einen Gesetzesentwurf auf den Weg gebracht, der 40 Milliarden Euro Unterstützung für den Strukturwandel in den betroffenen Regionen vorsieht.

Die Behauptung, ein schnellerer Kohleausstieg sei nicht möglich, sollten Ingenieur*innen als Beleidigung auffassen. Wir werden die vierzig Prozent Kohlestrom in Deutschland durch anderweitige, erneuerbare Energien bereitstellen – ohne uns auf den bequemen Rückhalt französischen Atomstroms zu verlassen. Ab sofort bekommen die Expert*innen alle Ressourcen zur Seite gestellt, die sie dazu benötigen. Übrigens ließen sich laut einer von dem Ökoenergieanbieter *Greenpeace Energy* in Auftrag gegebenen Studie durch einen schnelleren Ausstieg aus der Braunkohle 27,9 Milliarden Euro für Schäden und Zusatzkosten vermeiden, die aus dem Abbau und der Nutzung dieses fossilen Brennstoffs entstehen.[46]

Wir brauchen den globalen Kohleausstieg bis 2030, und Deutschland muss diesen Prozess maßgeblich vorantreiben. Uns wird sicherlich entgegnet werden, das könne nicht funktionieren, weil alle internationalen Abkommen bislang gescheitert sind. Jetzt wird es funktionieren, weil Scheitern keine Option mehr ist. Einen anderen Weg sehen wir nicht. Wo jetzt noch keine Möglichkeiten gesehen werden, müssen neue Wege geschaffen werden. Bis 2030 sind es noch elf Jahre. Vor elf Jahren wurde vieles noch nicht für möglich gehalten, was heute selbstverständlich ist. Lasst uns die Zeit nutzen, um das Unmögliche möglich zu machen. Nicht gegen aufstrebende Länder, sondern mit ihnen. Die Fläche, die man für die Versorgung der gesamten Welt mit Solarstrom bräuchte, ist lächerlich klein – ein relativ kleiner Teil der Sahara würde schon ausreichen.[47] Flächen für die Gewinnung erneuerbarer Energien werden deshalb gefunden und Techniken des Energietransports entwickelt werden.

2. Einführung einer EU-weiten CO_2-Abgabe

Für 2020 fordern wir die Einführung einer europäischen CO_2-Abgabe. Atomstrom, Erdöl aus Fracking und auch der Kohlestrom sind bislang nur so günstig, weil diejenigen, die damit Gewinne machen, nicht für die Folgen zahlen müssen. Profite werden privatisiert, Folgeschäden vergemeinschaftet. Die Zerstörung von Umwelt und Klima ist profitabel. Laut einer Studie des Forums Soziale Ökologische Marktwirtschaft verursacht alleine die Nutzung der Braunkohle Folgeschäden in Höhe von knapp 30 Milliarden Euro.[48] Die Energiekonzerne zahlen einen großen Teil der Produktions- und Konsumkosten nicht selber, sondern bürden sie der Allgemeinheit auf. Auch hier muss das Verursacher*innenprinzip zur Geltung kommen. Eine CO_2-Abgabe ist nicht radikal. Sie korrigiert lediglich den Wahnwitz, mit dem bisher auf dem Markt die Preise gestaltet werden. Ab sofort müssen alle Produkte einen Preis haben, der ihre Folgekosten mit einbezieht. Wäre dieser von vornherein veranschlagt worden, wäre eine Zerstörung unserer Umwelt und unseres Klimas in diesem Maße nie möglich geworden.

3. Sofortiges Ende umweltschädlicher Subventionen

Gleichzeitig mit der Einführung der CO_2-Abgabe werden wir auch aufhören, schädliches Handeln sowohl durch große Konzerne als auch durch jede*n Einzelne*n in irgendeiner Form zu unterstützen. Bisher werden die Verunreinigung von Wasser, Boden und Luft und die Zerstörung der biologischen Vielfalt mitfinanziert. Unter diese Generosität ziehen wir jetzt den Schlussstrich. Alle umweltschädlichen, nicht nachhaltigen Subventionen werden 2020 aufgekündigt. Sie verzerren den Wettbewerb zulasten umweltfreundlicher Produkte und verschaffen der Zerstörung unserer eigenen Lebensgrundlage einen Marktvorteil. Allein 2012 wurden in Deutschland 57 Milliarden Euro auf umweltschädliche Subventionen verwendet[49] – also für Produktionsweisen, die Schäden an Umwelt und Gesundheit verursachen, deren Beseitigung wiederum bezahlt werden muss. Jetzt wehren wir uns dagegen, Kohleabbau, Flugverkehr und die Zerstörung von Lebensraum weiter profitabel zu machen. Auch die Neuerschließung von Industrie-, Gewerbe- und Verkehrsflächen wird nicht weiter bezuschusst. Subventionen erhalten hingegen regionale, biologisch angebaute, pflanzliche Produkte, damit sie für alle Konsument*innen bezahlbar werden.

4. Flugverkehr besteuern

Auf Kerosin wird die Energiesteuer erhoben, internationale Flüge werden mit der Mehrwertsteuer belastet. Der öffentliche Personenverkehr wird dagegen von der Mehrwertsteuer befreit und der Ausbau des Schienennetzes unterstützt.

5. Verbot von Inlandflügen und Kurzstreckenflügen bis 1000 km

Wer lieber abhebt, statt auf dem Boden zu bleiben, setzt ein deutliches Signal. Das Statistische Bundesamt zählte im Jahr 2018 im Schnitt über 850 Inlandsflüge pro Tag.[50] Allein aus Berlin flogen 2018 über vier Millionen Passagiere zu anderen Zielen innerhalb Deutschlands.[51] Wer heutzutage noch eine Stunde Zeitersparnis durch einen Flug dem Schutz unserer Zukunft vorzieht, handelt schlichtweg egoistisch. Bei einem Flug wird pro Person und Kilometer mehr als der fünffache CO_2-Ausstoß verursacht wie bei einer Bahnfahrt.[52] Zusätzlich zu CO_2 werden andere Schadstoffe ausgestoßen, die sich in größerer Höhe in Wolken ansammeln und die Erde zusätzlich aufheizen.[53] Kurzstrecken sind aufgrund des hohen Spritverbrauchs beim Start auf den einzelnen Kilometer heruntergerechnet besonders schädlich.[54]

Der Massenflugverkehr bleibt nicht ohne Folgen: Es wird geschätzt, dass allein infolge des Flugverkehrs jährlich die achtfache Fläche Hamburgs an Meereis in der Arktis wegschmilzt.[55] Wäre der Luftverkehrssektor ein Staat, wäre er derjenige mit dem sechsthöchsten CO_2-Ausstoß der Welt.[56] Das Verbot von Inlands- und Kurzstreckenflügen ist ein erster Schritt, um das zu ändern.

6. Verringerung des Autoverkehrs und Vorbereitungen für eine autofreie Zukunft

Genauso fordern wir Maßgaben für den Autoverkehr. Es ist höchste Zeit umzudenken: Große, schwere Autos sind nicht länger Statussymbole, sondern Ausdruck von Ignoranz. Der

Verkehrssektor emittiert in Deutschland 165 Millionen Tonnen CO_2 pro Jahr.[57] 95 Prozent davon stammen vom Straßenverkehr.[58] Der motorisierte Individualverkehr verursachte 2016 mit fast einer Milliarde Personenkilometern die vierfache Verkehrsleistung des Sektors des öffentlichen Verkehrs.[59] Zeit, das zu ändern:

Als Erstes muss die Neuzulassung von SUVs gestoppt werden. Ein SUV setzt doppelt so viel CO_2 frei wie ein Kompaktwagen, verbraucht weitaus mehr Treibstoff als vergleichbare Autos, seine Herstellung benötigt doppelt so viel Wasser und das Doppelte an Material, und das Metallmonstrum nimmt zusätzlich mehr Platz in Anspruch.[60]

Wir brauchen eine drastische CO_2-Grenzwertsenkung und Gewichtsgrenzen für alle Autos. Zeit, dass sich die Autos an die Städte und Menschen anpassen und einfach draußen bleiben. Wir wollen keine autofreundlichen Städte, sondern Städte, in denen man endlich auch wieder leben kann. Mit Parks, Rad- und Spazierwegen, Gärten und Seen statt Parkplätzen. Auf dem Weg zu diesem Ziel muss ein Tempolimit von 30 km/h in allen Städten eingeführt werden. Gleichzeitig wird der städtische öffentliche Personennahverkehr kostenlos werden.

Außerhalb der Städte heißt es bisher: blinken, linke Spur, Vollgas. Endlich Freiheit. Dass wir uns in einem aufgemotzten Metallkasten bei potenziell tödlicher Geschwindigkeit frei fühlen sollen, ist eine Idee, die wir nicht länger teilen sollten. Zumal diese vermeintliche Freiheit viele Menschen ihr Leben kostet. In Deutschland sterben pro Tag neun Menschen bei Verkehrsunfällen.[61] Weltweit kosten diese jährlich über 1,3 Millionen Menschen das Leben.[62] Hinzu kommen allein in Deutschland schätzungsweise 13 000 vorzeitige Todesfälle durch Feinstaub-belastung.[63] Damit muss Schluss sein. Höheres Tempo heißt höherer Luftwiderstand. Der wiederum bedeutet: höhere Emissionen. Ein Tempolimit von 120 km/h wird Emissionen auf deutschen Autobahnen um neun Prozent[64] und die Zahl der Unfalltoten um über 20 Prozent senken.[65]

Nicht die E-Autos sind die Zukunft. Die letzten Jahre haben gezeigt, dass die Ideologie, man könne allein durch neuere, feinere Technologie die Schäden, die durch den Einsatz von Technik entstehen würden, beseitigen, niemals funktioniert: Die Produktion eines Elektroautos ist bekanntlich so aufwendig und verbraucht so viele Ressourcen, dass der Effekt des geringeren CO_2-Ausstoßes eines solchen Autos fast vollständig wieder verschwindet.

Unsere Zukunft ist daher weitgehend autofrei. Wer das für utopisch und gänzlich unrealistisch hält, der*die blicke auf das weitgehend autofreie Kopenhagen und sei daran erinnert, dass in Deutschland (und anderen Ländern) 1973 ein Sonntagsfahrverbot ohne Murren von der Bevölkerung akzeptiert, teilweise sogar als befreiend erlebt wurde. Damals ging es darum, die wirtschaftlichen Folgen des dramatischen Anstieges des Ölpreises zu lindern. Diesmal steht ungleich mehr auf dem Spiel. Um längerfristig den Individualverkehr ganz beseitigen zu können, sind Investitionen in den öffentlichen Verkehr erforderlich. Bus und Bahn müssen flächendeckend die bessere Option darstellen. Autofreie Städte durchzusetzen ist auch eine Frage des Narrativs: Wie viel schöner, entspannter, gesünder wäre ein Leben in Städten ohne Autos! Wie viele Menschen sehnen sich bereits nach Entschleunigung ihres Alltags.

7. Nachhaltige Infrastruktur und Verlagerung des Transports

Für den Luft- und Autoverkehr braucht es Alternativen, zum Beispiel ein europaweites, durchgehendes Netz für Hochgeschwindigkeitszüge. Es ist unverantwortlich, dass für den klimaschädlichen motorisierten Individualverkehr deutlich mehr Geld ausgegeben wird als für den öffentlichen. Eine radikale Umverteilung der Investitionen ist vonnöten. Weg vom Autobahnausbau hin zu einem ehrgeizigen Ausbau des Eisenbahnnetzes. Dazu müssen dort die Planungskapazitäten massiv ausgebaut werden.

Der europäische Lang- und Mittelstrecken-Güterverkehr muss bis 2040 vollständig auf die Schienen verlagert werden. Unternehmen brauchen wieder Gleisanschlüsse. In 20 Jahren – von 1994 bis 2014 wurden 80 Prozent der Gleisanschlüsse gekappt.[66] Warum sollte es dann nicht möglich sein, in 20 Jahren ein vernünftiges Netz wiederaufzubauen?

8. Energetische Optimierungen im Bauwesen

Unser kompletter Gebäudebestand und das Bauwesen müssen spätestens 2040 klimaneutral sein. Zwar gibt es beim Bauen genaue Wärmedämmvorschriften, aber viele Gebäude werden immer noch auf die klimafeindlichste Art – nämlich mit Stahlbeton – gebaut und dann mit Plastikmüll gedämmt. Eine Holzbauweise oder der Bau mit Lehm beispielsweise haben genau diese Probleme nicht. Es ist schon heute möglich nahezu klimaneutral zu bauen. Privathaushalte verursachen in Deutschland etwa ein Viertel des Energieverbrauchs.[67] Fast 90 Prozent davon werden auf die Bereitstellung von Wärmeenergie verwendet.[68] Ab sofort müssen nicht nur Energiekredite und Subventionen bereitgestellt werden, sondern auch ganzheitliche Sanierungspläne entwickelt werden.

9. Globaler Masterplan gegen die Klimakrise

Immer wieder hört man das Argument: Die Klimakrise ist ein globales Phänomen und nur global zu lösen. Dieses Argument dient jedoch oft als Ausrede, erst gar nichts zu versuchen. Es sollte genau umgekehrt sein: Deutschland muss seinen wirtschaftlichen und politischen Einfluss nutzen, um 2020 ein international verbindliches Abkommen zur Bewältigung der Klimakrise zu initiieren. Wir erwarten von der Bundesregierung, dass sie hier federführend tätig wird.

Der Kampf gegen die Klimakrise ist keiner, der in Deutschland allein geführt werden kann. Die Folgen der Klimakrise werden alle treffen. Deshalb müssen weltweit alle Kräfte gebündelt werden. Die Mobilisierung aller weltweit verfügbaren Ressourcen kann die Bewältigung der Klimakrise erheblich erleichtern. Nur hundert Unternehmen – darunter Exxon, Shell, BP, RWE, aber auch viele Staatsunternehmen wie Saudi Aramco, Gazprom, Coal India – sind verantwortlich für 71 Prozent der weltweiten Treibhausgasemissionen seit 1988.[69] Jetzt ist es ihre Pflicht, Verantwortung zu übernehmen. Alle Marketingstrateg*innen, Manager*innen, Ingenieur*innen und sonstigen klugen Köpfe müssen ihre Kräfte bündeln. Wir richten eine globale *task force* ein, in der sich alle Expert*innen versammeln. Politische Handlungsträger*innen, Wissenschaftler*innen, zivilgesellschaftliche Akteur*innen und Unternehmensführungen werden gemeinsam einen Plan machen. Sie werden bestimmen, welche Kosten die Bewältigung der Klimakrise verursachen wird und wie diese gerecht aufgeteilt werden können.

Ziel eines solchen internationalen Abkommens ist es, 2040 die globale Treibhausgas-Nettonull zu erreichen. Die weltweite Abholzung von Wäldern, sei es in Alaska, sei es in Brasilien, muss gestoppt werden. Auch ein autoritärer Staatschef wie Jair Bolsonaro könnte durch Sanktionen vielleicht am Schlimmsten gehindert werden. Mindestens eine Milliarde Hektar Land sollten neu mit Bäumen aufgeforstet werden, die zwei Drittel der bisher vom Menschen verursachten CO_2-Emissionen aufnehmen können.[70] So werden die weltweiten Emissionen radikal sinken. Es werden neue Lebensräume geschaffen, die Gemeinden vor Ort werden gestärkt, und es können weitere positive Effekte, sogenannte *Co-Benefits*, erzielt werden.

Darüber hinaus sind Ideen zu entwickeln, wie die Folgen der Klimakrise, die jetzt schon auftreten, abgefedert werden können. Der globale Masterplan gegen die Klimakrise wird den Weg zur Klimagerechtigkeit zeichnen. Er wird zudem alle notwendigen Maßnahmen zur Abwendung des ökologischen Kollapses enthalten. Die Strategie für unser Überleben muss ganzheitlich sein. Das bedeutet, beide Gefahren – Klima- und ökologische Krise – zusammen zu denken. Dieser Strategie wird sich kein Land und kein Unternehmen entziehen können. Sie wird für alle verbindlich gelten und jede Nichteinhaltung empfindlich sanktionieren. Wir haben lange von Weltpolitik geredet – jetzt ist es an der Zeit, sie zu machen.

3. Der Plan zur Vermeidung des ökologischen Kollapses

1. Sofortiges Verbot von Pestiziden, Herbiziden und Insektiziden

Der Einsatz von Pestiziden, Herbiziden und Insektiziden in Landwirtschaft und Landschaftspflege wird europaweit sofort und weltweit bis 2025 verboten, um das Artensterben aufzuhalten. Jahr für Jahr werden zur Steigerung des landwirtschaftlichen Ertrags tonnenweise Gift auf unsere Äcker, Felder und auf unsere öffentlichen und privaten Grundstücke gekippt. Innerhalb der EU wurden 2015 fast 400 000 Tonnen Wirkstoff dazu verwendet.[71] In Deutschland waren es 2015 fast 35 000 Tonnen – Tendenz steigend.[72] Der massenhafte Einsatz von Herbiziden, Pestiziden und Insektiziden stellt in unseren Breitengraden eine der größten Bedrohungen der Biodiversität dar. Diese Umweltgifte sind die Hauptkiller von Klein- und Kleinstlebewesen, die wiederum oft eine wichtige Nahrungsquelle für Vögel darstellen. Ganz nebenbei können sie auch in unsere Nahrung gelangen. Die gesundheitsschädlichen Auswirkungen davon sind in mehreren Urteilen gegen Monsanto (und Bayer) bestätigt worden.[73] Zusätzlich hinterlassen diese Gifte tote Landschaften, in denen nur noch wenige Arten überleben können. Damit gefährden sie ganze Ökosysteme. Das dürfen wir nicht länger hinnehmen.

2. Abschaffung von Monokulturen

Dazu darf ab sofort in der EU nicht mehr in Monokulturen angebaut werden. Weltweit müssen Monokulturen bis 2025 verschwinden.

Auf fast der Hälfte der deutschen Ackerflächen wird Silomais oder Weizen angebaut.[74] Solche Monokulturen mit enger Fruchtfolge erzwingen die Nutzung todbringender chemischer Schädlingsbekämpfungsmittel. Sie zerstören die Lebensräume natürlicher Fressfeinde, sodass vermehrt Schädlinge und Krankheitserreger auftreten. Deshalb müssen, damit Monokulturen landwirtschaftlich überhaupt funktionieren, Schädlingsbekämpfungsmittel eingesetzt werden. Zudem zerstören Monokulturen die Bodenstruktur und laugen den Boden in jeder Hinsicht aus – der Humusgehalt und der natürliche Nährstoff- und Mineraliengehalt sinken. Damit der Anbau überhaupt noch funktionieren kann, müssen die Nährstoffe und Mineralien wie Stickstoff und Phosphor künstlich durch Düngung in den Boden eingebracht werden. Diese abwechselnde Zerstörung und vermeintliche Wiederherstellung des natürlichen Gleichgewichts ist sogar noch profitabel.

Die verwendeten Mittel landen in unserem Grundwasser und Boden. Sie verseuchen die Umgebung, töten weitere Tiere und Pflanzen ab und gelangen in unsere Nahrung. In Deutschland ist in einem Viertel des Grundwassers mehr Nitrat enthalten, als nach EU-Maßgabe zulässig wäre.[75] Die Belastung des Grundwassers sorgt unter anderem dafür, dass Algen sich ausbreiten, während für viele andere Lebewesen die Nähr- und Giftstoffe im Wasser den Tod bedeuten.

Wir betreiben eine Landwirtschaft, die Artenvielfalt unmöglich macht und ohne künstliche lebenserhaltende Maßnahmen nicht funktionieren könnte. Das ist Raubbau an unseren Böden. Wir brauchen kleinere Anbaueinheiten, Fruchtwechselanbau und müssen dem Boden Erholungspausen gönnen.

3. Antibiotika-Einsatz regulieren

Der vorbeugende Einsatz von Antibiotika in der Tierhaltung muss sofort verboten und der sonstige Einsatz drastisch eingeschränkt werden. Jede*r kennt die unzähligen Videos von ekelerregenden Zuständen nicht nur in deutschen Ställen. In der Massentierhaltung werden Tiere gewaltsam an die Haltungsform angepasst und ihre Grundbedürfnisse ignoriert, ökonomisch »schwer verwertbare« Tiere wie männliche Küken werden einfach geschreddert. Bewegungsfreiheit? Fehlanzeige. Masttiere sind völlig überzüchtet, ihre Immunabwehr ist häufig geschädigt. Um sie trotzdem am Leben zu erhalten, werden den Tieren routinemäßig massenhaft Antibiotika verabreicht.

Durch die lang andauernde Verabreichung entwickeln immer mehr Keime Resistenzen gegen die Medikamente. Der intensive Einsatz von Antibiotika bedeutet Gewinnmaximierung in dem Wissen, dass Tausende Menschenleben gefährdet werden. Dieser Profitgier muss Einhalt geboten werden. Tierschutz muss wieder etwas zählen. Das sofortige Verbot vorbeugender Antibiotikaverabreichung und die massiv eingeschränkte Verwendung bedeuten auch die sofortige Verabschiedung von der Massentierhaltung. Diese missachtet das Tierwohl und verbraucht überdies besonders viel Wasser und Energie.[76] Damit ist auch klar, dass wir alle unseren Konsum von Fleisch und anderen tierischen Produkten spürbar reduzieren werden.

4. EU-Agrarförderung umstellen

Nachhaltigkeit und Biodiversität müssen endlich Vorrang vor der landwirtschaftlichen Produktivität haben. Die EU-Agrarpolitik manifestiert insbesondere durch ihre Förderpolitik das zerstörerische Handeln der Landwirtschaft. Die »Gemeinsame Agrarpolitik« der EU ist seit 1957 unverändert einzig auf die Steigerung der landwirtschaftlichen Produktivität ausgerichtet. Nachhaltigkeit und der Schutz der Biodiversität müssen sich bislang hintenan stellen. Diese völlig fehlgeleitete Gewichtung zieht sich durch eine Vielzahl an Gesetzen. Auch im deutschen Naturschutzgesetz wird Naturschutz zur Abwägungssache degradiert. Wollen wir die ökologische Krise so bekämpfen, dass wir den völligen Kollaps abwenden, müssen Natur- und Artenschutz Vorrang erhalten.

In der europäischen Landwirtschaftspolitik bedeutet das vor allem, die Förderpraxis zu ändern. Geld darf nicht mehr alleine nach der Größe der Betriebe mit der Gießkanne verteilt werden. Bei der Flächenprämie braucht es ein Höchstlimit. Mehr Gelder sollen in ländliche Entwicklung, Ökolandbau und Umweltmaßnahmen investiert werden. Die EU verwendet fast vierzig Prozent ihres Gesamtbudgets jährlich auf landwirtschaftliche Fördergelder.[77] Unsummen von Flächenprämien werden bislang pauschal nach Fläche ausgezahlt. Davon profitieren vor allem die riesigen, umweltschädlich handelnden Agrarbetriebe, da sich mehr als die Hälfte des Ackerlandes in den Händen von nur 3,1 Prozent der Betriebe befindet.[78]

Wir brauchen einen fundamentalen Kurswechsel in der Agrarpolitik – hin zu einer ökologischen, multifunktionalen Landwirtschaft, die nicht den höchsten, sondern den nachhaltig möglichen Ertrag anstrebt, Böden und Gewässer schont sowie die natürliche Bodenfruchtbarkeit und die Biodiversität erhält und fördert. In Zukunft müssen diejenigen Betriebe profitieren, die umweltverträgliche, die Biodiversität erhaltende und die Gewässer schonende Landwirtschaft betreiben. Erlöse für Bio-Bäuer*innen werden so gesteigert und Hürden zum Umstieg auf Bio-Landwirtschaft abgebaut. Das ist wichtig, denn: Felder, Äcker, Wiesen und Weiden müssen wieder Lebensräume für vielfältige Ökosysteme darstellen, bevor das Artensterben noch weiter fortschreitet.

5. Flächenraub stoppen

Ab sofort muss auf EU-Ebene die Nettonull bei der Flächenversiegelung gelten.

Als würde die bisherige Zerstörung von Lebensräumen durch die Landwirtschaft noch nicht ausreichen, entziehen die Menschen der Natur im rasenden Tempo die letzten natürlichen Flächen. Pro Tag werden in Deutschland über knapp sechzig weitere Hektar an Fläche verbraucht.[79] Das entspricht der Größe von mehr als achtzig Fußballplätzen. Etwa die Hälfte davon wird durch Beton und Asphalt versiegelt und mithin zu einem gänzlich lebensfeindlichen Ort.[80]

Wir können nicht weiter wertvollen Lebensraum unter dicken Schichten Beton und Asphalt begraben oder Wälder in großem Stil abholzen. Indem die Natur immer weiter zurückgedrängt wird, wird auch das Artensterben beschleunigt. Deshalb verlangen wir: Wer Flächen bebauen will, muss dafür ab sofort an anderer Stelle die gleiche Fläche – zum Beispiel über ein Flächenzertifikatssystem – wieder der Natur zur Verfügung stellen. Verpassen wir diese Abwendung von unserem Flächenfraß, werden wir der Natur in absehbarer Zeit auch die letzten Lebensräume entrissen haben.

6. Schutz der Wälder

Die Hälfte der Wälder darf nur noch unter streng ökologischen Gesichtspunkten bewirtschaftet werden. Wir geben der Natur große und zusammenhängende Schutzgebiete zurück.

Der Wald ist einer der wichtigsten natürlichen Lebensräume der Welt. Weltweit sind mehr als achtzig Prozent der an Land lebenden Arten im Wald zu Hause. Wir müssen deshalb unbedingt die heimischen Wälder schützen. Wie wollen wir sonst andere Länder davon überzeugen, ihre Urwälder zu erhalten? Auch darüber hinaus verdient die Natur unseren Schutz. Wenn dieser Gedanke ernst genommen wird, brauchen wir große, zusammenhängende Schutzgebiete, aus denen wir Menschen uns ab sofort zurückziehen und in denen wir die Natur nicht weiter ausbeuten. Das beginnt hier in Deutschland, erfordert aber auch auf globaler Ebene den sofortigen Stopp der Abholzung von Regenwäldern.

7. Schutz der Ozeane und Meere

Die weltweite Überfischung und der Raubbau an der Natur müssen gestoppt werden. Dazu braucht es strenge Fangquoten, die den Fischbeständen erlauben, sich schnellstmöglich wieder zu erholen. Die marine Fischzucht muss reguliert werden, um das weitere Eindringen von überflüssigen Nährstoffen ins Meer zu begrenzen. Insbesondere die Zucht fleischfressender Fische trägt maßgeblich zur Überfischung dabei, da zu ihrer Fütterung andere Fische in den Ozeanen gefangen und zu Fischmehl und -öl verarbeitet werden.

Tiefseebohrungen gehören ab sofort der Vergangenheit an, weil es unverantwortlich ist, unkontrolliert und in großem Maßstab in immer größere Tiefen vorzudringen und in sensible Gebiete einzugreifen, ohne die Risiken dieses Handelns beherrschen zu können. Einige verwegene Ingenieur*innen oder Forscher*innen meinen, man könne neue Energiequellen durch den Abbau von Methanhydraten gewinnen – also Methan, das in erstarrtem Wasser eingelagert ist und auf dem Meeresboden liegt. Damit dürfen wir keinesfalls beginnen. Mit ihrem Abbau würden, das sagen die Mahnungen vieler Wissenschaftler*innen[81], unkalkulierbare Risiken für die betroffenen Regionen einhergehen. Aufgetaut könnte Methan Kettenreaktion freisetzen und unterseeische Bergstürze verursachen.

Es sind riesige Meeresschutzgebiete erforderlich, die große Teile der Ozeane umfassen. Aktuell sind es gerade einmal zwei Prozent – wenn wir es ernst mit dem Meeres- und Ozeanschutz meinen, müssen es mindestens 30 Prozent sein. In diesen Schutzgebieten ist jegliche Form der Ausbeutung und industriellen Nutzung tabu, sodass sich die zerstörte Meeresnatur erholen kann.

8. Plastik und Müll drastisch reduzieren

Es gibt keinen umweltfreundlichen Müll und erst recht keine saubere Müllentsorgung. Daher bleibt nur eine Option: bedeutend weniger Müll zu produzieren. Abfall, der jetzt noch in die Ozeane gerät, vergrößert die bereits riesigen Müllteppiche. Jedes weitere Stück Plastik bringt Tieren den Tod. Und auch wir Menschen setzen uns mit jedem weiteren Gramm Mikroplastik größeren gesundheitlichen Risiken aus. Die EU hat beschlossen, Einwegplastik ab 2021 weitgehend zu verbieten, Wattestäbchen, Strohhalme, Trinkhalme vom Markt zu nehmen, aber abgesehen davon, dass dieses Verbot noch vom Parlament und den einzelnen Mitgliedsstaaten abgesegnet werden muss, kann dies nur ein erster Schritt sein.

Wir brauchen eine hundertprozentige Recyclingquote und dürfen nur noch Material verwenden, das innerhalb einer Generation abbaubar ist. Gar keinen Müll mehr zu produzieren wird zumindest nicht sofort gelingen. Doch müssen Schritte unternommen werden, um auf den Weg dorthin zu gelangen. Ein Großteil des Mülls in den Meeren stammt vom Land. Er gelangt über Flüsse und küstennahe Mülldeponien ins Meer. Viele glauben oder hoffen, der von uns verursachte Plastikmüll werde schon recycelt werden. Tatsächlich brüstete sich das Bundesumweltministerium 2017 mit einer angeblichen Recyclingquote von achtzig Prozent.[82] Diese Zahlen sind geschönt, weil schon Mengen in die Recyclingquote aufgenommen werden, die für eine Wiederverwertung vorsortiert wurden – was noch lange nicht ausschließt, dass sie nachher doch auf einer Mülldeponie landen. Tatsächlich dürfte die Quote deshalb bei etwa dreißig bis vierzig Prozent liegen.[83] Wenn sich das nicht ändert, wird unser Planet immer weiter vermüllt. Alles, was an Plastikmüll produziert wird, muss wiederverwendbar sein. Kann es uns nicht gelingen, neue Kunststoffarten zu entwickeln, die ohne Zusatzstoffe auskommen? Es reicht nicht, wenn ab 2030 alle Plastikverpackungen recyclebar sind.[84] An diesem Punkt müssen wir viel früher ankommen.

Aber selbst eine hundertprozentige Quote beim Recycling wird nicht das Problem des Mikroplastiks lösen. Dieses wird nicht einmal durch Kläranlagen herausgefiltert und gelangt selbst bei vorheriger Reinigung des Wassers ins Meer. Recycling muss in der Abfallhierarchie nach Müllvermeidung kommen. Mikro- und Nanoplastik in Kosmetika müssen sofort verboten werden. So bald wie möglich muss auch Kleidung ohne Plastik auskommen. Wir brauchen einen politischen Maßnahmenplan zur Beendigung des (Mikro-)Plastikwahns. Wollen wir das Müllproblem in Angriff nehmen, müssen wir Einwegplastik und Plastiktüten sofort verbieten. Dass die EU ab 2021 bestimmte Plastik-Gegenstände verbietet, reicht längst nicht aus.[85] Wird beim Rest weiter auf Freiwilligkeit gesetzt, dauert es zu lange, bis eine Veränderung eintritt. Verbote machen den Alltag unbequemer – aber versprochen: Es wäre unangenehmer, in Zukunft bis zum Hals im Müll zu versinken.

Kunststoffe müssen in ihrer Verwendung ganz grundsätzlich eingeschränkt werden. Gegenwärtig wird die Plastikherstellung sogar noch indirekt subventioniert: Rohöl ist steuerfrei, wenn es zu Plastik verarbeitet wird.[86] Das macht die Produktion von Verpackungen auch so billig. Kein Land in der EU produziert so viel Verpackungsmüll wie Deutschland. 2016 waren es laut Umweltbundesamt 220 kg pro Kopf im Jahr[87], während der

EU-Durchschnitt bei 167 kg liegt.[88] Vermehrtes Onlineshopping treibt diese Zahlen weiter in die Höhe. Wenn wir dort ansetzen, kann sich viel verändern. Damit diese ganzen Entwicklungen schnell vorangehen, müssen Müllexporte schon 2020 gestoppt werden. Wenn wir einmal selbst mit dem von uns verursachten Müll umgehen müssen, werden wir schnell handeln. Grundsätzlich aber – das wäre der konsequenteste und generationengerechteste Schritt von allen – dürfen nur noch Materialien verwendet werden, die innerhalb einer Generation abbaubar sind.

Ihr sagt, unsere Forderungen seien unrealistisch? Ihr sagt, wir fordern mehr, als auf den ersten Blick möglich scheint? Ja, das ist richtig. Wir wollen weit mehr. Denn wir leben in einem Ausnahmezustand. Die Strategie ist eindeutig. Das Ziel – die Rettung unserer Zukunft – ist nicht verhandelbar. Wir haben keine andere Option, als diese Krisen zu bewältigen. Verfehlen wir die Ziele, die wir hiermit aufgestellt haben, knapp, haben wir immer noch das Vielfache von dem erreicht, was wir nach aktuellem Stand im Begriff sind zu erreichen. Am Ende des mühevollen Einsatzes gegen die Klima- und ökologische Krise wartet die Hoffnung auf ein (besseres) Morgen.

BEDINGUNG 3:

DEN ENTFESSELTEN MARKT WIEDER AN DIE LEINE LEGEN

1. Unsere Wirtschaftsweise hat eine katastrophale Bilanz

Mit dem Kampf gegen die menschengemachte Klimaerhitzung und den ökologischen Kollaps erkaufen wir uns Zeit. Diese Zeit sollten wir dazu nutzen, Veränderungen anzustreben, damit wir nicht gleich in die nächste Krise hineinstolpern. Alle reden darüber, dass wir so nicht weiter wirtschaften können. Vielfältige Alternativen sind bekannt, aber sie werden von den Eliten und Status-quo-Verteidiger*innen ignoriert, zum Teil sogar bekämpft. Viele Menschen riskieren offenbar lieber einen kompletten Kollaps, statt all ihren Mut zusammenzunehmen und die Probleme an der Wurzel zu packen. Das können wir uns nicht länger leisten. Deshalb nehmen wir unseren Mut jetzt zusammen und fordern alle anderen heraus, die diesen eigentlich längst hatten aufbringen sollen.

An das Dogma vom ewigen Wachstum glauben wir nicht mehr. Der Glaube an das Wirtschaftswachstum als Allheilmittel währt schon viel zu lang – und er hat dafür gesorgt, dass wir Raubbau mit den Ressourcen der Erde treiben. Jetzt kann die Menschheit es sich keine Minute mehr leisten, den Planeten über seine natürlichen Grenzen hinaus auszubeuten. Die Spielregeln, die die Menschen für ihre Wirtschaft erstellt haben, sind lebensbedrohlich geworden. Auf einem endlichen Planeten haben wir uns an Unendlichkeit versucht – und sind damit krachend gescheitert. Wir brauchen dringend die Abkehr von dem zwanghaften Wirtschaftswachstum als Maxime, an der sich das gesamte wirtschaftliche Handeln ausrichtet. Alle Behauptungen und schönen Erzählungen von Freiheit und Konsum, die diese Welt bis kurz vor den Kollaps gebracht haben, stehen jetzt auf dem Prüfstand. Denn es bestehen begründete Zweifel daran, dass sie sich bewahrheiten.

Immer hieß es, das Ziel allen wirtschaftlichen Handelns sei die Schaffung von Wohlstand, der allen zugutekommt. Die große Verlockung lautete Überfluss und absolute Wahlfreiheit. Es schien ganz einfach: »Zu wenig« sollte es nicht mehr geben. Wenn der Wohlstand noch nicht bei allen ankommt, muss eben mehr davon geschaffen werden. Die Verlockungen des Überflusses und eines schrankenlosen Konsums sollte der freie Markt wahrmachen, indem er von vielen Regulierungen befreit wurde. Produkte und Ideen werden nur anhand ihres Erfolges auf dem Markt gemessen. Angebot und Nachfrage können sich frei entfalten. Der Markt steht allen offen. Freiheit, Wohlstand und Grenzenlosigkeit. Jedes Unternehmen kann schier unendlich wachsen, wenn es gut genug ist. Jeder Mensch hat die Möglichkeit, seine Fähigkeiten anzubieten und sich nach seinen Interessen selbst zu verwirklichen. Wer gut genug ist, kann Karriere machen und Wohlstand anhäufen. Freier Wettbewerb, freie Preisbildung, freie Bahn für alle Akteur*innen, kaum Grenzen. Konkurrenz soll die bestmöglichen – neuesten, günstigsten, sinnvollsten – Ergebnisse herausfiltern. Jede*r kann es schaffen.

Erfolgsmeldungen übertünchen die Ungerechtigkeit

Und lange Zeit hat sich die Wirtschaftsgeschichte ja auch wie eine Erfolgsgeschichte gelesen. Ein Meilenstein nach dem anderen, so schien es, wurde erreicht. Zwischen 1981 und 2012 wurden mehr als eine Milliarde Menschen aus der extremen Armut befreit. Damit hat sich die Zahl der extrem armen Menschen, also solcher, die über weniger als umgerechnet etwa zwei US-Dollar an Kaufkraft pro Tag verfügen, mehr als halbiert und liegt heute unter einer Milliarde.[89] Nach Berechnungen der Weltbank lag 2015 der Anteil dieser Menschen an der Gesamtbevölkerung das erste Mal unter zehn Prozent.[90]

In demselben Zeitraum ist die Zahl der Menschen, die an Hunger leiden, um mehr als ein Drittel gesunken.[91] Zwischen 1990 und 2012 erhielten mehr als 2,1 Milliarden Menschen Zugang zu sauberem Trinkwasser.[92] Nur noch jedes zwanzigste Kind stirbt vor seinem fünften Geburtstag. Vor fünfzig Jahren war es noch jedes fünfte.[93] 90 Prozent der Kinder erhalten eine Schulbildung.[94] Die Lebenserwartung stieg von 1990 bis 2012 um sechs Jahre.[95] 2018 besaßen zwei Drittel der 7,6 Milliarden Menschen ein Mobiltelefon.[96] Und die Zahl der Millionär*innen und Milliardär*innen steigt stetig.[97]

Man könnte meinen, wenn wir abwarten und weitermachen wie bisher, lösen sich alle großen Probleme auf der Welt von selbst. Kein Hunger mehr, keine extreme Armut, Reichtum für alle. Aber inzwischen ist die Zahl der Hungernden wieder angestiegen: Aktuell hungern 821 Millionen Menschen.[98] Alle fünf Sekunden verhungert ein Kind unter zehn Jahren.[99] Und das, obwohl mit der aktuellen Nahrungsmittelproduktion problemlos 12 Milliarden Menschen ernährt werden könnten.[100] Es

müssen nicht erst mehr Nahrungsmittel produziert werden, um
dem Hunger ein Ende zu setzen. Den acht Millionen Menschen,
die an Hunger sterben, stehen zwei Milliarden gegenüber, die
an Übergewicht leiden. Die Nahrungsmittel müssen gerecht
verteilt werden und so bei allen Menschen ankommen.

Genauso würde der weltweite Wohlstand längst für alle reichen, wenn er gerecht verteilt würde. Trotzdem klopfen sich für
jeden Menschen, der nicht mehr hungern muss, diejenigen auf
die Schultern, die sowieso viel zu viel haben. Als seien sie nicht
das Problem, sondern Teil der Lösung. Die Gewinner*innen der
neoliberalen Wirtschaftsweise sehen sich als Heilsbringer*innen. Aber diesen Platz in der Geschichte überlassen wir ihnen
nicht. Die, die sich loben lassen, brüsten sich mit kosmetischen
Maßnahmen, die ihr Gewissen erleichtern. Aber sie wollen auf
keinen Fall die bestehenden Strukturen verändern, von denen
sie maßgeblich profitieren – egal, wie viel Ungerechtigkeit sie
produzieren. Dabei ist der Satz »Es hungern weniger« kein Erfolg, sondern angesichts des weltweiten Wohlstands ein Schlag
ins Gesicht. Wir, die neue Generation, feiern erst mit, wenn niemand mehr hungert.

Die Lüge vom Wohlstand für alle

Jean Ziegler fasst es zusammen: Das Bruttoweltprodukt hat
sich zwischen 1992 und 2002 verdoppelt, das Welthandelsvolu-
men hat sich verdreifacht, und der Energieverbrauch verdoppelt sich im Durchschnitt alle vier Jahre. Das alles dient aber
vor allem der Minderheit, die sowieso schon im Überfluss
lebt – und geht an der Mehrheit vorbei.[101] Bei vielen Menschen

kommt der Wohlstand einfach nicht an. Andere leben inmitten von Überfluss, aber können sich lebensnotwendige Güter nicht leisten, weil die Preise zu hoch sind. Das gute Leben für alle ist unter den gegebenen Bedingungen eine verklärte Illusion.

Die Wirtschaft wächst und wächst, aber die Verteilung des Wohlstands bleibt schreiend ungerecht und die Ressourcenausbeutung gefährdet immer mehr die Lebensgrundlagen aller. Und das soll der beste Weg sein, den wir gehen können? Wir ziehen nicht morgen oder übermorgen Bilanz. Der Zeitpunkt, an dem die Verheißungen unseres Wirtschaftens bestehen müssen, ist heute.

Uns wurde versprochen, der Wohlstand komme allen zugute. Aber 2017 verfügten die 42 reichsten Personen über genauso viel Vermögen wie die ärmsten 3,7 Milliarden Menschen weltweit. Das reichste Prozent der Weltbevölkerung besitzt mehr als die übrigen 99 Prozent zusammen. 82 Prozent des 2017 erwirtschafteten Vermögens landeten beim reichsten Prozent der Weltbevölkerung, während die ärmere Hälfte gar nicht profitiert hat. Zwischen 2016 und 2017 ist die Zahl der Milliardär*innen angestiegen wie nie zuvor. Ihr Vermögen wuchs allein zwischen 2016 und 2017 um mehr als das Siebenfache der Summe, mit der man schlagartig die extreme Armut weltweit beendigen könnte.[102] Die Vermögenskonzentration hat dramatisch zugenommen. Die Allerreichsten werden immer reicher, während der Großteil kein oder kaum Vermögen hat. Die Umverteilung von unten nach oben schreitet immer weiter fort. Der Wohlstand für alle ist eine unverschämte Lüge.

Nicht jede*r kann es schaffen

Man sagt uns, jede*r werde für seine*ihre Arbeit gerecht entlohnt. Harte Arbeit lohne sich. Aber von 1999 bis 2009 schrumpfte das Einkommen des einkommensärmsten Zehntels der Bevölkerung um 9,6 Prozent, während es beim obersten Zehntel um 16,6 Prozent wuchs. Wo Löhne steigen, gehen sie vor allem an Spitzenverdienende. Zwischen 1980 und 2016 landeten fast dreißig Prozent des Einkommenswachstums bei dem obersten Prozent der Spitzenverdiener*innen.[103] Wer weiterhin behauptet, harte Arbeit zahle sich aus, macht aus der Existenz der meisten Menschen einen schlechten Witz.

Das jährliche Medianeinkommen beträgt in Deutschland circa 30 000 Euro brutto.[104] Symbolisieren wir diesen Betrag einmal durch die Dicke dieses Buches. Angela Merkel verdient circa 350 000 Euro brutto im Jahr.[105] Dafür müssen zwölf Bücher übereinandergestapelt werden – das leuchtet ein: Schließlich trägt sie Verantwortung für über achtzig Millionen Menschen, steht immer in der Öffentlichkeit, absolviert einen Termin nach dem anderen. Von diesen Dimensionen hat sich die obere Spitze der Gehälter in der Wirtschaft völlig verabschiedet. 2017 verdienten Vorstandsvorsitzende von DAX-Konzernen im Durchschnitt 7,4 Millionen Euro[106], also 247-mal dieses Buch. Das heißt: 247 Jahre lang müsste ein Mensch mit mittlerem Einkommen arbeiten, um das Ein-Jahres-Gehalt eines DAX-Vorstandsvorsitzenden zu verdienen.

Aber was würden wir sagen, wenn es nicht 247, sondern über 18 000 Jahre wären? Ganz einfach: Wieder einmal würde man uns erzählen, wir sollten nicht albern sein. Aber diese Albernheit gehört heute zur Realität. Dem Großaktionär und der Großaktionärin, die zusammen fast die Hälfte von BMW besitzen, wurden 2017 zusammen 1,1 Milliarden Euro Dividende ausgeschüttet. 1,1 Milliarden Euro für ein Jahr – ohne die Verpflichtung, dafür arbeiten zu müssen.[107] Das entspricht in unserer symbolischen Umrechnung 36 667-mal diesem Buch. Denjenigen, die die absurden Gehälter der Vorstandsvorsitzenden mit anstrengenderer Arbeit und größerer Verantwortung gerechtfertigt haben, müssen spätestens jetzt die Erklärungen ausgehen. Denn das Einkommen dieser Personen generiert sich nicht durch Arbeit, sondern aus ihrem Vermögen. Die Unternehmensanteile haben sie geerbt. Sie leben ohne finanzielles Risiko – im schlimmsten Fall bleibt die Milliardendividende aus.

Diesen Wohlstand kann eben nicht jede*r einfach so erreichen. Vermögen werden vererbt und halten sich über Generationen.[108] Der überwiegende Teil der deutschen Multimillionär*innen hat seinen Reichtum entweder komplett oder teilweise geerbt. Wer viel erbt, besitzt mehr. Wer viel besitzt, verdient damit. Kapital vermehrt sich von ganz allein – und so schnell, dass die Löhne nicht hinterherkommen. Im letzten Jahrzehnt wuchsen die Milliardenvermögen durchschnittlich um 13 Prozent, die Löhne jedoch nur um 2 Prozent.[109] Wer einmal reich ist, kann kaum verhindern, weiter Reichtum anzuhäufen.

Die Hunderttausende von Mitarbeiter*innen in riesigen Unternehmen profitieren nie in dem Umfang wie jene, die nicht selbst für das Unternehmen arbeiten, sondern es einfach nur besitzen. Menschen, deren Legitimation dazu im Wesentlichen darin besteht, dass ihre Eltern und Großeltern einmal die Unternehmensanteile gekauft haben. Menschen, die den Wert, den sie erhalten, nicht selbst erwirtschaftet haben. Ziel der Unternehmenstätigkeit ist die kurzfristige Rendite und nicht die langfristige, soziale und ökologische Entwicklung. Profitinteressen erhalten bedingungslosen Vorrang vor dem Wohlergehen der meisten.

Der Preis des Marktradikalismus: psychische Erkrankungen als Massenphänomen

Gleichzeitig nagen die immer noch aufrechterhaltenen Versprechen von der großen Freiheit an denen, die ihr Leben lang hart arbeiten und trotzdem am Ende nur knapp durchkommen. Schließlich heißt es: Wer nicht gewinnt, muss etwas falsch gemacht haben. Wer sich in schlechten Jobs ausbeuten lässt, sei selber schuld – er*sie hatte doch die freie Wahl, sich auf andere Weise selbst zu verwirklichen. Theoretisch bestünde ja für jede*n die Möglichkeit, zu den Gewinner*innen zu gehören. Die Realität zeigt: Es ist bloße Verachtung, die schlechte Situation so vieler zu individualisieren.

Die Zahlen sprechen für sich: Laut der Erhebungen der Weltgesundheitsorganisation (WHO) werden Depressionen und ähnliche psychische Störungen 2020 die weltweit zweithäufigste Volkskrankheit sein.[110] Nach einer Studie der Versicherung *Swiss Life* sind Burnouts, Depressionen und andere psychische Erkrankungen die häufigste Ursache für Berufsunfähigkeit in Deutschland.[111] Der alarmierende Anstieg psychischer Erkrankungen geht einher mit der Zunahme von Stress und Leistungsdruck im Beruf und mit mangelndem Ausgleich im Arbeitsleben. In Deutschland fielen 2007 wegen seelischer Erkrankungen wie Depressionen noch 48 Millionen Arbeitstage aus, im Jahre 2018 waren es bereits 107 Millionen Arbeitstage.[112] Diese Zahlen schießen seit Jahren in immer unglaublichere Höhen. 2012 erlebten schon circa 25 Prozent der Bevölkerung in einem Jahr Depressions- oder Angstzustände.[113] Die Altersgrenze für solche Phänomene verschiebt sich immer weiter nach unten: 2012 ergab eine Studie von UNICEF und dem Deutschen Kinderhilfswerk, dass die Arbeitsbelastung von Schüler*innen vergleichbar mit der eines*einer durchschnittlichen Angestellten ist.[114] Die neuen Kinderkrankheiten heißen Depression, Angst und psychosomatische Störung. Von 2007 bis 2018 nahmen depressive Reaktionen bei 13- bis 18-Jährigen um fast 120 Prozent zu.[115] Immer häufiger lautet schon im Schulalter die Diagnose: Burnout.

Dennoch werden psychische Erkrankungen und andere Folgen von Stress oft noch tabuisiert. Dabei sind signifikante Teile der Bevölkerung bereits betroffen. Die bisherige Form des Wirtschaftens macht zu viele Menschen krank. Es könnte jede*n von uns treffen – ja, auch uns selbst. Selbst diejenigen, die eigentlich immer zu profitieren scheinen. Denn der Konkurrenzdruck durchdringt die gesamte Gesellschaft. Das ändert sich nur, wenn Aufstiegsfantasien und Profitgier endlich wieder unwichtiger werden als die Gesundheit von Menschen.

Ausgerechnet dort, wo es darauf ankommen würde, hat unser Konzept des Wirtschaftens keine Antworten. Der entfesselte Markt schafft ohne Regulierungen gerade das nicht, was für die Menschen wichtig wäre: Gesundheit und Sicherheit, ein gutes Leben für alle, gerechte Verteilung von Wohlstand. Stattdessen zählt, dass das weltweite Bruttoinlandsprodukt immer weiter steigt – und das tut es sogar, wenn in Krisenzeiten Ressourcen mobilisiert werden müssen. Die Bilanz unseres bisherigen Wirtschaftens fällt katastrophal aus. Alle Versprechen, die gegeben werden, entpuppen sich bei genauerer Prüfung als Lüge. Die vermeintlichen Erfolgszahlen erzählen nicht die ganze Geschichte.

Sprechen wir also offen aus, was viele zumindest ahnen: Der Turbokapitalismus, der Marktradikalismus, wie er unter der Ägide von Ronald Reagan und Margaret Thatcher im Westen durchgesetzt worden ist, macht krank. Diagnose: Gescheitert. Warum sollten wir also brav weiter die Spielregeln dieses Wirtschaftssystems befolgen, das zudem noch nachweislich die Schere zwischen Arm und Reich immer weiter öffnet?

Freiwilligkeit und guter Wille heißen »weiter so«

Doch statt neue Regeln zu etablieren, wollen manche auf Freiwilligkeit und guten Willen der Akteur*innen setzen. Anreize schaffen, heißt es. Ein Blick in die Sozialgeschichte aber zeigt: Alle Errungenschaften wie der Acht-Stunden-Tag – seit 1810 gefordert und 1884, also sieben Jahrzehnte später, erstmals in einem Unternehmen realisiert – mussten den Besitzenden mühsam abgerungen werden.

Das gilt erst recht für ökologische Themen. 2004 bildeten NGOs und Unternehmen auf Initiative des WWF den Runden Tisch für nachhaltiges Palmöl. Er sollte dazu führen, dass Konzerne wie Unilever die extrem umweltschädliche Abholzung von Urwäldern in Indonesien und Südamerika für den Palmölanbau signifikant reduzieren. Mittlerweile haben über 250 Umweltschutzagenturen und zahlreiche Journalist*innen und Buchautor*innen aufgedeckt, dass der auf Freiwilligkeit setzende Runde Tisch nichts als wertlose Zertifizierungen hervorbringt:

Etikettenschwindel und Greenwashing pur.[116] Wer angesichts solcher Fakten darauf setzt, dass diejenigen, die am meisten von unserer Wirtschaftsform profitieren, sich freiwillig zugunsten der Allgemeinheit und der Zukunft unseres Planeten einschränken werden, macht sich und anderen etwas vor. Die Fratze dieser »Weiter so«-Gesinnung ist hässlich, weil diese Haltung auf Verlogenheit und Wegschauen gründet.

Von klein auf wird uns beigebracht, wir müssten Verantwortung übernehmen, wenn wir Schäden verursachen. Aber in der Wirtschaft scheint dieses Prinzip nicht zu gelten. Gewinne werden privatisiert, die entstehenden Kosten zahlt die Gemeinschaft. Die Verursacher*innen müssen endlich zur Rechenschaft gezogen werden.

Denn während Millionen junge Menschen wegen der Klimakrise auf die Straße gehen, bauen Unternehmen weiter Kohlekraftwerke. Die 120 größten Kohlekonzerne planen gegenwärtig fast 1400 neue Kohlekraftwerke in 59 Ländern.[117] Einige dieser Kraftwerke werden sogar schon gebaut.

Aber nicht nur bei der Klimakrise wird weiter gezündelt. Auch Konflikte und Kriege werden für den wirtschaftlichen Profit weiter angefacht. Dabei wollen wir nicht mehr zusehen und davon wollen wir als der junge Teil der Gesellschaft auch nicht leben. ThyssenKrupp exportiert Kriegsschiffe in politisch instabile und autokratisch regierte Länder.[118] Rheinmetall, 2017 auf Platz 25 der größten Rüstungsunternehmen weltweit, erwirtschaftete 2017 einen Umsatz von knapp sechs Milliarden Euro.[119] Unternehmen, die Atomwaffen herstellen, liefern an Krieg führende Länder. Unsicherheit und Ungewissheit bedeuten eine höhere Nachfrage bei Rüstungsgütern. Nehmen besorgniserregende Konflikte zu, profitiert die Rüstungsindustrie. Ihre Produkte sind verantwortlich dafür, dass Länder in nicht enden wollenden Kriegen zugrunde gehen, ganze Landstriche in Schutt und Asche gelegt werden und unschuldige Zivilist*innen sterben. Banken wie die Deutsche Bank und die *Credit suisse* finanzierten lange Zeit Streumunition und Landminen.[120] Es hagelte Proteste. Inzwischen unterstützen viele große Banken mit Anleihen und Krediten die Herstellung von Nuklearwaffen.[121] Kampfmittelbeseitigung und kriegsbedingte Altlasten werden den künftigen Bewohner*innen überlassen.

Risikoreiches und schädliches Verhalten wird belohnt. Obwohl VW wegen der Abgasaffäre 2015 verheerende Einbußen zu verzeichnen hatte, sollten die Vorstände eine Erfolgsprämie von mehreren Millionen Euro bekommen.[122] 2010 geriet die Bohrplattform *Deepwater Horizon* nach einem *Blowout* in Brand und ging zwei Tage später unter. Das war die Folge systematischer Verantwortungslosigkeit und verursachte die Ölpest im Golf von Mexiko, die als die schwerste Umweltkatastrophe dieser Art in die Geschichtsbücher einging. Anfang 2011 wurden den Führungskräften vom Eigentümer der Plattform mehrere Milliarden Dollar an Prämien ausgezahlt. Die Begründung: 2010 sei die geringste Anzahl an Unfällen seit Unternehmensgründung aufgetreten und das Geschehene verbleibe weit hinter dem möglichen Schweregrad von Unfällen. Der CEO von *Transocean*, dem Eigentümer der Plattform, erhielt über vier Millionen Dollar Prämie.[123] Erfolgsboni für Milliardenverluste und Umweltzerstörung – willkommen im Wahnsinn!

Im Grundgesetz heißt es, Eigentum verpflichtet. Wenn dieses Prinzip nicht bald wirklich wieder gilt, höhlt das unser Miteinander immer weiter aus. Um jeden Preis wird versucht, den Anteil, welcher der Allgemeinheit am eigenen Wohlstand und Profit zusteht, weiter zu drücken. Egal, wie weit die Unternehmensbesteuerung gedrückt wird oder wie niedrig die Spitzensteuersätze sind: Die Gier von Unternehmen und Wohlhabenden lässt sich nicht befriedigen. Kapitaleinkünfte werden so verlagert, dass die Steuerverpflichtungen sich nahezu erübrigen. Reiche Menschen legen ihr Vermögen in der Schweiz an oder gründen Stiftungen, in denen sie ihr Geld parken.

Deutschland entgehen durch die Steuervermeidung von Konzernen zwischen 15 und 30 Milliarden Euro jährlich.[124] Entwicklungsländern werden durch Steuervermeidung von Konzernen pro Jahr hundert Milliarden US-Dollar Steuergelder vorenthalten.[125] Zum Vergleich: Die global in Entwicklungszusammenarbeit investierten Gelder beliefen sich 2017 auf etwa das 1,5-Fache dessen.[126]

Eigentlich ist allen klar, was für ein Spiel dort mit Geld getrieben wird, das der Allgemeinheit zusteht. Eine Veröffentlichung von Skandalen folgt auf die andere: CumEx, Steuer-CDs, Panama Papers, Paradise Papers – jedes Mal folgt eine empörte Debatte. Am Ende ändert sich aber nichts.

Eine Studie der Organisation *Tax Justice Network* ergab, dass weltweit 21 bis 32 Billionen Dollar in Steueroasen angelegt werden.[127] Im Cum-Ex-Skandal wurden dem deutschen Fiskus Summen von mindestens 25 Milliarden Euro entwendet.[128] Das Geld fehlt für Investitionen und Leistungen für die, die darauf angewiesen sind. Die Reaktion der Politiker*innen erleben wir oftmals als ratloses Schulterzucken oder müdes Desinteresse, als Kapitulation. Eine Politik, die die Interessen weniger vor die Interessen der Mehrheit stellt, gefährdet die Stabilität unserer Gesellschaft sehenden Auges. Ungleichheit und Ungerechtigkeit sind keine rein ökonomischen Phänomene. Unsere Art, zu wirtschaften und Wohlstand zu verteilen, zersetzt die Grundfeste unseres Zusammenlebens. Vertrauen, Ehrlichkeit, Respekt, gegenseitige Hilfe und Kooperation bleiben auf der Strecke, wenn im Wirtschaftsleben ständige Konkurrenz gefordert wird.

Auf dem freien Markt sind die meisten eigentlich gar nicht frei. Wohlstand gibt es schon jetzt genug – er wird aber nach den bisherigen Spielregeln niemals alle erreichen. Ein gutes Leben bleibt der Mehrheit auf ewig verwehrt. Die Menschheit wankt durch eine Krisenlandschaft. Jederzeit können riesige Finanzblasen platzen. Wir steuern immer weiter in eine Demokratiekrise hinein. Es gibt keine Rechtfertigung für solche Kollateralschäden. Das alles – wie bisher geschehen – als unveränderlich darzustellen ist bequem und selbstgerecht. Die Bilanz steht, und sie ist katastrophal.

2. Der Plan für einen Paradigmenwechsel zu einer generationengerechten Wirtschaft

Wirtschaft, das heißt in Zukunft, alles für die Bewahrung unserer ökologischen Lebensgrundlagen zu tun. Und zwar innerhalb der Grenzen von Fairness und Nachhaltigkeit, Solidarität und Verteilungsgerechtigkeit. Wir fordern eine Abkehr von sinnlosen Kenngrößen wie dem Bruttoinlandsprodukt, Finanzgewinnen und Dividenden als entscheidenden Indikatoren für den Erfolg von Unternehmen oder den Gesundheitszustand einer Gesellschaft. Sie müssen ergänzt werden durch Indices, die wirklich etwas über unser Leben aussagen. Wirtschaft, das heißt in Zukunft, nicht den Profit, sondern die Förderung des Gemeinwohls zum übergeordneten Zweck unseres Handelns zu machen. Das heißt für uns alle und bald überall: radikal umdenken. Denn wir möchten in einer anderen Welt leben.

Vorrangiges Ziel unserer Wirtschaft muss das Wohlergehen möglichst vieler Menschen sein. Wenn in unserer Wirtschaftsordnung Vertrauen, Verlässlichkeit, Solidarität und Gerechtigkeit die wichtigen Parameter sind, werden sie sich auch wieder mehr in unserem privaten Miteinander spiegeln. Eine Wirtschaft, die ein gutes Leben für alle im Blick hat, muss weg vom skrupellosen Wettbewerb und sinnlosem Gegeneinander, hin zu Kooperation. Die immer weiter fortschreitende Ökonomisierung des ganzen Lebens muss gestoppt werden. Bestimmte Lebensbereiche und Grundbedürfnisse dürfen nicht dem freien Markt preisgegeben werden. Wir müssen die Rekommunalisierung von Gas, Strom und Wasser anstreben. Grundbedürfnisse sollten mit keinem Preisetikett versehen werden – ihre Erfüllung wird in einer gerechten Wirtschaftsordnung ein einklagbares Recht sein. Zur Schaffung von mehr Lebensqualität müssen Menschen mehr Zeit für Lebensinhalte abseits der Erwerbsarbeit haben. Unsere Gesellschaft lebt von Engagement, gemeinschaftlichen Aktivitäten, Kreativität und Verschnaufpausen. Wohlstand für alle hat keinen Wert, wenn seine Erwirtschaftung zu Einbußen bei der Lebensqualität zwingt. Wir müssen Wohlstand neu definieren und die Fehlentwicklungen des Neoliberalismus zurückdrehen.

All diese Entwicklungen stellen einen Paradigmenwechsel dar: Sie sind das Ende des Zeitalters des Neoliberalismus und die ersten Schritte in eine generationengerechte Wirtschaft. Klar ist: Wir sprechen nicht davon, kleine Stellschrauben zu drehen. Wir müssen ernsthaft und konsequent die Grundfesten unserer bisherigen Wirtschaftsordnung antasten. Jetzt ist die Gelegenheit, neue Parameter zu schaffen und diese Zielvorstellung unserer Wirtschaft in die Realität umzusetzen.

1. Die Politik muss endlich wieder den Kampf gegen die wirtschaftliche Übermacht aufnehmen und ihn gewinnen

Die Verantwortlichen müssen entschlossen handeln. Wir lassen uns nicht weiter mit der Versicherung »Es muss sich etwas ändern« abspeisen, der bisher keine oder wenig Taten folgen. Unsere Aufforderung gilt allen politischen Entscheidungsträger*innen: Ihr sagt selbst, dass wir so nicht weiter wirtschaften können. Sogar Unternehmenslenker*innen bekennen das gelegentlich – etwa auf dem Wirtschaftsgipfel 2019 in Davos.[129] Ihr aber, die Politiker*innen, sprecht bislang nur über Veränderung statt tatsächlich zu verändern. Werdet zu Macher*innen und setzt die Maßnahmen, mit denen ihr zur Wahl antretet, um. 2022 muss die Bundesregierung ein umfassendes Szenario für die Zukunft der Wirtschaft vorlegen. Das ist Teil des Weges dorthin. Sie muss beantworten, wie sich Arbeitsplätze entwickeln und die Arbeitswelt sich an große Umwälzungen anpassen kann. Sie muss Lösungen vorstellen, wie sie verhindern will, dass Unternehmen systematisch auf Kosten des Gemeinwohls nach Profit streben. Und sie muss ehrliche Aussagen darüber treffen, wie sie der irrsinnigen Akkumulation von Kapital endlich Einhalt gebieten und die, die davon profitieren, zur Verantwortung ziehen will. Das heißt: Die verantwortlichen Politiker*innen müssen aufhören, sich weiter wegzuducken vor großen Konfrontationen. Jetzt ist die Zeit gekommen, den Kampf um die Machtverteilung endlich wiederaufzunehmen – und ihn zu gewinnen. Nicht die Wirtschaft darf die Spielregeln setzen, sondern das souveräne Volk durch seine gewählten Repräsentant*innen. Die Politik muss sich wieder auf den Weg dorthin machen, die Rahmenbedingungen zu setzen, nach denen die Wirtschaftsakteur*innen spielen.

2. Kriminelle Machenschaften von Unternehmen müssen justiziabel sein

Die Politik darf nicht als Lobbyistin der Wirtschaft fungieren. Stattdessen sollen Unternehmen den Menschen dienen – und damit aufhören, die demokratischen Strukturen unserer Gesellschaft systematisch zu zersetzen, durch Steuerflucht, Lohndumping etc.

Unternehmenshandeln darf zu keinem Zeitpunkt unkontrolliert sein. Rechtsverstöße in der Wirtschaft sollten genauso intensiv verfolgt werden wie alle übrigen Straftaten. Wir dürfen Unternehmer*innen, die vor kriminellen Machenschaften nicht zurückscheuen, nicht davonkommen lassen. Vorsätzliches Missachten oder Schädigen des Gemeinwohls wird justiziabel. Juristische Personen müssen endlich genauso zur Verantwortung gezogen werden wie jede*r normale Bürger*in. Es muss wieder normal werden, dass Unternehmen, die häufig die Gesetze brechen, die Lizenz entzogen wird. Die Demokratie muss im Konfliktfall eine übergeordnete Regelungs- und Sanktionsinstanz für die Wirtschaft sein. Wachsam, schnell, verlässlich. Ansonsten macht sie sich zur untergeordneten Erfüllungsgehilfin derjenigen Akteur*innen, die gegen demokratische Grundwerte verstoßen. Dazu müssen nationale und internationale Kontrollinstanzen ausreichend ausgestattet werden. Das fängt bei der nationalen Datenschutzbehörde und Bankenaufsicht an, setzt sich bei internationalen Kartellbehörden fort, die bislang Monopolbildungen wie die Fusion von Bayer und Monsanto mit dreister Selbstverständlichkeit zulassen, und reicht bis zu einer effektiven globalen Fusionskontrolle und einer systematischen internationalen Steuerkooperation – als Voraussetzung für freien Kapitalverkehr.

3. Die Finanzwirtschaft muss radikal verändert werden

Finanzmärkte sollen dazu dienen, Innovationen zu finanzieren und in Hoffnungsträger*innen zu investieren. Heute jedoch werden Billionen Dollar in sinnwidrige Geschäftsmodelle gesteckt – und bei wichtigen Plänen heißt es anschließend, es sei nicht genug Geld da. Schluss mit Banken, die mit den bei ihnen eingelagerten Vermögen spekulieren. Stattdessen müssen diese Geldwerte wieder als Kredite zu einem öffentlichen Gut werden, das dort landet, wo es wirklich Wert für die Menschen schaffen kann: in der gemeinwohlfördernden realen Wirtschaft, weshalb alle Finanzierungsinstrumente eine »ethische Risikoprüfung« oder Gemeinwohl-Evaluierung einbeziehen müssen. Finanzwirtschaft ist nur so lange sinnvoll, wie sie die Realwirtschaft stützt und fördert. Wo sie krankhaft versucht, immer weitere Märkte zu generieren, und Banken *too big to fail* werden, müssen klare Grenzen gesetzt werden. Wir müssen die Großaktionär*innen und die Investmentfonds wieder in ihre Schranken weisen. Das erfordert Mut. Doch nur so finden wir zurück zu einer Wirtschaft, die sich am realen Markt orientiert, statt sich in feuchten Träumen der Finanzwirtschaft zu verlieren.

4. Spekulationsgeschäfte müssen verboten werden

Geld treibt die Welt vor sich her. Es wird im großen Stil gezockt mit tatsächlichen, vermuteten oder beeinflussten Preisänderungen. Einziger Zweck: Geld mit Geld verdienen und dadurch unendliches Wachstum generieren.

Aus dem Nichts werden Geldversprechen verteilt. Um diese abzusichern, muss neues Geld aus dem Nichts geschaffen werden. Statt in die Zukunft zu investieren, wird ständig neues Geld geschöpft, um Forderungen der Vergangenheit zu decken. Börsen spiegeln nicht mehr die aktuelle Situation der Wirtschaft, sondern sind primär Gelddruckmaschinen. Jede Verbindung zu den Größenordnungen und Parametern der realen Wirtschaft ist in den letzten Jahren nach und nach gekappt worden. Nur so konnte das Wohlstandsversprechen trügerisch aufrechterhalten werden.

Irrsinnige Mengen Kapital sammeln sich in Spekulationsblasen. Finanzprodukte wie Leerverkäufe, Aktienverleihe, Hedgefonds und Co. füttern die Gier nach mehr. Das Geld, mit dem darüber gehandelt wird, orientiert sich nicht an Gütern oder Menschen, sondern lediglich an dem Zwang, zu mehr Geld zu werden. Dieser Zwang macht Stabilität unmöglich, und das macht ihn so gefährlich. Unendlichkeit wird möglich – aber nur in der Fiktion. Werden die vermeintlichen Geldforderungen plötzlich realisiert, kollabiert das System, das in Wahrheit ständig bankrott ist. Wenn Spekulationsblasen platzen, stürzen Aktienkurse ins Bodenlose. Ihnen folgt die gesamte Wirtschaft und mit ihr die Demokratie.

Die Zocker*innen in den Finanzkasinos spielen nicht nur mit Geld. Sie spielen vor allem mit unserer Zukunft. Damit ist jetzt Schluss. Eine europäische Finanztransaktionssteuer ist ein erster Schritt dorthin. Sie reicht aber noch lange nicht aus. Spekulationsgeschäfte müssen abgeschafft werden.

5. Finanzierung von Unternehmen nach der Gemeinwohlbilanz

Mit der abstrusen Ausrichtung auf die Finanzbilanz am Ende des Geschäftsjahres wird unsere Zukunft aufs Spiel gesetzt. Geld und Gewinn dürfen nicht mehr der alleinige Maßstab für erfolgreiches wirtschaftliches Handeln sein. Wir setzen die

Zukunftsfähigkeit ganz oben auf die Liste dieser Maßstäbe. Ab sofort werden in Deutschland alle Unternehmen verpflichtet, eine Gemeinwohlbilanz zu erstellen.[130] Diese muss soziale, ökologische und ökonomische Faktoren bündeln – und Ergebnisse liefern, ob das Handeln eines Unternehmens aus der Perspektive unserer und der kommenden Generationen tragbar ist. Eine Behörde oder ein Institut muss Kriterien aufstellen und das Unternehmenshandeln kontrollieren. Wir brauchen die Wahrheit schwarz auf weiß. Aber vor allem müssen Konsequenzen folgen. Wer die Zukunft verspielt, darf keine Kredite mehr erhalten. Solche Unternehmen haben es nicht verdient, unterstützt zu werden. Weder dürfen sie weitere Kredite erhalten, noch dürfen Banken auf andere Weise in sie investieren. Unternehmen, die uns jungen Menschen jede Solidarität versagen, haben keine Legitimation, in unserer Zukunft weiter zu existieren. In Deutschland können wir anfangen, radikale Konsequenzen zur Realität zu machen. Andere Länder werden folgen, wenn sie sehen, das wir es ernst meinen. Es darf kein Produkt mehr geben, bei dem der begründete Verdacht besteht, dass es Schaden an unserer Zukunft anrichtet.

6. Aktien sind nicht Wege zum schnellen Geld, sondern Investitionen in die Zukunft

Auch gierigen Aktionär*innen, die auf schnelles Geld aus sind, zeigen wir die Grenzen auf. Wer in der Wirtschaft mitspielt, spielt nicht Monopoly. Er*Sie trägt Verantwortung. Kaum jemand übernimmt diese heute – sonst müssten wir sie jetzt nicht dazu zwingen.

Aktien und Derivate sind keine Wege zum schnellen Geld, auf denen man kurze Nervenkitzel erleben kann. Sie müssen ab sofort Investitionen in unsere Zukunft sein. Das sind sie nur, wenn sie Unternehmen zukunftsgerichtetes Wirtschaften erlauben. Sie müssen Entschleunigung erlauben und stärken, statt anzutreiben und auszupressen. Ab sofort müssen Aktien und Derivate deshalb mindestens ein Jahr gehalten werden.

Darüber hinaus lösen wir die obsessive Fixierung auf hohe Gewinnausschüttungen für Anteilseigner*innen auf. Aktuell handeln Unternehmen in dem Zwang, im Zweifel gegen die eigenen Mitarbeiter*innen und direkt im Unternehmen Beteiligte zu handeln, wenn das höhere Dividenden erzielt. Der Bayer-Konzern begründet seine skandalöse Fusion mit Monsanto auf seiner Website bezeichnenderweise damit, es sei die »bestmögliche Wertschaffung für unsere Aktionäre«. Was diese Fusion für die Landwirtschaft, für Kleinbauern und für das Ökosystem bedeutet, wird verschwiegen. Aktien dürfen keinen Anspruch mehr begründen, mit dem investierten Geld Vermögen anzuhäufen. Sie sind ab sofort Investitionen in die Zukunft. Der Fixierung auf die Gegenwart auf Kosten der Zukunft muss Einhalt geboten werden. Der vorrangigen Ausrichtung auf den sogenannten *Shareholder Value* muss ein Ende gemacht werden.

7. Es darf keine systemrelevanten Unternehmen mehr geben

Nach den bisherigen wirtschaftlichen Maßstäben streben Unternehmen immer danach, alles verfügbare Kapital an sich zu reißen. Konkurrenz soll beseitigt werden, bis ein Konzern allein

Produkte herstellt und Preise bestimmt. Dadurch sind riesige Unternehmen entstanden, die den weltweiten Markt beherrschen. Diese Macht können Konzerne auch politisch einsetzen: Im Zweifel haben sie Regierungen in der Hand. Unter diesen Umständen sind Frieden und Stabilität unmöglich.

Besonders bei Tech-Konzernen wie Google, Amazon oder Facebook nimmt die Gefahr der Monopolisierung rasant zu. Diese Monopolisierung kann die Weltwirtschaft bedrohen. Sie gefährdet Innovationen, erhöht den Druck auf Löhne und kann die Ungleichheit der Gesellschaft noch befeuern. Marktmechanismen wie Preisbildung und Wettbewerb von Produkten werden ausgehebelt. Amazon, Apple, Google, Facebook und Microsoft sind an der Börse zusammen vier Billionen Dollar wert.[131] Das ist mehr als die Wirtschaftsleistung von Deutschland. Je mächtiger Konzerne sind, desto stärker können sie ihre Machtposition missbrauchen.

Und sie tun es schon heute: Sie legen Preise und Bedingungen fest, an die kleinere Wettbewerber*innen nicht herankommen können. Allein in den vergangenen zehn Jahren haben Google, Amazon, Apple und Facebook mehr als 400 Unternehmen übernommen.[132] Über ständige Datenfischerei bauen sie ihre politische und wirtschaftliche Macht weiter aus.

Wir sind in eine Zeit hineingewachsen, in der Unternehmen systemische Risiken für Volkswirtschaften bedeuten. Sie werden als *too big to fail* deklariert – zu groß, um zu scheitern. Unsere Weltgemeinschaft könnte ihr Scheitern nicht auffangen. Das ist ungeheuerlich.

Wir wollen Unternehmen, die jederzeit die Folgen ihres Handelns tragen können und nicht systembeherrschend sind. Kein

Unternehmen darf so groß sein, dass es solche Gefahren auslöst. Jegliche Kontrolle und Macht über das Handeln dieser *Global Player* ist verloren gegangen. Das muss sich wieder ändern. Schließlich gibt es kein Entkommen vor diesen Technologie-Riesen – nicht für private Nutzer*innen, nicht für Unternehmen: Ihnen gehören weltweit die zentralen digitalen Infrastrukturen. Verhindern wir, dass Konzerne nie übermäßige Marktmacht erlangen, ist Wettbewerb garantiert, der Menschen nicht abhängig von riesigen Konzernen macht. Unternehmen, die jetzt schon zu groß sind, müssen nach und nach schrumpfen, bis sie wieder eine gesunde Größe erreichen. Das heißt zum Beispiel: Facebook müsste Instagram und WhatsApp wieder abgeben – alle drei würden eigenständige Unternehmen bilden, die unterschiedlich geführt werden können. Das heißt nicht, die Zeit zurückzudrehen und Innovationen abzuschaffen, sondern wieder gesunden Wettbewerb zum Wohle der Gesellschaft. Dafür brauchen wir ein verschärftes Kartell- und Steuerrecht, das unserer Zeit gerecht wird.

8. Geistiges Eigentum von Tech-Konzernen gilt nur noch für ein Jahr

Um der wachsenden Monopolisierung im Technologie-Bereich entgegenzutreten, müssen Anpassungen des Wettbewerbs vorgenommen werden. Tech-Unternehmen müssen alle Algorithmen, die personenbezogene Daten verarbeiten, nach dem »Open Source«-Prinzip offenlegen, sobald sie in Produkten eingesetzt werden. Für alle anderen Algorithmen gilt eine Frist zur Offenlegung von einem Jahr. So wird der Wettbewerb für andere Unternehmen geöffnet, und Innovation wird abgesichert.

Marktbeherrschende Konzerne müssen Konkurrenten an ihren Datenbeständen teilhaben lassen. Im sensiblen Gesundheitsbereich und bei Lebewesen darf es gar keine geistigen Eigentumsrechte geben. Der technologische Fortschritt soll nicht primär Geld für wenige scheffeln, sondern er soll allen zugutekommen.

9. Beendigung von Steuerflucht und -vermeidung

Steuerflucht und -vermeidung müssen erschwert und unmöglich gemacht werden. Unternehmen müssen fair und effektiv besteuert werden. Bislang zahlen Digitalkonzerne durchschnittlich 9,6 Prozent Steuern.[133] Gewinne von multinationalen Konzernen landen zu 40 Prozent in Steueroasen.[134] Andauernde Gewinnverschiebungen gehen zulasten der Länder mit geringerer Wirtschaftsleistung, die abhängig sind von Unternehmenssteuern. Unternehmen entziehen sich ohne jede Rücksicht ihrer Verantwortung. Deshalb sollten Steuern dort erhoben werden, wo die wirtschaftlichen Aktivitäten stattfinden.

Wir fordern die sofortige Einführung einer Gesamtkonzernsteuer innerhalb der EU, die den Grundstein legt für eine globale einheitliche Unternehmensbesteuerung. Anhand einer einheitlichen Konzernbilanz muss eine Gewinnaufteilung stattfinden – nach Umsatz, Anlagen, Mitarbeiter*innen und Lohnkosten. Gewinne werden dort versteuert, wo sie erwirtschaftet werden. So wird eine realistische Besteuerungsgrundlage für Entwicklungsländer geschaffen. Das Dogma des bedingungslos freien Kapitalverkehrs wird gekippt, Transparenz und Steuerkooperation sind die Voraussetzungen für freien Kapitalverkehr. Steuerbeiträge von Unternehmen werden dann endlich dort geleistet, wo Wertschöpfung stattfindet und die Gewinne erwirtschaftet werden. Steuerdumping und Steueroasen wird ein Ende gesetzt.

Wir müssen hin zu einer gemeinsamen europäischen Steuer- und Finanzpolitik statt weiterem Steuerwettbewerb. Die Gesamtkonzernsteuer ist ein Vorschlag auf dem Weg dorthin. Weitere Elemente sind eine einheitliche EU-weite Besteuerung von Kapitaleinkommen – eine progressive Vermögenssteuer auf Vermögen ab zum Beispiel einer Million Euro, beginnend mit einem Prozent und kontinuierlich ansteigend. In einer lebenswerten Zukunft gibt es Millionär*innen, aber keine Milliardär*innen mehr.

Auch Steuerflucht und -vermeidung von Privatpersonen müssen unmöglich gemacht werden. Es braucht mehr Transparenz von Vermögen, uneingeschränkten Informationsaustausch zwischen Steuerbehörden, ein Ende von Steueroasen und Steuerwettbewerb. Nur durch eine bessere Personalausstattung der Finanzbehörden kann die Besteuerung ernsthaft kontrolliert werden. Die Strafen müssen endlich den durch Steuerflucht entstehenden gesellschaftlichen Schäden gerecht werden. Die Berichte darüber müssen für jede*n einsehbar sein. Es darf nicht sein, dass ausgerechnet bei der Besteuerung die demokratische und zivilgesellschaftliche Kontrolle ausgehebelt wird.

10. Steuergerechtigkeit zwischen Kapital und Arbeit

Finanzgerechtigkeit lässt Reichtum und Luxus zu. Aber nur, solange sie den sozialen Frieden heute und zukünftig nicht gefährden. Aber genau das passiert schon viel zu lang. Alle reden seit Jahrzehnten darüber, dass die Schere zwischen Arm und Reich immer weiter auseinandergeht. Wenn es aber um unsere Zukunft geht und wir uns die Gesellschaft vorstellen, in der wir dann leben wollen, können wir es uns nicht weiter leisten, dass die Schere auch nur einen Nanometer weiter auseinandergeht. Die Folgen wären unabsehbar, und wir wollen sie nicht in der Zukunft ausbaden müssen.

Wir müssen über die Besteuerung von Arbeit und Kapital reden. Solche Diskussionen lösen heute automatisch Abwehrreflexe aus – und anstatt sich an die Geschichte mit sehr viel höheren Spitzen-, Vermögens- und Erbschaftssteuern zu erinnern, werden diejenigen angegriffen, die konsequent das aussprechen, was auf die unhaltbare aktuelle Situation mit gefährlich werdender Ungleichheit folgen müsste. Radikale Umverteilung ist aber dringend notwendig. Der unkontrollierten Konzentration von Vermögen über Generationen hinweg muss Einhalt geboten werden. Dazu muss wieder eine Vermögenssteuer erhoben werden. Auch über eine progressivere Einkommensteuer muss gesprochen werden. Wollen wir weiter hinnehmen, dass Menschen, die 60 000 Euro im Jahr verdienen, den gleichen Spitzensteuersatz zahlen wie diejenigen, die mit ihren Gehältern tatsächlich die Spitze bilden? Nur eine progressivere Einkommensteuer macht es für die Spitzenmanager*innen unattraktiv, ihre Gehälter immer weiter in die Höhe zu treiben. Mit der Senkung des Spitzensteuersatzes auf Einkommen steigt der Anteil des obersten Prozents am Nationaleinkommen. Der Ökonom Thomas Piketty schätzt, dass in den Industrieländern das ideale Niveau des Spitzensteuersatzes bei über 80 Prozent für beispielsweise das oberste Prozent in der Einkommenshierarchie liegen müssten. In den USA lag der Spitzensteuersatz von Mitte der 1940er bis in die 1960er-Jahre bei über 90 Prozent[135] – das hat dem Land nicht geschadet, sondern das sogenannte Wirtschaftswunder mit ermöglicht. Genauso wenig leuchtet ein, warum Erträge durch Arbeit mit über 40 Prozent versteuert werden, aber Erträge durch Kapital nur mit 25 Prozent. Das Gegenteil wäre sinnvoll.

Wir müssen weg von den unzähligen Privilegien und Steuerbefreiungen bei Erbschaften und Schenkungen. Wir können partout nicht verstehen, warum mehr als ein Haus pro Kind vererbt werden darf. Womit wäre das zu rechtfertigen? Warum kann man der Versteuerung von Erbschaften durch Schenkungen zu Lebzeiten oder die Umwandlung von Privat- in Betriebsvermögen und Immobilien entgehen? Warum dürfen riesige Betriebe einfach so vererbt werden? Soll das ernsthaft ein zukunftsfähiges Konzept sein? Wir müssen über Anrechnungen von Schenkungen auf Erbschaften verhandeln. Vielleicht brauchen wir Obergrenzen für vererbtes Vermögen, und alles, was darüber hinausgeht, würde der Allgemeinheit zufließen. Vielleicht läuft diese Entwicklung dann auf eine weitestgehende Abschaffung des Erbrechts hinaus. Keine Debatte darf von vorneherein ausgeschlossen werden. Wir trauen uns, jetzt die Fragen zu stellen, die schon lange im Raum stehen. Wir fordern Antworten und Lösungsvorschläge. Denn wir wollen den sozialen Frieden nicht weiter strapazieren.

11. Nur noch Wettbewerb, der dem Gemeinwohl dient

Unsere Wirtschaft muss dem Gemeinwohl dienen. Aber aufgrund der bisherigen Wettbewerbsmechanismen sind Unternehmen, die genau das wollen, bislang wenig wettbewerbsfähig.

Das muss sich ändern. Der Staat muss ökologisch schädlichem Wirtschaften den Kampf ansagen und im Sinne des Gemeinwohls in die Wirtschaft eingreifen. Es reicht nicht, wenn Unternehmen erst skrupellos Gewinne erwirtschaften und diese anschließend versteuern. Diese Skrupellosigkeit muss schon im Keim erstickt werden. Das geht nur, wenn dem Wettbewerb durch politische Vorgaben engere Grenzen gesetzt werden. Unternehmen müssen anhand ausgewählter Kriterien eine Bilanz vorlegen, die ihre Tätigkeit in Hinblick auf Gemeinwohl darstellt. Dadurch erhält der Gesetzgeber Gelegenheit, wenn nötig in den Wettbewerb einzugreifen. Wirtschaftlicher Wettbewerb muss demokratisch vertretbar sein. Unternehmen, die sich besonders für das Gemeinwohl einsetzen, können mit einem niedrigeren Mehrwertsteuersatz, günstigeren Krediten, Vorrang bei öffentlichen Aufträgen und Einkäufen oder bei direkten Förderungen bedacht werden.

12. Grundrecht auf Erfüllung der Grundbedürfnisse – Definition von *commons*

Die Grundbedürfnisse des Menschen dürfen nicht zur Debatte stehen. Ihr Preis darf nie zu hoch sein – für niemanden –, und sie müssen allzeit in der erforderlichen Menge zur Verfügung stehen. Es handelt sich um Grundrechte. Der Wettbewerb darf nicht die Existenz einzelner Menschen gefährden. Deshalb müssen Güter definiert werden, die dem Markt mit seiner freien Preisbildung entzogen werden. Dazu gehören Wasser, Bildung, nachhaltige Mobilität, Gesundheit, Wohnen, Strom, Ernährung und Zugang zu Informations- und Kommunikationsinfrastruktur.

Welche sensiblen Grundgüter in diesen »Daseinsvorsorgekorb« gelegt werden, könnte die Bevölkerung in partizipativ-demokratischen Entscheidungen selbst festlegen.

Was wir mit diesen Maßnahmen fordern, ist nicht weniger als die Veränderung aller Rahmenbedingungen. Generationengerechtigkeit muss endlich Realität werden, und zwar vor allem in unserer Wirtschaftsweise.

In dem Moment, in dem wir unsere Wirtschaftsweise endlich am Gemeinwohl orientieren und zukunftsfähig gestalten, müssen wir dasselbe mit unserer Gesellschaft tun. Wir machen uns auf den Weg in eine solidarische Gesellschaft, in der sich die Wirtschaftsakteur*innen an ihre Versprechen halten, einander auffangen und unterstützen. Wir müssen weg von einer Arbeitswelt, die immer mehr Menschen krank macht und in der jede größere Veränderung für viele existenzbedrohend ist. Wir müssen soziale Sicherheit und Entfaltungsmöglichkeiten für alle gewährleisten, weil Zukunftssorgen, Armut und Chancenungerechtigkeit allen gesellschaftlichen Zusammenhalt angreifen und nach und nach zersetzen. Wir müssen hin zu einem Bildungssystem, das vor allem junge Menschen als das behandelt, was sie sind: das Fundament der Gesellschaft von morgen. Und wir müssen wieder beginnen, Demokratie so zu gestalten, dass unsere Gesellschaft lebendig ist, alle Teile der Gesellschaft gleichermaßen gehört werden und notwendige Veränderungen nicht erst dann angegangen werden, wenn es schon fast zu spät ist.

Das heißt: Wir müssen jetzt die Grundsteine legen für unsere Gesellschaft von morgen.

BEDINGUNG 4:

SOZIALE GERECHTIGKEIT SCHAFFEN – FÜR EINE ZUKUNFTSFÄHIGE GESELLSCHAFT

1. Jede gesellschaftliche Veränderung kann zur Bestandsprobe werden

Glaubt man den Umfragen, so ist die Frage nach sozialer Gerechtigkeit für viele Menschen eine der wichtigsten unserer Zeit. Laut einer Ipsos-Studie von 2018 ist den Deutschen soziale Gerechtigkeit sogar mehr wert als individuelle Freiheit und sie glauben, dass sozialistische Ideale ein wichtiges Korrektiv gegen den Marktradikalismus der letzten Jahre wären. Frauen und Männer aus allen Altersgruppen würden für soziale Ideen am ehesten auf die Straße gehen. Naheliegende Schritte zur Herstellung von sozialer Gerechtigkeit wie höhere Steuersätze für Reiche zugunsten der Ärmeren werden ausdrücklich begrüßt.[136] Doch in der gegenwärtigen Politik wird dem Bedürfnis nach Gerechtigkeit kaum Rechnung getragen. Dabei brauchen wir dringend eine soziale Gesellschaft, die jede*n in ihr trägt. Gerecht ist eine soziale Ordnung nach der weithin anerkannten Gerechtigkeitstheorie von John Rawls nur dann, wenn sie das Glück auch der am schlechtesten gestellten Personen berücksichtigt. Eine soziale Ordnung ist demnach gerecht, wenn sie auch die Zustimmung derjenigen findet, die am meisten benachteiligt sind.[137]

Eine zementierte Klassengesellschaft auf Kosten der Zukunft

Im Alltag heißt das für uns: Wir können und wollen nicht wegschauen, wenn wir Menschen sehen, die unter unmenschlichen Bedingungen auf der Straße leben müssen. Wir können uns nicht schulterzuckend abwenden, solange Armut und Existenznot in einem Land vorkommen, das reich genug ist, um allen ein gutes Leben zu ermöglichen. Niemand darf mehr zurückgelassen werden. Wir weigern uns, die Schuld bei denen zu suchen, denen es schlecht geht, während die, die es könnten, nicht für sie einstehen. Wir wollen nicht weiter in einer Gesellschaft leben, in der Kinder hungern, während andere sich Fett absaugen lassen.

Viele hierzulande beruhigen sich mit dem Mantra eines starken Sozialstaats, der es schon richten werde. Aber die zitierten Zahlen von der Kluft zwischen Arm und Reich zeigen: Heute leben wir in einer zementierten Klassengesellschaft auf Kosten kommender Generationen. Das werden wir nicht hinnehmen. Wir wollen in einer Gesellschaft leben, in der sich niemand um ein Dach über dem Kopf oder seine*ihre nächste Mahlzeit sorgen muss. Armut, soziale Ausgrenzung oder Existenznot duldet diese Gesellschaft nicht. Ganz besonders nicht, wenn gleichzeitig das Vermögen anderer schneller wächst, als sie es ausgeben können. Die Gesellschaft, für die wir kämpfen, befriedigt zunächst die Grundbedürfnisse jedes Menschen, bevor Reichtum angehäuft werden darf. Alle brauchen Zukunftsperspektiven, die ihr Handeln antreiben können. Sozialer Status, Herkunft, Geschlecht oder andere zufällige Faktoren dürfen keine Rolle mehr spielen. Wir werden nicht aufhören zu kämpfen, bis wir in einer solidarischen Gesellschaft leben, in der füreinander eingestanden wird. Wir sehnen uns nach echter sozialer Zusammengehörigkeit und dem Halt, den nur eine Gemeinschaft geben kann. In unserem Einstehen dafür wollen wir niemandem wehtun und (eigentlich) auch niemandem etwas wegnehmen. Aber wir fordern Ehrlichkeit ein und müssen deshalb auch selbst die Wahrheit aussprechen:

Veränderungen sind notwendig, wenn zu viel auf dem Spiel steht

Was wir fordern, mag eine Zumutung für einige sein – so wie umgekehrt die Erkenntnis, wie es um die soziale Gerechtigkeit in Deutschland und unsere Zukunft bestellt ist, eine Zumutung für uns war. Die Veränderungen werden unbequem sein für viele Nutznießer*innen des alten Systems, die ihre Privilegien lange sichern und von Generation zu Generation weitergeben konnten. Aber wir haben zu viel zu verlieren, wenn wir beim Status quo bleiben. Denn wo soziale Gerechtigkeit fehlt, da wird die Demokratie ausgehöhlt. Für eine Demokratie sind politische und gesellschaftliche Teilhabe geradezu überlebenswichtig. Aber wer ständig von existenziellen Ängsten getrieben ist, kann sich niemals einbringen. Eine Gesellschaft, die so etwas hinnimmt, verrät ihren demokratischen Anspruch. Finden wir nicht zurück zu einer Gesellschaft, die zusammenhält, wird jede kleine Veränderung zur Bestandsprobe. Das heißt im Umkehrschluss: Wenn wir Veränderung wollen – und wir brauchen Veränderung! –, müssen wir auf unsere Gesellschaft bauen können. Nicht erst morgen, sondern heute.

2. Der Plan für eine Gesellschaft, auf die wir bauen und in der wir leben können

1. Wir fordern von allen das Versprechen, sich kompromisslos hinter das Ziel des sozialen Friedens zu stellen

Wir müssen uns alle hinter das Ziel des sozialen Friedens stellen und auf dem Weg dorthin bereit sein, die Umverteilung von Chancen und Reichtum mitzutragen. Dazu muss jede*r sich fragen: Bin ich bereit, für meine eigenen Kinder und die folgende Generation insgesamt Abstriche zu machen? Es ist doch klar, dass in einer Gesellschaft, in der sozialer Friede herrscht, weil alle ein Auskommen haben und niemand Existenzangst leidet, ein Klima herrscht, das für alle von Vorteil ist.

2. Kinderarmut beseitigen – sofort

2017 war laut einer Studie der Bertelsmann-Stiftung in Deutschland jedes fünfte Kind wiederkehrend oder dauerhaft von Armut betroffen.[138] Weitere zehn Prozent litten vorübergehend unter Armut. Kein fadenscheiniges Argument und keine weitere Stigmatisierung von Familien ohne oder mit geringem Einkommen kann diese alarmierende Zahl rechtfertigen. Und doch wird dieser Zustand als gegeben hingenommen. Das ist erschreckend, beschämend und beängstigend. Betrachtet man den Bundeshaushalt 2019, scheinen Kinder bei der Haushaltsplanung nicht einmal eine interessante Anlageklasse darzustellen.

Genössen Kinder bei politischen Entscheidungen Priorität und wäre man sich einig, dass Kinder die Zukunft sind, müssten ihre Belange ständig überfinanziert sein. Schließlich soll Geld doch immer möglichst vielversprechend angelegt werden. Die großen Worte vor Wahlen, Kinder seien die Zukunft, sind aber vor allem leere Worte. Ihnen folgen keine Taten.

Kinder dürfen kein Luxus oder finanzieller Risikofaktor sein. Dass Kindergeld bisher auf Hartz IV angerechnet wird[139], ist unverantwortlich. Kindererziehung und der Bedarf eines Kindes werden somit auf das Existenzminimum angerechnet. Fast so, als sollten Menschen, die auf diese Leistungen angewiesen sind, zusätzlich dafür bestraft werden, dass sie Kinder bekommen. In einer sozialen, zukunftsorientierten Gesellschaft sollte für die, die diese Zukunft sind, ausreichend Geld zur Verfügung stehen. Es ist an der Zeit, dass Kinder und ihre Zukunft wieder als das vorrangig zu schützende und wertvollste Gut unserer Gesellschaft angesehen werden. Niemand darf mehr zwischen erträglichem Auskommen und Kind abwägen müssen – nicht Einkommensschwache, nicht Alleinerziehende. Erst dann ist unsere Gesellschaft auf dem Wege der Besserung.

Kinder müssen unabhängig finanziell abgesichert werden. Das kann durch eine Kindergrundsicherung geschehen. Diese darf auf keine sonstigen Leistungen angerechnet werden und muss auch den Einkommensausfall einkommensschwacher Familien bedenken. Die Mittel, die wir bereitstellen, müssen den finanziellen Bedarf von Kindern großzügig abdecken. Dazu gehört nicht nur, den Hunger zu stillen. Zu den Grundbedürfnissen von Kindern gehört alle Unterstützung in Sachen Bildung, die sie benötigen und Freizeitmöglichkeiten, in denen sie sich ausprobieren dürfen. Allen Kindern muss sozusagen ein Werkzeugkoffer voller Möglichkeiten und Wege bereitgestellt werden, auf denen sie sich entfalten und unsere Gesellschaft verändern können. Nicht manchen, nicht vielen – allen.

3. Weg von Hartz IV, hin zu einer Grundsicherung

Aber der Weg der Besserung bis zur vollständigen Gesundheit ist lang. Es muss noch viel passieren, bis unsere Gesellschaft ihre Möglichkeiten wieder vollständig ausschöpfen kann. Immer wieder heißt es: Den Wert einer Gesellschaft erkennt man daran, wie sie mit ihren schwächsten Mitgliedern verfährt. Legt man diese Maxime als Maßstab der Beurteilung unserer Gesellschaft an, so fällt das Zeugnis schlecht aus. Denn »Hartz IV« ist demütigend und bietet keine richtige soziale Absicherung. 1,5 Millionen Menschen können sich von dem gezahlten Satz nicht einmal Nahrungsmittel leisten, sind auf die Tafel angewiesen.[140] Leistungen als Strafe für »falsches Verhalten« zu kürzen, ohne irgendeine Alternative, wie Betroffene weiter überleben sollen, kann in einem »Sozialstaat« keine Praxis sein. Eine soziale Absicherung muss Hilfe bedeuten, nicht Strafen und Schikane. Sinn von Hartz IV ist im Moment aber nicht, das Existenzminimum zu sichern, sondern größtmöglichen Druck aufzubauen, eine Arbeit zu finden. Von zusätzlich verdientem Geld muss so viel wieder abgegeben werden, dass es unattraktiv wird, sich eine gering entlohnte Beschäftigung zu suchen. Das ist paradox. Die groteske Bürokratie, die Hartz IV im Moment bedeutet, kostet den Staat unnötige Millionen und ist demütigend für alle Beteiligten.

Dieses System, das von Repression und Demütigung geradezu lebt, spiegelt die Haltung, die wir Menschen, die in finanzielle Not geraten oder keine Arbeit haben, entgegenbringen. Schon wieder oder immer noch spukt heute das Bild der schmarotzenden Arbeitslosen, die verdummte Nichtsnutze gebären, hinter vorgehaltenen Mündern durch die Gesellschaft. Wir wollen dieser feindseligen Haltung mit Anerkennung, Wertschätzung und Solidarität entgegentreten. Denn diese Werte können so viel stärker sein als die, die jahrelang genährt wurden. Wir brauchen eine soziale Absicherung, die auch den Prognosen zur Entwicklung der Arbeitswelt standhalten kann. Das bisherige System manifestiert die Verteilungsverhältnisse weiter und ist auf zukünftige Entwicklungen wie den Wegfall von Arbeitsplätzen oder den Wandel der Vorstellung von Arbeit nicht vorbereitet. Stigmatisierung und Repressionen wie Sanktionen sind an der Tagesordnung. Das muss der Vergangenheit angehören.

Eine Grundsicherung, die Anreize schafft und nicht mit Sanktionen droht, ist die Zukunft. Sie wird eine bedarfsabhängige Sicherungsleistung sein, die ohne Zwang zur Verfügung gestellt wird. Sie sichert nicht nur das Überleben, sondern auch die soziale Teilhabe. Engagement für die Gemeinschaft, zusätzliche geringfügige Arbeit und Weiterbildung müssen finanziell belohnt werden. Mit Engagement für die Allgemeinheit kann jede*r die Grundsicherung signifikant aufstocken – ohne den Wettbewerb um die niedrigsten Löhne anzufeuern oder in die Fußstapfen der Ein-Euro-Job-Arbeitsgelegenheiten zu treten.

Die Grundsicherung muss auch Einkommensschwache mehr entlasten. Zusatzleistungen wie Karriereberatung, Weiterbildungen und Umschulungen sowie andere Sozialleistungen sollten bestehen bleiben – es geht nicht darum, Menschen einfach sich selbst zu überlassen. Sondern darum, sie mit ihren individuellen Bedürfnissen zu sehen und diese zu befriedigen.

4. Bezahlbarer Wohnraum für alle

In den 77 deutschen Großstädten fehlen fast zwei Millionen bezahlbare Wohnungen, so das Ergebnis einer 2018 veröffentlichten Studie im Auftrag der Hans-Böckler-Stiftung.[141] Wohnen wird selbst für Menschen mit festem Einkommen immer häufiger zum Luxus oder zu einem Schuldenrisiko. Die Wohnungssituation spiegelt die allgemeine Verteilungssituation bei materiellen Ressourcen. Wohneigentum ist kaum mehr bezahlbar, jede*r zweite wohnt zur Miete.[142] In vielen großen Städten ist die Miete in den vergangenen fünf Jahren um ein Viertel angestiegen.[143] In Städten wie München, Hamburg oder Stuttgart geben die Menschen oft mehr als sechzig Prozent ihres Einkommens für Miete aus. Das treibt mehr als eine Million Haushalte in die Armut.[144] Andere können sie sich gar nicht mehr leisten und verlieren das Dach über ihrem Kopf. Es gibt 650 000 Wohnungslose in Deutschland.[145] Das können wir nicht weiter hinnehmen. Denn: Wohnen ist ein Grundbedürfnis, auf dessen Erfüllung alle ein Recht haben. Bezahlbarer Wohnraum muss allen zur Verfügung stehen.

Das braucht radikale Maßnahmen. Ab sofort darf niemand mehr als zwei Wohnobjekte besitzen. Alles darüber hinaus sollte entweder der staatlichen Koordination zur Verfügung gestellt oder nur unter strengen Rahmenbedingungen vermietet

werden. Alle Vermietungen und Verpachtungen werden uneingeschränkt gewerbesteuerpflichtig sein.

Gegenwärtig fehlen circa eine Million Sozialwohnungen. Wir
brauchen dauerhafte Sozialbindungen bei staatlich gefördertem
Wohnungsbau und die Entstehung neuen staatlich geförderten
Wohnraums statt immer weiterer Luxuswohnungen in Großstädten. Diskriminierung auf dem Wohnungsmarkt muss beendet werden.

5. Ende der Zweiklassengesellschaft bei der Krankenversicherung

Wir fordern eine Bürger*innenversicherung für alle Menschen.
Die Zweiklassengesellschaft bei der Krankenversicherung spaltet die Gesellschaft in Menschen, die sofort die benötigte ärzt-
liche Hilfe erhalten, und solche, die lange auf eine Behandlung
warten. Wir brauchen die sofortige Auflösung aller privaten
Krankenversicherungen und weniger Wettbewerb zwischen
den mehr als hundert (!) gesetzlichen Krankenkassen.[146] Eine
Grundversorgung für alle muss in einem einheitlichen System
bereitgestellt werden. Alle, die darüber hinaus Luxus-Leistun-
gen in Anspruch nehmen wollen, können extra zahlen oder private Zusatzversicherungen abschließen.

6. Kostenlose Bildung und soziale Teilhabe für alle

Wir brauchen eine Ausbildungsfinanzierung ohne anschließende
Rückforderung. BAföG muss eine Ausbildungsleistung werden,
die bedarfsabhängig zur Verfügung steht und die Lebenshaltungs-

kosten wirklich deckt.[147] Andere, realistische Bedarfsgrenzen müssen definiert werden. Die aktuellen setzen Menschen unter Druck, die finanzielle Unterstützung eigentlich dringend benötigen würden. Die Rückzahlregelung muss abgeschafft werden. Wer BAföG bekommt, startet mit Schulden in das anschließende Leben. Andere nicht. Der finanzielle Druck auf Menschen, die aus einkommensschwächeren Haushalten kommen, wird auf diese Weise fortgesetzt. Das kann nicht Sinn der Sache sein. Sie sind nicht der Gemeinschaft etwas schuldig – sondern die Gemeinschaft ist heute jedem*jeder eine gute Ausbildung schuldig. BAföG muss deshalb ein kostenloses Studium ermöglichen, statt die Bezahlung nur auf einen späteren Zeitpunkt zu verschieben.

Lasst uns versuchen, Bildung für alle erschwinglich zu machen. Ob Kita-Beiträge oder Studiengebühren, sie sollten entfallen oder so gering bemessen sein, dass jede*r diese Angebote in Anspruch nehmen kann. Wir vertrauen darauf, dass die Hebung des Bildungsniveaus zwangsläufig auch dazu führen wird, dass die Bürger*innen kreativer, sozialer und gesünder leben, wenn sie sich nicht weiter von der Bildung ausgegrenzt sehen.

7. Wir brauchen ein zukunftsfähiges Rentensystem

Zahlreiche Expert*innen schreiben darüber, wie wackelig unser Rentensystem schon heute ist – aber im nächsten Satz heißt es: Andere Konzepte gibt es noch nicht. Dann müssen diese Konzepte jetzt entstehen. Wir verlangen, dass alle voraussehbaren Zahlen bis 2050 offengelegt werden. Die Menschen, um die es hier geht – die Generation derer, die dann in Rente geht, und derer, die für sie sorgen soll – sind schon längst geboren. Wenn nicht endlich Vorschläge geliefert werden, deren Ablaufdatum nicht 2025 lautet, grenzt die vermeintlich sichere Rente an staatlich organisierten Betrug. An uns und mit voller Absicht vorgenommen. Der Verdacht drängt sich auf, dass die schlechte Nachricht, dass die Rente darüber hinaus doch nicht so sicher ist, möglichst unauffällig überbracht werden soll. Es macht schließlich wenig Spaß einzugestehen, dass notwendige Veränderungen ein weiteres Mal verschlafen wurden.

Denn das Rentensystem ist alles andere als demografiefest. Es gibt immer mehr alte und immer weniger junge Menschen[148] – und trotzdem sollen weiter die Generationen füreinander sorgen. Wie soll das funktionieren? Entweder wird den jungen Menschen eine immer größere Last aufgebürdet, oder die Alten müssen immer mehr für sich selbst sorgen. Dann würde die Altersvorsorge immer weiter privatisiert und noch ungerechter. Beides ist keine Option.

Heute schon kämpfen Menschen jahrzehntelang gegen ihre drohende Altersarmut an – nur, um am Ende doch zu verlieren. Die Altersarmut steigt in Deutschland seit Jahren kontinuierlich. Mittlerweile sind rund 2,5 Millionen Menschen betroffen. Das sind über 15 Prozent der über 65-Jährigen.[149] Jede*r siebte Rentner*in ist also vom sozialen Leben ausgeschlossen, muss in Angst um seinen*ihren Wohnraum leben oder Mahlzeiten ausfallen lassen, weil sie unbezahlbar werden. Wenn es so weitergeht, wird es im Jahr 2036 schon jede*r fünfte sein.[150] Das gibt einen furchterregenden Ausblick darauf, wie die Situation sich für uns junge Menschen darstellen wird.

Menschen sind ihr Leben lang getrieben von Existenzsorgen. Sie haben Sorgen, die kein Mensch haben sollte, besonders nicht am Lebensabend. Unser gesellschaftliches System, das von Bürger*innen finanziert wird, darf nicht Menschen im Alter zurücklassen. Wir können uns auch nicht damit abfinden, dass fast eine Million Rentner*innen sich einen Nebenjob suchen müssen, weil der Staat nicht für sie sorgen will. Rente muss mehr als höchstens das absolute Existenzminimum sichern. Dass sie aktuell oft nicht einmal das leistet, ist ein Skandal.

Wir fordern ein einheitliches Rentensystem, das auch Beamte und Selbstständige erfasst. Schluss mit der Klassengesellschaft im letzten Lebensabschnitt. Weg von pauschalen Rentenerhöhungen »mit der Gießkanne«, die alle gleichermaßen betreffen. Um in Würde zu altern, sollte es nicht nötig sein, privat vorzusorgen. Alle, die es können, dürfen das gerne tun. Aber die Verantwortung unserer Gesellschaft besteht darin, solidarisch Seite an Seite mit den Schwächsten zu stehen. Rentenerhöhungen müssen dementsprechend zuerst denen zugutekommen, die am meisten darauf angewiesen sind.

Die Idee des bisherigen Systems, Renten durch Lohnabgaben der nächsten Generation zu finanzieren, war im letzten Jahrhundert sinnvoll.[151] Die Bevölkerung wuchs und die Lohnsummen stiegen. Heute finden wir uns in einer genau gegensätzlichen Position wieder: Die Bevölkerung schrumpft, niemand weiß, wie genau sich Einkommen im Zuge der Digitalisierung der Arbeitswelt verändern werden, vom ewigen Wachstum müssen wir auch wegkommen. Wir brauchen deshalb Alternativen zum Umlageverfahren.

8. Gemeinwohlstipendium für eine bunte, lebendige Gesellschaft

Die Grundsicherung für jeden hat einen weiteren Aspekt. Gesellschaftliches Engagement sollte nämlich als gleichwertig zur Erwerbsarbeit wahrgenommen werden. Wer sich gezielt für eine gewisse Dauer oder zu einem Zeitpunkt einem Vorhaben für die Gemeinschaft vollständig widmen will, sollte unbedingt die Gelegenheit dazu erhalten. Zu diesem Zweck wird ein Gemeinschaftsstipendium eingeführt werden. Dieses muss Gelder bereitstellen für Kunst, Aktivismus, soziale und ehrenamtliche Arbeit. Unsere Gesellschaft lebt davon, dass Menschen sich für sie einsetzen. Auch Aktivist*innen müssen also ein Auskommen haben. Nicht nur wird unser Zusammenleben dadurch bunter, sondern es befreit sich auch der*die Einzelne vom Zwang der Erwerbsarbeit.

9. Europäischer Mindestlohn – auf dem Weg zur europäischen Sozialpolitik

Wir brauchen einen europäischen Mindestlohn. Jeder Mensch hat unabhängig von seiner Herkunft ein existenzsicherndes Einkommen und ein lebenswertes Leben verdient. Das muss die europäische Politik sicherstellen. Im Moment liegt die durchschnittliche Lohndifferenz zwischen Nordwest- und Südosteuropa allerdings bei 13 Euro pro Stunde.[152] Lohndumping innerhalb Europas muss der Vergangenheit angehören. Die Idee eines solidarischen Europas erscheint lächerlich, solange die wirtschaftsstärkeren Staaten massiv von der Armut der anderen profitieren.

Es ist nicht einzusehen, warum bestimmte Arbeiten, die bei uns niemand machen will, in (süd)osteuropäischen Ländern zu menschenverachtenden Preisen verrichtet werden.

Die europäische Union darf außerdem nicht weiter zuschauen, wie Menschen ihre Heimat verlassen müssen, weil sie dort keine Perspektiven haben. Durch Arbeitsmigration in Richtung Mittel- und Nordeuropa werden soziale Probleme wie Pflegenotstand, demografischer Wandel, Altersarmut etc. in die Herkunftsländer derjenigen exportiert, die hierherkommen – ein Teufelskreis, von dem am Ende nur die mittel- und nordeuropäische Wirtschaft profitiert. Zusätzlich braucht es beispielsweise flächendeckenden Arbeitnehmer*innenschutz in allen europäischen Ländern und einen Abbau von Handelsdefiziten, um überall in Europa Zukunftsperspektiven zu schaffen.

Wir müssen uns auf den Weg machen zu einer europäischen Sozialpolitik. Die Europäische Union darf nicht nur eine Wirtschaftsunion sein. Wir fordern eine Politik, die dem Menschen dient, auch auf europäischer Ebene. Die europäische Union muss auch eine Sozialunion werden. Solange Armut in Bulgarien als ein bulgarisches Problem betrachtet wird, ist das Gerede von innereuropäischem Zusammenhalt und Solidarität allenfalls ein Lippenbekenntnis.

BEDINGUNG 5:

VORBEREITUNG DER ARBEITSWELT AUF DIE ZUKUNFT

1. Die digitale Revolution – ein dramatischer Umbruch

Viel Zeit bleibt uns für den Umbau unserer Gesellschaft nicht. Denn wir stehen vor einem radikalen Umbruch unserer Arbeitswelt, und unsere Gesellschaft droht bei dem Tempo dieser Transformation nicht mehr mithalten zu können. Expert*innen fassen die aktuellen Entwicklungen als digitale Revolution zusammen. Schon geht es nicht mehr um das »Ob« oder »Wann« der Digitalisierung unserer Arbeitswelt. Sie ist längst in Gang und schreitet rasend schnell voran.

Zur Debatte steht lediglich, wie damit umgegangen werden soll. Aber als könnte man sich aussuchen, ob neue Technologien Arbeitsplätze ersetzen, wird auf Podien landauf, landab über Chancen und Risiken der Digitalisierung diskutiert. Wollen wir die Digitalisierung? Wann kommt sie? Bedeutet sie Veränderung? Nein, ja, vielleicht – während Zeit mit diesen Debatten vertrödelt wird, müssen Millionen Menschen um ihre Zukunft bangen. Sie verdienen faire und ehrliche Aussagen darüber, was die Zukunft für sie bringen wird – und Antworten einer Gesellschaft, die doch sonst immer zu allem große Worte findet.

Hierbei geht es nicht um kleine Veränderungen in Betriebsabläufen oder gelegentliche Modernisierungen. Wenn Robotik und künstliche Intelligenz einmal in der Breite einsatzfähig sind, dann wird der Umbruch für die davon Betroffenen schmerzhaft. Es geht um den Verlust von vielen Millionen Arbeitsplätzen – und damit um den Verlust von sozialer Sicherheit und Stabilität, um Millionen Schicksale und Lebensentwürfe.[153] Für diesen gewaltigen Umbruch muss vorgesorgt werden. Mit jeder weiteren Sekunde, die auf Vertröstungen und Abwarten verwendet wird, werden Menschen um ihre Zukunft betrogen. Doch bislang halten alle politischen Entscheidungsträger*innen die Füße still. Niemand scheint die schlechte Nachricht überbringen zu wollen, dass sich vieles drastisch verändern wird. Bislang ist unsere Gesellschaft deshalb auf Veränderungen dieser Größenordnung gänzlich unvorbereitet.

Ganze Wirtschaftszweige werden verschwinden

In den nächsten Jahren werden vor allem gleichförmige und planbare Vorgänge im Arbeitsleben ersetzbar, möglicherweise sind aber sogar Menschen in vermeintlich sicheren Tätigkeiten wie Rechtsanwält*innen, Ärzt*innen und Börsenmakler*innen gefährdet. Große Unternehmen, ja ganze Wirtschaftszweige werden verschwinden – und mit ihnen altbekannte Berufe. Welche neuen Tätigkeitsfelder und Berufsprofile stattdessen entstehen, kann dagegen niemand vorab wissen.

Für den deutschen Arbeitsmarkt sagt A.T. Kearney, eine der größten Unternehmensberatungen der Welt, voraus, dass durch die Computerisierung 2,7 Millionen Arbeitsplätze in produzierenden Berufen betroffen sein werden.[154] Professoren der Oxford University schätzen, dass in Europa die Hälfte aller Arbeitsplätze durch die Digitalisierung in den nächsten zwanzig Jahren gefährdet sind.[155] Das heißt im schlimmsten Fall: Millionen Menschen werden plötzlich und ohne richtige Vorwarnung auf sich allein gestellt sein – im Stich gelassen von einer Gesellschaft, die sich nicht früh genug dazu aufraffen konnte, für sie vorzusorgen. Das wäre ein Skandal – und nicht zuletzt auch eine Katastrophe für unsere Demokratie.

Wir wissen nicht nur, dass die Digitalisierung unsere Arbeitswelt erschüttern wird. Auch die Berufe, in denen sie sich am ehesten niederschlagen wird, sind längst bekannt. Und trotzdem wird bislang nicht ernsthaft gehandelt. Das ist grob fahrlässig – denn die älteren Generationen drohen uns einen Scherbenhaufen zu hinterlassen.

Später dann sollen wir das mühevolle Zusammensetzen dieser Scherben, die man uns als »Gesellschaft« zu verkaufen versucht, übernehmen. Wenn Menschen, deren Zukunft durch die Digitalisierung auf dem Spiel steht, mitleidig auf die Schultern geklopft wird, ist das verlogen. Und das bleibt es so lange, bis Pläne für die Zukunft entwickelt und Maßnahmen vorbereitet werden und die Bürger*innen keinen Grund mehr zur Angst haben müssen.

Viele Bürojobs werden schon bald ersetzbar sein.[156] Die Prognosen sagen, dass der Automatisierung vor allem Jobs mit geringer Qualifikation zum Opfer fallen. Dann würde es wieder vorrangig die Einkommensschwachen treffen. Dabei könnte unsere Gesellschaft auf die Arbeit von beispielsweise vielen Manager*innen schon jetzt gut verzichten. Sie schafft keinen wirklich greifbaren Wert für die Gesellschaft – warum sollte die Gesellschaft auf sie angewiesen sein? Bei Pflegekräften oder Erzieher*innen sieht es anders aus. Würden sie heute ihre Arbeit aus Protest niederlegen, würde das einen Ausnahmezustand auslösen. Ihre Arbeit ist unverzichtbar und wird noch lange nicht ersetzbar sein. Fürsorge und Empathie lassen sich nur modellieren und nicht vollständig ersetzen. Auch wenn in Japan jetzt schon Roboter Teile der Altenpflege übernehmen – wer von uns möchte im Zweifelsfall seine Angehörigen von Robotern gepflegt sehen? Dennoch erhalten Alten- und Krankenpfleger*innen für ihre Arbeit nicht die Wertschätzung, die sie verdienen. Die vermeintliche gesellschaftliche Anerkennung für ihre Arbeit ist wertlos, solange die Erzieher*innen und Pfleger*innen am Ende des Monats kaum etwas auf dem Konto übrig haben[157] und sie ihre Arbeit unter Druck, Stress und Hektik erledigen müssen.[158] Unsere Gesellschaft lässt bisher ausgerechnet diejenigen weitgehend im Stich, die rund um die Uhr für andere da sind. Mit Fürsorge meinen wir scheinbar nur einen einseitigen Deal. Auf die vermeintliche Wertschätzung müssen endlich auch Taten folgen, die sie belegen.

Neue Tagelöhner*innen in der Gig-Economy

Wenn wir nicht für eine weitgehende Digitalisierung der Arbeitswelt vorsorgen, laufen wir Gefahr, eine Gesellschaft von modernen Tagelöhner*innen zu schaffen. Werden nicht frühzeitig Alternativen und Lösungen für den Wegfall von Arbeitsplätzen geschaffen, stehen viele Menschen im Falle einer Entlassung vor dem Nichts. Auf dem Höhepunkt der Finanzkrise

2009 mussten viele Menschen ihren Lebensunterhalt durch eine Kombination mehrerer kleiner (Gelegenheits-)Jobs bestreiten. Seitdem ist die sogenannte Gig-Economy enorm gewachsen: Einzelaufträge werden kurzfristig an Arbeitskräfte vermittelt – häufig über Online-Plattformen –, die als Selbstständige oder Freiberufler*innen arbeiten. Neue Geschäftsmodelle haben sich entwickelt – und sie boomen. *Uber* bietet auf diesem Wege Taxifahrten an, und *Lieferando* und *Foodora* lassen Essen ausliefern.

Einer Studie von McKinsey zufolge waren 2016 bereits circa 162 Millionen Menschen in den Vereinigten Staaten und den EU-15-Ländern in diesem Sektor der Gig-Economy beschäftigt.[159] Einige feiern die vermeintliche Unabhängigkeit, Flexibilität und Freiheit für Arbeitskräfte in dieser neuen Arbeitswelt. Aber die Schattenseiten sind offensichtlich. In der Gig-Economy entsteht eine neue Arbeitswelt voller digitaler Tagelöhner*innen. Menschen, die auf dem klassischen Arbeitsmarkt keinen Platz mehr finden, werden rücksichtslos ausgebeutet. Die Spielregeln machen die Vermittlungsplattformen, auf die sie angewiesen sind. Da pro Auftrag bezahlt wird, gibt es keine langfristigen Sicherheiten. Unternehmen übernehmen kaum Verantwortung gegenüber ihren Arbeitskräften. Das heißt: Kein Anspruch auf bezahlte Urlaubs- und Krankheitstage. Wer nicht arbeiten kann, verdient nichts. Kein festes, planbares Einkommen, keine Absicherung für den Krankheitsfall, keine Vorsorge für das Alter.

Als wäre das nicht genug, fielen Unternehmen der Gig-Economy schon einige Male durch ihre unbarmherzige Unternehmenskultur auf, die gnadenlosen Konkurrenzkampf unter denen anfacht, die auf Aufträge angewiesen sind. Zudem macht die dezentrale Verteilung der Arbeitsplätze die Organisation von Beschäftigten in Gewerkschaften schwieriger und die Scheinselbstständigkeit die Organisation in Betriebsräten unmöglich.

Diese Zustände können nicht länger hingenommen werden. Sicherungsmechanismen aus klassischen Beschäftigungsverhältnissen sollten auf diese Arbeitsverhältnisse übertragen werden. Seien es Festanstellungen, höhere Löhne oder Beiträge zur Altersvorsorge: Die großen Player in der Gig-Economy müssen Verantwortung übernehmen. Flexiblere Geschäftsmodelle dürfen nicht bedeuten, dass Unternehmen ihre eigene Rolle nach eigenem Ermessen und genauso flexibel gestalten können.

»Und was machst du so?« Arbeit als Statussymbol

Selbst die unersetzlichen Mitglieder in unserer Gesellschaft erfahren wenig Wertschätzung. Eigentlich sollte das uns alle davor warnen, uns über den Beruf zu definieren. Und dennoch lautet die zentrale Frage beim Kennenlernen neuer Menschen meistens: »Und, was machst du so?« Wehe, wer auf diese Frage nur mit Hobbys, Interessen oder Talenten antwortet. »Nein, nein, was du beruflich machst, meine ich.« Als wäre nur der Teil unserer Persönlichkeit etwas wert, der am Ende des Monats die Rechnungen bezahlt. Mit der Jobbezeichnung auf der Visitenkarte wird gerne geprahlt. Überstunden und ständiges Nachrichten-Checken sind zum Statussymbol geworden. Wer viel arbeitet und ständig erreichbar ist, muss schließlich wichtig sein.

Dass wir einander an unserem beruflichen Status messen, zeigt, wie sehr unsere gesellschaftlichen Werte in Schieflage

geraten sind. Wer glaubt, dass die Identitäten, die damit geschaffen werden, die bevorstehenden Umbrüche überstehen
können, belügt sich selbst. Unsere bisherige Vorstellung von
Arbeit als Voraussetzung für soziale Sicherheit und Status wird
in einer Gesellschaft, in der viele Arbeiten durch Maschinen
und Algorithmen ersetzt werden können, nicht mehr funktionieren. Der Umbruch der Arbeitswelt wird uns erschüttern – und wenn wir ihm nicht mehr als Prestige entgegenzuset-
zen haben, wird er uns einen kräftigen Schlag in die Magengrube
verpassen. Nur wenn wir die Grundfesten unseres Wirtschaftens verändern und soziale Absicherung für alle schaffen, bietet
sich die Gelegenheit, auf dieser Grundlage die Vision einer Arbeitswelt von morgen zu entwickeln. Damit fangen wir nun an.

2. Der Plan für eine neue Arbeitswelt

1. Ganzheitliches Verständnis von Arbeit abseits von Lohnarbeit

Unser gesamtes Verständnis von Arbeit muss sich wandeln. Das, was als Arbeit wahrgenommen werden sollte, geht weit über die Erwerbs- bzw. Lohnarbeit hinaus. Kindererziehung, die Pflege von Bedürftigen, Hausarbeit oder ehrenamtliches Engagement unterscheiden sich nur durch einen einzigen Faktor von dem, was wir bislang als Arbeit begreifen: Sie sind unbezahlt. Und trotzdem kommt unsere Gesellschaft ohne diese Arbeiten nicht aus. Indem diese Tätigkeiten systematisch aus unserer Vorstellung von Arbeit ausgeklammert werden, erklärt man sie für wertlos. Vor allem sind sie bei der Planung der Arbeitszeit nicht mit eingerechnet. Wenn vom Achtstundentag gesprochen wird, wissen wir genau, dass für viele, insbesondere Frauen, nach diesen acht Stunden praktisch ein weiterer Arbeitstag wartet.[160] Die Arbeiten, die nach »Feierabend« warten, können nicht unerledigt bleiben. Also kann praktisch nur an Schlaf und Freizeit gespart werden in einem Tag, von dem doch angeblich noch 16 Stunden für genau das bleiben. Wir sagen: Kindererziehung ist Arbeit. Die Pflege von Angehörigen ist Arbeit. Hausarbeit ist Arbeit. Und auch gesellschaftliches und politisches Engagement stellen Arbeit im Dienste der Gesellschaft dar. Wenn wir dem Rechnung tragen, kommen wir zu einem wirklichen Achtstundentag, der es erlaubt, Batterien wiederaufzuladen und sich zu erholen. Wir wollen nicht in einer Gesellschaft leben, in der wir unseren Wohlstand nur auf Kosten der eigenen Gesundheit schaffen und verwalten können.

2. Care-Sektor revolutionieren und Menschlichkeit wieder möglich machen

Wir wollen, dass Tätigkeiten, die unersetzlich sind, auch eindeutig als solche deklariert und entsprechend gewertet werden. Arbeit, die nur anstrengend, ausbeutend, unterfordernd, stressend, verzehrend ist und Menschen kaputtmacht, kann automatisiert werden. Arbeit, die Menschlichkeit erfordert, darf dagegen nicht entmenschlicht werden.

Der komplette Care-Sektor muss revolutioniert werden. In diesen Berufen wollen wir Voraussetzungen schaffen, die Menschlichkeit und Fürsorge ermöglichen. Ob es um die Erziehung und Betreuung von Kindern geht oder um die Pflege von Alten oder Kranken: Es muss ausreichend Zeit zur Verfügung stehen für Gespräche, für ein wirkliches »Ich bin da«, für zwischenmenschliche Verbindung. Niemals mehr dürfen die Sektoren der Care-Arbeit unter Produktivitätszwang stehen.

Wir sollten uns von dem Gedanken verabschieden, dass es in Ordnung ist, mit Gesundheit Profit zu machen. Die Privatisierung dieser Sektoren hat dafür gesorgt, dass die Bereiche, die von Ruhe, Zeit und Empathie leben, einem absurden Wettbewerbsdruck unterliegen.[161] Dabei sollte Profitabilität gerade dort nichts zählen. Die weitere Privatisierung muss gestoppt und die bereits erfolgte rückgängig gemacht werden. Menschen, die unersetzliche Arbeit leisten, muss endlich Wertschätzung entgegengebracht werden – in ihren Arbeitsbedingungen genauso wie in ihrer Entlohnung. Im Prinzip muss doch Care-Arbeit attraktiver werden als jeder Management-Job – nur so lässt sich der andauernde Pflegenotstand[162] wirklich beenden.

3. Arbeitszeitverkürzung wieder als gesellschaftliches Ideal definieren

Das Wirtschaftswachstum währt bis heute. Aber wie Rutger Bregman es pointiert ausgedrückt hat: Es bringt uns nicht mehr Freizeit, sondern nur mehr Dinge, mehr Waren. [163]

Bis in die 1970er-Jahre sank die Arbeitszeit stetig. Scheinbar tut sie das immer noch – aber das ist irreführend. Immer mehr Frauen wurden seit 1970 erwerbstätig.[164] Von zwei bis sechs Prozent 1970 ist ihr Anteil am Familieneinkommen auf heute über 40 Prozent gestiegen.[165] Die Arbeitsstunden in Erwerbsarbeit pro Beschäftigte*n wurden dadurch immer weniger, aber gleichzeitig die Freizeit der Familien knapper.[166] Arbeit, Überstunden, Kindererziehung, ständige Erreichbarkeit: Betrachtet man die geleisteten Arbeitsstunden ganzheitlich, ist die Arbeitszeit gestiegen.[167] Dabei ist längst klar, dass das Gegenteil davon das Ziel sein sollte: Menschen, die kürzere Arbeitszeiten haben, sind zufriedener.[168] Schon heute ergeben zahlreiche Studien, dass wir Kaufkraft lieber gegen mehr Freizeit tauschen würden. Je länger wir arbeiten, desto fehleranfälliger werden wir, und zu große Arbeitsbelastung ist gesundheitsschädlich.[169] Und nicht nur das: Eine schrittweise, moderate weltweite Arbeitszeitverkürzung könnte die CO_2-Emissionen in diesem Jahrhundert schlagartig halbieren.[170] Alle brauchen eine tägliche Dosis arbeitsfreie Zeit. Die Rede vom Achtstundentag ist, mit einem ganzheitlichen Verständnis von Arbeit betrachtet, eine Lüge. Es ist wichtig, dass wir endlich einen gesunden und zukunftsfähigen Stellenwert von Arbeit in der Gesellschaft erreichen. Das bedeutet eine drastische Reduzierung der Erwerbsarbeit. Arbeitszeitverkürzung muss endlich wieder ein gesellschaftliches Ideal werden. Eine Vision der Arbeitswelt von morgen lässt sich ohne sie nicht denken. Schritt für Schritt muss die Wochenarbeitszeit verringert werden. Selbstverständlich muss das Geld, das in der geringeren Arbeitszeit verdient wird, weiter zum Leben reichen. Es braucht geeignete Regelungen für Elternzeit und Kinderbetreuung. Aktuell ist es billiger, eine*n Arbeitnehmer*in Überstunden machen zu lassen, statt zwei Teilzeitkräfte zu beschäftigen.[171] Zuerst müssen sich also die Anreize für Arbeitgeber*innen ändern.

In der Folge muss das Bildungssystem – so absurd es klingen mag – die Menschen adäquat auf ein Leben in Freizeit vorbereiten. Denn das wird den meisten vermutlich gar nicht so leichtfallen, wie wir heute glauben.

4. Querfinanzierung von Sozialsystemen durch eine Robotersteuer

Arbeitsplätze werden durch die Digitalisierung voraussichtlich in großer Zahl wegfallen.[172] Das entbindet Unternehmen aber nicht von ihrer Pflicht, für die Menschen zu sorgen. Sie sparen Kosten ein, aber nicht Verantwortung. Effizienzsteigerungen durch künstliche Intelligenz, Robotik und Digitalisierung müssen vor allem den Menschen zugutekommen, die von ihnen betroffen sind. Wir plädieren deshalb für die Erhebung einer

Robotersteuer. Diese darf nicht so hoch sein, dass sie Innovationen bremst – sollte aber hoch genug sein, um sozialverträglich zu wirken. Dass Roboter menschliche Arbeit übernehmen, muss ja nicht per se schlecht sein. Aber die Frage, wie für die betroffenen Personen gesorgt wird, braucht eine starke Antwort.

5. Keine Ausbildung mehr für Berufe, die wegfallen werden

Wir müssen darüber reden, welche Art von Arbeit überhaupt noch sinnvoll ist. Globalisierung und Robotisierung waren immer verbunden mit Massenentlassungen.[173] Das darf nicht wieder passieren. Stattdessen braucht es jetzt Vorschläge dafür, wie mit Fachkräftemangel und Arbeitslosigkeit umgegangen werden soll. Die Maßnahmen für den Umgang mit den drastischen Veränderungen der Zukunft beginnen schon heute: Die kommenden Generationen dürfen nicht mehr für Jobs ausgebildet werden, deren zeitnahe Abschaffung schon heute vorhergesagt wird. Ältere, deren Berufe wegfallen, müssen bei der Weiterbildung und Umorientierung unterstützt werden. Alle Menschen, deren Jobs gefährdet sind, brauchen eine soziale Absicherung. Wir fordern von der Regierung einen Plan ein, wie der Umbruch sozialverträglich geschehen kann.

6. Lohnkopplung innerhalb von Unternehmen

Die außer Kontrolle geratenen Einkommensunterschiede innerhalb von Unternehmen müssen drastisch reduziert werden. Die Abkopplung der Spitzeneinkommen von der normalen

Gehaltsstruktur ist nicht tragbar. Nicht nur vertieft sie Einkommens- und in der Folge auch Vermögensungleichheit. Sie spiegelt nicht einmal Produktivität oder höhere Verantwortung. Niemand leistet das Hundertfache eines anderen – ganz egal wie viel Verantwortung er*sie trägt. Deshalb müssen vor allem für große Unternehmen Spannbreiten festgelegt werden, in denen Lohnunterschiede vertretbar sind, um zu realistischen Löhnen entsprechend der Wertschöpfung der Arbeit zurückzukehren. Wir schlagen vor, dass, je nach Größe der Unternehmen, maximale Vielfache bestimmt werden, die die obersten Einkommensbezieher*innen in Unternehmen im Verhältnis zu denen, die am wenigsten verdienen, erhalten dürfen. Mehr als das 30-Fache an Gehalt ist jedoch in keinem Fall gerechtfertigt.

7. Beteiligungen von Mitarbeiter*innen an Gewinnen eines Unternehmens

Wenn ein Unternehmen Gewinne erwirtschaftet, muss das allen im Unternehmen und entlang der Wertschöpfungskette Beschäftigten zugutekommen. Die Wege, wie Mitarbeiter*innen am Unternehmenserfolg partizipieren können, sind vielfältig: Ihnen können zum Beispiel bevorzugt Aktien angeboten werden. Aktienoptionen für einfache Angestellte sind in Deutschland bislang eine Seltenheit. Kaum ein Unternehmen beteiligt neben seinen Vorständen und hochrangigen Manager*innen auch die Mitarbeiter*innen durch Aktien am Erfolg. Dabei sollten doch gerade die, die im Unternehmen selbst arbeiten, ein Recht haben, den zukünftigen Kurs mitzubestimmen. Eine Ausnahme bildet Siemens. Die bisherige Bilanz kann sich sehen lassen und ist in Deutschland beispiellos: 300 000 der insgesamt 377 000 Beschäftigten bei Siemens wurden auf diese Weise bereits Miteigentümer*innen. So steigt der Anteil an Mitarbeiter*innen unter denjenigen, die ein Stimmrecht zur Festlegung einer Unternehmensstrategie haben.

Bonuszahlungen dürfen nicht nur an Vorstände ausgeschüttet werden – sondern müssen verpflichtend allen Beschäftigten zuteilwerden. Es braucht Höchstgrenzen für die Gewinnausschüttung an Aktionär*innen. Gewinne müssen nachhaltig im Unternehmen angelegt werden – sei es in Rücklagen, in nachhaltigerer Produktion oder sozialem Engagement für die Beschäftigten.

8. Demokratisierung von Unternehmen

Die Mitbestimmung von Beschäftigten als Miteigentümer*innen kann nur ein erster Schritt sein. Wir müssen hin zu einer langfristigen Demokratisierung aller Unternehmen. Die bisherige Vertretung von Arbeitnehmer*innen über Betriebsräte reicht längst nicht aus. Möglich wäre zum Beispiel, dass Führungsposten immer von den Mitarbeiter*innen gewählt werden. Auch könnte direkt gewählten Mitarbeiter*innen die Hälfte des Aufsichtsrates vorbehalten sein, damit nicht über ihre Köpfe hinweg entschieden wird.

Unsere Gedanken zur Zukunft der Arbeitswelt sollen ein erster Vorstoß sein. Denn nur, wenn wir bei ihrer Gestaltung Mut beweisen, können wir es überhaupt wagen, eine Lebenswelt und Gesellschaft der Zukunft zu skizzieren.

BEDINGUNG 6:

GUTE BILDUNG FÜR ALLE GARANTIEREN

1. Wie der Fokus auf Humankapital unendlich viele Chancen raubt

Der Grundstein für eine Gesellschaft der Zukunft ist Bildung. Schließlich sollen junge Menschen im Bildungssystem die Werte und das nötige Handwerkszeug an die Hand bekommen, um die Zukunft nach den eigenen Vorstellungen zu gestalten. Kinder, so ist man sich vermeintlich einig, sind das Fundament der Gesellschaft von morgen. Und dennoch werden ihre Bildung und ihr Heranwachsen bislang genauso den Parametern unserer Wirtschaftsweise unterworfen wie die Arbeitswelt. Denn die Aggressivität unserer Wirtschaftsweise macht vor nichts halt. Sie ordnet alle Bereiche unserer Gesellschaft ihrer neoliberalen Denklogik unter. Sei es die Vorstellung von sozialem Zusammenhalt, die Arbeitswelt oder der Anspruch an Kindergärten, Schulen und Ausbildungsstätten: Ihre Glaubenssätze vergiften nicht nur die Gegenwart, sondern auch schon lange unsere Zukunft.

Bildung wird als Kosten-Nutzung-Rechnung und Investition in das sogenannte Humankapital behandelt. 2008 gab die Bertelsmann AG bekannt, sich aus dem Musikmarkt zurückzuziehen. Die Branche sei einfach nicht mehr profitträchtig genug.

Stattdessen wolle man verstärkt im Bildungssegment aktiv werden.[174] Bildung ist ein Business-Modell geworden – das allein hätte eigentlich für einen Aufschrei sorgen müssen.

Aber die Generationen unserer Eltern und Großeltern scheinen weggeschaut zu haben, als Bildung immer weiter auf ökonomische Faktoren ausgerichtet wurde. Hier eine Kernkompetenz mehr, dort ein Schuljahr weniger – heute lehrt Schule ein merkwürdiges Menschenbild. Nicht die Vorstellung, Menschen sollten sich durch Bildung entfalten und lernen, die Welt zu verstehen, dominiert. Ganz im Gegenteil: Kritisches Denken, Fragen nach dem Sinn und Mitgefühl bleiben bei strikten Kosten-Nutzen-Analysen dauerhaft auf der Strecke. Sie stören die Effizienz und sind damit überflüssig. Das neue Ideal ist der *Homo oeconomicus* – ein Mensch, der dazu heranwächst, wirtschaftlich möglichst zweckmäßig zu handeln. Er kann sich flexibel an Anforderungen anpassen, erledigt Aufgaben schnell und konsequent und hält sich nicht mit Dingen auf, die in einer Finanzbilanz nicht auftauchen.

Um solche Menschen heranzuziehen, haben sich Begriffe im Kontext von Bildung etabliert, die sich nicht nur lesen wie Managementlehrbücher, sondern auch genauso zur Anwendung kommen. Bildungseinrichtungen sollen funktionieren wie Unternehmen, damit sie so früh wie möglich eine Kaderschmiede für eine reibungslos ablaufende Wirtschaft darstellen. Es wird von Standardisierung und Evaluationsverfahren geredet. Im Bildungssystem wird in Kinder »investiert«. Gemessen wird der »Output«, der dadurch erzeugt wird. Bildungeinrichtungen sollen »effizienter« werden. Menschen müssen Kompetenzen entwickeln, die sie anpassungsfähig machen. Mitgefühl, Fantasie,

Kritikfähigkeit – alles schön und gut, aber eben auch nur als antrainierte, situativ einsetzbare *Soft Skills*, um die Leistungsfähigkeit zu erhöhen.

Um Inhalte und Wertvorstellungen geht es kaum noch, stattdessen vermehrt um Funktionalität. In der Folge sind Konkurrenz und Leistungsdruck schon unter Grundschulkindern an der Tagesordnung. Wer aneckt, muss geschliffen werden. Die Gesellschaft lässt es zu, dass ihre eigenen Kinder und damit ihre eigene Zukunft schon in der Schule stressbedingt psychische Erkrankungen erleiden. PISA-Studien erzeugen seit Jahren Optimierungszwänge im Bildungssystem – und, anders als in Frankreich, wird hierzulande nur von wenigen hinterfragt, ob sie überhaupt das messen, was wir uns von Bildung versprechen. Die Schulleistungsstudien der OECD huldigen einem utilitaristischen Bildungsbegriff und messen nur Mathematik, Muttersprache und den Naturwissenschaften Bedeutung bei – gesellschaftspolitische, musische, religiöse, ethische Bildung spielen keine nennenswerte Rolle. Andererseits haben die PISA-Studien darauf hingewiesen, dass in kaum einem anderen Industriestaat die sozio-ökonomische Herkunft so sehr über den Schulerfolg und die Bildungschancen entscheidet wie in Deutschland.

Der Bildungsbegriff ist so schon längst zu einem ökonomischen gemacht worden. Kinder sind *Humankapital*. Und indem sie als solches behandelt werden, bleiben viele zurück. Zurückgelassen von einem System, das nur in den Stärksten Potenzial sieht, weil der Rest sein Geld nicht wert ist – zu wenig profitabel. Schon für Kinder gilt: mehr Effizienz, mehr Anpassungsfähigkeit und Standards, weniger Empathie und Menschlichkeit.

Bildungswege werden vorsortiert

Natürlich erzeugt dieses Denken Gewinner*innen und Verlierer*innen im Bildungssystem. Der Bildungserfolg bestimmt sich immer noch maßgeblich durch die soziale Herkunft. Wer in Armut aufwächst oder einen Migrationshintergrund hat, wessen Eltern geringer qualifiziert sind oder wer mit einem alleinerziehenden Elternteil aufwächst, hat es von vornherein schwerer. Denn schon bei Geburt entscheidet sich, ob auf dem eigenen Bildungsweg immer mehr Steine liegen werden als bei anderen. An Hauptschulen bestand die Schüler*innenschaft vor allem aus Kindern und Jugendlichen aus sozial schwachen Schichten und mit hohem Migrationsanteil. Ihr Ruf war der einer Verlierer*innenschule. Daher wurde sie in einigen Bundesländern wie etwa Schleswig-Holstein abgeschafft, in Bayern einfach in Mittelschule umbenannt oder in Saarland oder Thüringen mit der Realschule zu der erweiterten Realschule bzw. der Regelschule zusammengeführt, ohne dass sich an der zugrunde liegenden sozialen Problematik etwas geändert hätte.

Auf diesen Schulen besteht die Schüler*innenschaft immer noch vorrangig aus Kindern und Jugendlichen aus sozial schwachen Schichten mit hohem Migrationsanteil. An Gymnasien dagegen dominiert immer noch das Bild der mittelständischen Bildungsbürger*innenschaft.[175] Die Bildungswege von Kindern werden vorsortiert – fein säuberlich, in Schubladen. Eine Studie des Deutschen Gewerkschaftsbundes zeigt auf, dass Kinder aus sozial starken Familien selbst bei vergleichbaren Schulleistungen fast vier Mal so häufig eine Empfehlung für den Besuch eines Gymnasiums erhalten wie Kinder aus Arbeiter*innenfamilien.[176] Nicht die Schulleistungen und die Motivation sind entscheidend, sondern vor allem der Status der Eltern. Und so reproduzieren sich Bildungshierarchien: Schüler*innen aus Elternhäusern ohne Bildungsabschluss erreichen zu fast 60 Prozent entweder keinen oder einen Hauptschulabschluss, während mehr als zwei Drittel der Kinder von Eltern mit Abitur ebenfalls Abitur machen.[177] Jugendliche nicht-deutscher Staatsangehörigkeit verlassen die Schule mehr als doppelt so oft ohne einen Hauptschulabschluss als Jugendliche mit deutschem Pass.[178] Nur ein Viertel der jungen Menschen, deren Eltern lediglich über eine berufliche Ausbildung verfügen, studiert. Bei den jungen Erwachsenen, bei denen zumindest ein Elternteil einen Hochschulabschluss hat, sind es fast 80 Prozent.[179] Wer hat, dem*der wird gegeben – und zwar ein gewaltiger Vorsprung auf der Karriereleiter. Andere bleiben zurück, abgehängt und bald auch vergessen.

Aber das ist eigentlich nicht überraschend, denn: Diejenigen, die Entscheidungen fällen, gehören selbst (fast) ausnahmslos zu den Gewinner*innen: In der letzten Legislaturperiode verfügten 86,1 Prozent der Abgeordneten des Bundestages über einen Hochschulabschluss.[180]

Unser gegenwärtiges Schulsystem dient vor allem dem Zweck der Selektion. Was mit der Aufteilung auf verschiedene Schulformen beginnt, setzt sich mit der Notenvergabe fort. Auch hier werden junge Menschen auf ihre schulische Leistung reduziert. Dass Noten dabei keinesfalls die absolute Leistung bemessen, wird dabei immer unterschlagen. Wir tun so, als ob Zensuren alles über die Leistungen der Schüler*innen aussagt. In Wahrheit erzählen sie aber vor allem, ob sich ein*e Schüler*in dem System Schule und den Standards der Leistungskontrolle anpasst oder nicht. Wer sich gut an das System Schule anpassen kann, gewinnt. Die anderen verlieren. Dass schlechte Zensuren demotivierend wirken, ist unbestritten. Die Kinder wohlhabender Eltern flüchten nicht grundlos scharenweise auf Montessori-, Waldorf- oder teure Privatschulen, wo sie ohne Druck Misserfolge verarbeiten oder sich Hilfe bei dem*der Lehrer*in holen können, wenn sie Lernschwierigkeiten haben. Dort haben sie Zeit, ihren eigenen Lernrhythmus zu finden.

Selbst in Bereichen, in denen Deutschland sich ausdrücklich dazu verpflichtet hat, Gerechtigkeit zu schaffen, hält man sich nicht an die eigenen Versprechungen. 2009 hat Deutschland die UN-Behindertenrechtskonvention unterzeichnet und sich damit verpflichtet, Menschen mit Behinderung eine gleichberechtigte Teilhabe in allen Lebensbereichen zu ermöglichen. Zwar ist man seitdem auf dem richtigen Weg – aber die Umsetzung dieser Verpflichtung dauert viel zu lang. Der Großteil der Schüler*innen mit Förderbedarf sitzt immer noch isoliert in separaten Schulen[181], wird damit ausgeschlossen.

Dass weiterhin die Illusion von Chancengleichheit aufrechterhalten wird, ist Heuchelei. Und dieses Mal trifft sie uns junge Menschen noch persönlicher. Denn wir sitzen in Klassenzimmern und Hörsälen und wissen von vornherein, wer neben uns auf seinem*ihrem persönlichen Bildungsweg mehr Hürden überwinden muss als wir und wer weniger. Jeder junge Mensch erlebt täglich, was Ungerechtigkeit bedeutet. Gerade deshalb wollen wir sie nicht weiter hinnehmen. Es geht hier um uns, unsere Freund*innen, Mitschüler*innen, Kommiliton*innen. Wir wollen zusammenstehen und eine Gemeinschaft bilden können. Wir wollen, dass unsere Träume und Wünsche gleich viel zählen. Wir wollen, dass wir im Bildungssystem als Menschen zählen, nicht als Investitionsmöglichkeit.

Lehrer*innenmangel und Investitionsrückstand – die große Bildungsmisere

»Gute Bildung für alle« darf nicht weiter nur ein beliebter Wahlkampfslogan sein, sondern muss endlich auch abseits von Wahlkämpfen etwas wert sein. Aber die Realität zeichnet ein gegenteiliges Bild: Laut KfW-Kommunalpanel beträgt der Investitionsrückstand bei Schulen 2019 rund 42,8 Milliarden Euro.[182] 2015 wurden nur neun Prozent des deutschen Bruttoinlandsprodukts in Bildung, Forschung und Wissenschaft investiert. 2020 sind im Bundeshaushalt 18,2 Milliarden Euro für diesen Bereich vorgesehen. Zum Vergleich: Für Verteidigung stehen 44,9 Milliarden Euro bereit – fast das 2,5-Fache.[183] Dem Bildungsbericht 2018 zufolge fehlen allein bis 2025 66 000 Erzieher*innen und 32 000 Lehrkräfte in Grundschulen.[184] Und das, wohlgemerkt, ist erst der Bedarf für den Fall, dass die Lernverhältnisse nicht etwa durch kleinere Klassen verbessert werden. Darunter leiden – mal wieder hauptsächlich – die, deren Eltern die versäumte Förderung nicht einfach durch Nachhilfe und außerschulische Aktivitäten auffangen können.

Zu viele Kosten für zu wenig Nutzen: Diese Prognose wird schon bei der Geburt erstellt. Die Situation im Bildungssystem spiegelt – wie könnte es auch anders sein – die tiefen Risse wider, die sich infolge unseres Wirtschaftens in Form von Ungerechtigkeit und Geringschätzung durch unsere Gesellschaft ziehen. Es wird von Solidarität gesprochen, während Menschen in klischeebehaftete und stigmatisierte Schubladen gesteckt werden. Menschen werden Bildungschancen genommen, und dann heißt es, jede*r sei seines*ihres eigenen Glückes Schmied*in. Alle nehmen das wahr, und fast alle nehmen es bereitwillig hin.

Denn die, die es sich leisten können nicht angesichts dieser Ungerechtigkeit aufzuschreien, gehören in der Regel zu den »Sieger*innen«. Und die anderen werden einfach nicht gehört. Wir haben das so satt. Diese Gleichgültigkeit spaltet unsere Gesellschaft. Vorgezeichnete Wege in soziale Unsicherheit, ständiges Bangen um die Zukunft, das Gefühl des Im-Stich-gelassen-Seins: Wo Bildung für alle heute versprochen wird, werden in Wahrheit viele vergessen. Marode Schulen, Unterrichtsausfall, überfrachtete Lehrpläne und Millionen, die vom Bildungssystem zurückgelassen werden – das ist das Ergebnis großer Sonntagsreden. Unsere gegenwärtige Gesellschaft erklimmt hohe Gipfel der Elitenbildung. An alle, die dabei zurückgelassen werden, wird nur ungern und selten gedacht, denn das würde an das eigene Versagen erinnern.

Bildung als Allheilmittel für eine Gesellschaft

Dass in unserem Bildungssystem vieles falsch läuft, ist allgemein bekannt. Zahllose Bücher darüber wurden verfasst. Alle im Bildungssystem Beteiligten beschweren sich und doch passiert nichts; außer dass Politik und Wirtschaft auf eine Digitalisierung des Unterrichts drängen, als wäre das ein Allheilmittel für die Bildungsmisere: Putz, der von den Wänden der Klassenzimmer abblättert, und kaputte Overheadprojektoren sind Sinnbilder dafür, wie lange schon keine wirkliche Veränderung mehr passiert – und das, obwohl ein Reformvorschlag den nächsten jagt. Aber wir, die junge Generation, können aus tiefstem Herzen sagen, dass wir bereit sind, alle Mühen auf uns zu nehmen, um unsere Gemeinschaft wieder zu flicken. Bildung ist das Instrument, mit dem wir es schaffen können, diese wiederherzustellen. Längst ist hinreichend bewiesen, dass eine höhere Bildung nahezu ein Allheilmittel für eine Gesellschaft darstellt. Ein steigender Bildungsstand bedeutet höheres Einkommen. Daraus folgt mehr soziale Sicherheit und freiere Zukunftsgestaltung und Entfaltung. Wer einen höheren Bildungsstand hat, geht häufiger wählen und engagiert sich ehrenamtlich. Diese Menschen dürfen ein gesünderes Leben führen. Und am Ende des Tages sind sie dadurch zufrieden.[185] Ein Zustand, der niemals ein Privileg sein darf.

Eine gute und gerechte Gesellschaft erkennt, dass es ihre Zukunft rettet, »gute Bildung für alle« endlich ernst zu meinen. Sie schöpft ihr ganzes Potenzial aus. Sie kann sich auf den Zusammenhalt aller Menschen untereinander verlassen und ist gerüstet für jede tief greifende Veränderung. Denn sie orientiert ihre Zukunft nicht an Rentabilität und Wirtschaftsweisen, sondern an dem, was die Menschen, aus denen sie besteht, ausmacht. Sie bildet eine Gemeinschaft von Menschen, die sich einbringen und gestalten wollen – und sie setzt alles daran, die Freiräume dafür zu schaffen. Eine gute Gesellschaft ebnet den Weg für alle und gibt Menschen, die ihn brauchen, den nötigen Rückenwind.

Die Klimakrise nimmt uns die Luft zum Atmen, und die Auswirkungen eines brutalen Wirtschaftssystems zersetzen das gesellschaftliche Fundament. Und trotzdem – oder gerade deshalb – müssen wir jetzt anfangen, diese Gesellschaft von morgen zu bauen. Denn wir haben das feste Ziel, unseren Kindern und Enkeln eine lebenswerte Zukunft zu hinterlassen – und wir werden nicht mehr aufhören, bis diese Zukunft sicher steht.

2. Der Plan für eine Bildung, die vermittelt, was wirklich zählt

Wenn wir die Herausforderungen der Zukunft, die uns unsere Vorfahren aufgebürdet haben, meistern wollen, brauchen wir dafür gutes Werkzeug und viele Gleichgesinnte. Wir benötigen neue Fähigkeiten, Kreativität und zeitgemäßes Wissen. Nichts davon wird uns bisher in den Schulen vermittelt. Die Zeit der kleinen Stellschrauben ist vorbei – wir erlauben uns jetzt wieder zu träumen. Schließlich geht es hier vor allem um uns junge Menschen. Das Bildungssystem muss revolutioniert werden – besser gestern als heute. Unsere Gesellschaft muss mit aller Kraft die Bildungshürden abtragen, die sie über Jahrhunderte aufgebaut hat. Es gilt Zusammenhalt, Vertrauen und Rücksichtnahme zu fördern statt Wettbewerb und Leistungsdruck. Wir brauchen keine Ellbogengesellschaft, sondern eine, in der jede*r Rückhalt erfährt. Wir müssen endlich wieder die Werte vermitteln, von denen die Zukunft unseres Zusammenlebens geprägt werden soll. Kinder sollen lernen mutig zu sein und sich selbst zu entfalten. Bildung ist Fürsorge, nicht Drill zur Anpassung. Es geht um Mündigkeit und Selbsterfahrung statt um Verwertbarkeit für die Arbeitswelt. Bildung muss das Handwerkszeug sein, um die Welt zu verstehen. Und sie muss das Selbstvertrauen vermitteln, den eigenen Weg zu gehen, auch abseits der Mehrheit.

Wir brauchen kritische Denker*innen, kreative Köpfe und Teamplayer statt rücksichtslosen, geld- und machtgeilen Karrierist*innen. Und wir brauchen Erzieher*innen und Lehrer*innen, die sich mit all ihrer Überzeugung dafür einsetzen, diesen

Menschen Raum und Vertrauen zu geben. Wir müssen Menschen bilden, die Verantwortung übernehmen, ehrliche Diskurse führen und neue Ideen einbringen. Das Ziel muss sein, junge Menschen auf die Herausforderungen vorzubereiten, die ihnen das Leben jeden Tag vor die Füße werfen wird. Jede*r Schüler*in darf die Schule mit einem Rucksack voller Mut, Selbstvertrauen, eigenen Meinungen und Empathie verlassen.

Wir wissen, dass die Zukunft, selbst wenn wir jetzt das Ruder herumreißen, eine Welle von Stresssituationen für die Gesellschaft und jede*n einzelne*n von uns bedeutet. Kindern und Jugendlichen muss im Bildungssystem deshalb jetzt Handwerkszeug an die Hand gegeben werden, damit sie diese Welle reiten können, statt in ihr unterzugehen.

1. Der *Homo oeconomicus* muss noch heute begraben werden

Es ist Zeit für ein Menschenbild, dass sich wieder über den Menschen selbst definiert. Die Management-Begriffe müssen wieder aus allen Bildungseinrichtungen verbannt werden. Was Bildung leisten soll, bestimmen nicht weiter Konzerne, Stiftungen und starke Lobbygruppen, sondern der Souverän. Das heißt: Wir sind wieder gefordert, als Gesellschaft und Gemeinschaft. Der *Homo oeconomicus* muss der Vergangenheit angehören. Wir ersetzen ihn durch Menschen, die all die genannten Eigenschaften und Werte leben. Dafür muss PISA ignoriert, gegen Effizienz und Einheitsbrei im Bildungssystem rebelliert und in den Schulen angefangen werden, ein besseres Bildungssystem zu bauen – gegen alle Widrigkeiten.

2. Sofortige Bildungsüberfinanzierung und jährliche Bildungsgipfel

Wir müssen wieder über große Worte hinauskommen. Der Wert, den Bildung für die Zukunft unserer Gesellschaft hat, soll sich endlich in Investitionen niederschlagen. Solange wir nicht bereit sind, in das zentrale Element unserer Gesellschaft, nämlich ihre Kinder und damit ihre Zukunft, zu investieren, können wir nicht von einer gerechten, zukunftsweisenden Politik sprechen. Wir fordern einen sofortigen Plan für die Beendigung des Investitionsstaus ein. Wir können uns nicht leisten, weitere Jahre nur über den Lehrer*innenmangel und marode Schulen zu sprechen. Es muss endlich gehandelt werden. Koste es, was es wolle. Die chronische Unterfinanzierung muss zu einer Überfinanzierung werden. Der Lehrer*innenberuf soll endlich die Wertschätzung erfahren, die er verdient. Erzieher*innen und Lehrer*innen brauchen Arbeitsbedingungen, die es ihnen ermöglichen, alle Kinder und Jugendlichen zu fördern. Befristete Beschäftigungen müssen ein sofortiges Ende haben. Damit endlich die zuerst profitieren, die bislang ständig hintanstehen müssen, braucht es für Bildungsinvestitionen einen Sozialindex, nach dem entschieden wird, wo Gelder am meisten benötigt werden, um gute Bildung für alle zu ermöglichen. Es reicht nicht, einmal einen Bildungsgipfel auszurichten, auf dem Ziele für die nächsten Jahrzehnte beschlossen werden. Wir brauchen jährliche Bildungsgipfel, bei denen alle Akteur*innen im Bildungssystem, also auch Schüler*innen und Studierende, mitreden dürfen, und eine ständige Kommission, die eine Umwälzung des Bildungssystems steuert.

3. Gemeinsame Bildungsstrategie von Bund, Ländern und Kommunen

Wir brauchen schnelle Entscheidungsmöglichkeiten in Sachen Bildung. Das geht nur, wenn alle politischen Ebenen an einem Strang ziehen. Bildungskleinstaaterei und Länderegoismen müssen aufhören. Wir brauchen eine gemeinsame Bildungsstrategie von Bund, Ländern und Kommunen. Im Rahmen derer sind Zuständigkeiten zu klären. Wir müssen hin zu einem kooperativen Föderalismus, der bestmögliche Bildungspolitik ermöglicht. Gleichwertige Lebenschancen sollen bundesweit bestehen – Bildungswege enden längst nicht mehr an Ländergrenzen.

4. Abschaffung des Gymnasiums und eine Schule für alle

Wir fordern die Abkehr von einem Schulsystem, das bei seiner vermeintlichen Differenzierung in Leistungsniveaus eigentlich vor allem in soziale Schichten trennt und zusätzliche Hürden aufbaut. Das Menschenrecht auf Bildung muss endlich uneingeschränkte Realität werden. Dazu brauchen wir eine gute Schule für alle, in der bis zum Ende der Pflichtschulzeit gemeinsam gelernt wird. Der eigentliche Gedanke hinter Bildungsgerechtigkeit sollte sein, dass junge Menschen in einer heterogenen Schüler*innenschaft ihren Horizont erweitern und füreinander einstehen können. Mit guter Ausstattung und genügend Lehrkräften kann dort allen ermöglicht werden, ihr volles Potenzial zu entfalten – nicht nur den Schwächeren. Denn zu umfassender Bildung gehören für uns auch die Herausbildung eines Bewusstseins für das Miteinander und Hilfsbereitschaft. Statt in soziale Schichten zu unterteilen, muss sich eine solidarische Gemeinschaft entwickeln, die für alle Schüler*innen neue positive Erfahrungen in einem Miteinander schaffen kann.

Im dreigliedrigen Schulsystem wird benachteiligt ohne Ende. Entscheidungen über Bildungswege werden ungerecht und verfrüht getroffen. Junge Menschen aus komplizierten Verhältnissen werden kaum unterstützt. Bildungsungerechtigkeit entsteht nicht einfach so, sondern Kindern und Jugendlichen werden durch die Differenzierung nach Schultypen Bildungswege und Zukunftsperspektiven abgeschnitten – nicht selten für immer. Damit muss endlich Schluss sein. Das Gymnasium ist die Schulform, über die am leidenschaftlichsten diskutiert wird. Allzu häufig ist es ein Symbol der elterlichen Statusversessenheit und Sammelbecken einer ignoranten vermeintlichen Elite.

Wir wollen dem Gegeneinander-Ausspielen sozialer Schichten im Bildungssystem ein Ende machen. Der erste Schritt dahin ist die Abschaffung des Gymnasiums. Wir müssen uns endlich eingestehen, dass bei einer Gesellschaft und damit beim Bildungssystem nicht viele, sondern alle mitgedacht werden müssen – und zwar gemeinsam. Wir sind gerne diejenigen, die sich dem Gegenwind aussetzen, den die Abschaffung von Bildungseliten auslösen wird. Es wird Zeit, dass wir alle füreinander einstehen.

5. Schule darf nicht nur Lern-, sondern muss auch Lebensort sein

Schule darf nicht nur Lern-, sondern muss auch Lebensort sein. Eine gute Schule bietet mehr als Mathe und Deutsch. Sie ist Freizeitort und Treffpunkt und ermöglicht Persönlichkeitsentwicklung über den Unterricht hinaus. Schulen müssen in ihrem regionalen Umfeld verankert sein. Es braucht mehr Freizeitangebote und mehr Möglichkeiten, sich über das Lernen im Unterricht hinaus in der Schule in Projekten und in die Gemeinschaft einzubringen. Wir brauchen einen modernen Bildungscampus, auf dem nicht nur Schüler*innen, sondern auch Generationen einander begegnen können.

Lehrer*innen haben den Auftrag, Kinder in ihrer Persönlichkeit zu stärken. Sie sollen ihre Unterschiede erkennen und akzeptieren, aber sie sollen keine Unterschiede machen. In Finnland beispielsweise wird zwar meistens nur halbtags unterrichtet, aber trotzdem gibt es auf den Schulen ein kostenloses, warmes Mittagessen für alle. Dort gibt es auch eine*n Krankenpfleger*in und sogenannte Schulhelfer*innen oder Kurator*innen, an die sich die Schüler*innen mit privaten oder sozialen Problemen wenden können.

6. Schule muss demokratisch sein

Wir sehen Schule als ein Gemeinschaftsprojekt. Sie soll sich Ziele stecken, an denen alle gemeinsam arbeiten. Es braucht Kollegien von Lehrer*innen, die an einem Strang ziehen und gemeinsame pädagogische Konzepte, immer im besten Interesse ihrer Schüler*innen, verfolgen. Es braucht ein Klima des Vertrauens mit Ansprechpartner*innen für alle. Eine gute Schule bietet Freiräume für Initiativen von Eltern, Lehrer*innen und Schüler*innen. Sie reflektiert sich selbst kritisch. Solche Ziele sind nur Motor einer Schule, wenn sie von allen an Schule Beteiligten vertreten werden. Das setzt eine offene Auseinandersetzung mit Interessen und Konflikten voraus. Deshalb ist eine gute Schule demokratisch. Sie lässt alle mitentscheiden und leitet Schüler*innen an, kritisch zu hinterfragen und alternative Wege auszuprobieren. Sie gibt ihnen echte Entscheidungskraft statt nur Schein-Partizipation, die am Ende doch an der Unnachgiebigkeit von Erwachsenen scheitert.

Schule muss von und mit Schüler*innen gemeinsam gestaltet werden. Das muss konsequenterweise bis zur Bestimmung über Wissensinhalte gehen. Denn wir brauchen selbstsichere Kinder und Jugendliche, die sich auch trauen, ihren Eltern zu widersprechen und ungeniert zu sein. Nur sie sind in der Lage, das Ruder herumzureißen und die Dinge in Zukunft besser zu machen. Schüler*innen an die Macht, muss das neue Motto von Schulen lauten – und es muss sich in der Bildungspolitik fortsetzen.

7. Flexiblere individuelle Bildungswege

Wir brauchen flexiblere individuelle Bildungswege, damit einmal getroffene Entscheidungen nicht den Bildungserfolg eines ganzen Lebens bestimmen. Ein Schritt in diese Richtung wäre die Auflösung von Klassen hin zu freieren Lerngruppen. Es muss Schluss sein mit Schulzeitverkürzung und Lehrplanverdichtungen. Lernen und Entwicklung brauchen Zeit. Junge Menschen müssen diese Zeit bedingungslos erhalten – nach ihrem eigenen Bedarf.

8. Inklusion vollständig umsetzen – sich endlich an Versprechungen halten

Inklusion muss endlich vollständig geschehen. Das bisherige Schneckentempo bei der Umsetzung ist eine Unverschämtheit gegenüber allen Menschen, die weiter von gerechter sozialer Teilhabe ausgeschlossen werden. Immer noch scheinen Menschen Angst zu haben, dass Inklusion vermeintlich Starke schwächen und Schwächere überfordern könnte. Schon diese Schere im Kopf missachtet die Gleichwertigkeit aller Menschen. Die Annahme, man könne nur in einer möglichst homogenen Lerngruppe den größten Fortschritt erzielen, ist schlichtweg falsch. Die Schlussfolgerungen daraus sind eine Zumutung für alle, die systematisch ausgeschlossen werden. Wer Gemeinschaft und die Integration jeder*jedes Einzelnen im Mikrokosmos Schule für unmöglich hält, erklärt die Idee einer Gesellschaft, die für alle einen Platz bietet, für gescheitert. Natürlich müssen sich die Rahmenbedingungen in der Schule ändern, damit vollständige Inklusion gelingen kann. Aber es gibt keine Ausrede, diese Veränderungen nicht anzugehen. Im Gegenteil: Es ist eine Pflicht, dass die deutsche Politik endlich ihren Versprechen nachkommt. Wir fordern das sofortige Ende der Exklusion – und zwar in Bezug auf alle Hürden im Bildungssystem.

9. Rahmenbedingungen für Lehrer*innen, unter denen gutes Lehren möglich ist

Lehrer*innen müssen endlich Rahmenbedingungen für ihre Arbeit erhalten, die es ihnen erlauben, ihrer Rolle als Erzieher*innen und Begleiter*innen im Entwicklungsprozess gerecht zu werden.

Sie brauchen eine vollständig geregelte Arbeitszeit und eine Verringerung der Mindestzahl an Unterrichtsstunden. Nur dann können sie sich wirklich Zeit für ihre Arbeit nehmen und auf die Bedürfnisse von Schüler*innen eingehen. Die Honorierung ihrer Arbeit durch Wertschätzung ist essenziell – schließlich wartet auf Lehrer*innen keine große Karriereleiter. Erziehen und Unterrichten muss endlich als Profession anerkannt werden. Nur wenn wir diese Perspektiven für Lehrer*innen schaffen, kann der Schwerpunkt ihrer Arbeit darin liegen, ein Klima in Schulen zu schaffen, das positiv, offen und kreativ ist. Nur dann können sie sich Zeit nehmen, Beziehungen aufzubauen und Stärken und Interessen wirklich zu fördern. Erst wenn diese Voraussetzungen vorliegen, kann die Entwicklung ihrer Schüler*innen im Mittelpunkt stehen. Nur dann können sie ein Gemeinschaftsgefühl in Lerngruppen schaffen, durch das Schüler*innen sich gegenseitig unterstützen. Erst dann können sie sich offen zeigen für Feedback und Kritik und Konflikte offen und fair austragen. Es darf nicht länger sein, dass Lehrer*innen, die schon heute ihren Beruf zur Berufung machen, dies auf Kosten ihres Privatlebens tun müssen.

Lehrenden muss selbstverständlich ermöglicht werden, das Wohl ihrer Schüler*innen als oberste Priorität zu setzen. Erst dann können Schulen Orte des Vertrauens, der Fürsorge und der Unterstützung sein. Sind sie das nicht, stellen alle Maßnahmen einen Flickenteppich dar, dessen Teile sich nur schlecht zusammenfügen lassen. Natürlich gibt es schon heute Lehrer*innen, die all diese Dinge umzusetzen versuchen. Aber das darf in Zukunft nicht mehr von der Motivation und dem individuellen Einsatz Einzelner abhängen.

BEDINGUNG 7:

DER DEMOKRATIE NEUES LEBEN EINHAUCHEN

1. Die Demokratie ist in Gefahr

Wenn wir eine zukunftsfähige Gesellschaft verwirklichen wollen, muss auch die Demokratie in Bewegung bleiben. Sie sollte die Gleichwertigkeit aller Menschen abbilden und in der Lage sein, für alle annehmbare Regeln zu schaffen und drängende Probleme in Angriff zu nehmen. An ihren Defiziten muss dauerhaft gearbeitet werden, wenn wir eine selbstbewusste Gesellschaft von morgen wollen. Demokratie ist nicht selbstverständlich und erst recht nicht unangreifbar. Umso mehr lohnt es sich, für sie einzustehen.

Die Leitsätze unserer Gesellschaft sind im Grundgesetz aufgeführt. Einige sind durch eine Ewigkeitsklausel zusätzlich verfestigt. Die konkrete Ausgestaltung dieser Leitlinien bleibt der Politik überlassen. Diese entscheidet mit jeder Abstimmung im Bundestag, Landtag, Kreistag, Stadtrat oder Gemeinderat, welche Richtung eingeschlagen wird. Unsere Gesellschaft besteht aus den unterschiedlichsten Interessen und Bedürfnissen, vielfältigen Diskursen und Überzeugungen. Was Demokratie braucht, ist eine lebendige Debatte der Überzeugungen, einen Wettstreit um die zukunftsweisendste Umsetzung dieser Ansichten. Klar muss aber auch sein: Gegen Angriffe auf grundlegende Werte unserer Gesellschaft muss konsequent und mutig Stellung bezogen werden. Passiert das nicht, gerät unsere Demokratie in Gefahr.

Die Wiederkehr antidemokratischer Denkweisen

Die Werte, die in Sonntagsreden so rühmlich und gut klingen, müssen wirklich gelebt werden, um eine starke Antwort auf rechtes und undemokratisches Gedankengut zu sein. Aber wenn Menschen aus ihrer Heimat fliehen müssen und im Mittelmeer um das nackte Überleben kämpfen, sucht man bislang vergeblich danach. Wo leben wir Solidarität und Hilfsbereitschaft, wenn nicht dort? Wo unsere vermeintlichen Grundwerte einen Aufschrei verlangen würden, wird geschwiegen. Wo es zu handeln gilt, wird stillgehalten. Das ist ein gesellschaftliches Armutszeugnis. Es ist Zeit, endlich für die Grundpfeiler unseres Zusammenlebens und ein demokratisches Miteinander aufzustehen.

Der tief liegende Rassismus und andere menschenverachtende Denkweisen, die in den letzten Jahren wieder ans Tageslicht traten und salonfähig wurden, dürfen nicht länger geduldet werden. Nicht aus Angst vor Wahlergebnissen, nicht aus Angst vor den Menschen, die dieses Menschenbild vertreten, und erst recht nicht aus Bequemlichkeit. Wir brauchen Bürger*innen, die überzeugt für die Grundwerte unserer Gesellschaft einstehen. Mehrheiten für eine zukunftsfähige und solidarische Gesellschaft entstehen nicht von allein, sondern müssen von mutigen Vorreiter*innen geschaffen werden. Eben weil unsere Grundwerte und unsere Demokratie in Gefahr sind, ist es unsere wichtigste Pflicht, uns zu engagieren!

Wir brauchen Demokrat*innen inner- und außerhalb von Parteien, auf der Straße und im Parlament, in den Talkshows und an Stammtischen. Es braucht Demokrat*innen, die klarmachen, dass die Menschenwürde und die Gleichwertigkeit eines jeden Menschen nicht verhandelbar sind. Sie alle – ihr alle, wir alle – müssen jetzt ihre Stimme erheben, aufstehen und laut sein. Wir schulden es unserer Demokratie, sie zu verteidigen. Eine lebendige Demokratie braucht Mitbestimmung, braucht mehr als alle paar Jahre den Gang zur Wahlurne. Sie braucht Menschen, die sich ihrer demokratischen Rechte bewusst sind und sie wahrnehmen. Menschen, die sich einmischen, die Bürger*innenbeteiligungen initiieren, die Petitionen starten und in ihrem Umfeld etwas verändern wollen. Wir zählen auf Menschen, die auf Demonstrationen gehen, ihre Meinung kundtun und immer weiter für eine bessere Welt kämpfen – wenn nötig, gegen alle Lethargie und gegen den größten Widerstand. Nur so können wir den komplexen Zukunftsfragen dieser Generation gerecht werden und Antworten auf die drängenden Fragen unserer Zeit formulieren.

Lobbyismus und Elitisierung der Politik

Dafür sind transparente Entscheidungsfindungen und der offene Austausch von Informationen unerlässlich. Doch genau daran scheint unser demokratisches System zu scheitern. Politische Entscheidungen – so erscheint es vielen und auch uns – werden nicht nach bestem Wissen und Gewissen, sondern viel mehr nach Lobbyinteressen getroffen, ohne die Grundlagen dafür offenzulegen. Laut Infratest dimap haben 82 Prozent der

Menschen den Eindruck, dass der Einfluss von Lobbyist*innen auf die Politik in Deutschland zu hoch ist.[186] Vertrauen in die Demokratie und ihre Repräsentant*innen kann nicht bestehen, wenn jene, die sie repräsentieren sollen, in der Überzeugung leben, dass Geld mehr wiegt als ihre Stimmen. Dazu passt eine zweite Tendenz: Noch bis zur Jahrtausendwende wurden die Regierungsämter zu zwei Dritteln von Nachkommen von Kleinbürger*innen und Arbeiter*innen besetzt: Der Bundeskanzler konnte Sohn eines Hilfsarbeiters, der Außenminister der Sohn eines Metzgers sein. Dieses Verhältnis hat sich innerhalb von zwei Jahrzehnten genau umgedreht: Das Kabinett entstammt zu zwei Dritteln den gehobenen Schichten.

Hinzu kommt der Trend, von einem Elitesektor in den anderen zu wechseln: Den Anfang machte Roland Koch, der 2010 überraschend sein Amt als hessischer Ministerpräsident räumte und stattdessen Vorstandsvorsitzender des Baukonzerns Bilfinger-Berg mit einem geschätzten Jahresgehalt von 1,5 Millionen Euro wurde. Diese lukrativen Wechsel haben parteiübergreifend Schule gemacht und dienen sicher nicht dazu, das Ansehen der demokratischen Repräsentant*innen zu mehren. Die ehemalige grüne Gesundheitsministerin Andrea Fischer wechselte in die Privatwirtschaft, um in der PR-Agentur Pleon die Abteilung *Healthcare* zu leiten, der Parlamentarische Staatssekretär für Verbraucherschutz, Ernährung und Landwirtschaft heuerte nach seiner Amtszeit ausgerechnet beim US-amerikanischen Nahrungsmittelkonzern *Mars* an.[187] Der ehemalige sächsische Ministerpräsident Stanislaw Tillich wurde im September 2019 zum neuen Aufsichtsratschef des Bergbauunternehmens MIBRAG ernannt. Nicht nur der Eliteforscher Michael Hartmann sieht in solchen Seitenwechseln einen Grund des Ansehensverlustes von gewählten Repräsentant*innen, der den Rechtspopulist*innen nützt.[188]

Ausschluss der Jugend

So ist unsere Demokratie in vielerlei Hinsicht in Strukturen von gestern gefangen. Große Teile der Gesellschaft werden missachtet und übersehen. Immer gleiche Gruppen sollen für alle sprechen. Das demokratische System ist überaltert, vorwiegend männlich und elitär. 13,5 Millionen Bürger*innen sind aufgrund ihres Alters pauschal vom Wahlrecht ausgeschlossen.[189] Dabei sind diese am stärksten von den heutigen Entscheidungen über die Zukunft betroffen. Sie müssen Entscheidungen tragen und mit ihnen leben – wohlwissend, dass sie kein Teil davon sind. In Anbetracht der Überalterung unserer Gesellschaft und der globalen Krisen, die es zu bewältigen gilt, ist dieser systematische Ausschluss der Jugend inakzeptabel. Die Missachtung einer ganzen Gesellschaftsgruppe, die sonst als »die Zukunft« bezeichnet wird, sagt viel über die Zukunftsfähigkeit unserer Demokratie aus.

Wenn wir auf die Straße gehen, finden die Älteren das niedlich und lobenswert – die Belange, für die wir streiten, haben wir aber »eh nie richtig verstanden« und sollen das mal lieber Profis überlassen. Beziehen wir Stellung, sind das naive Kinderträumereien – egal, mit wie vielen Quellen und welcher Bandbreite an Wissenschaftler*innen wir aufwarten. Sagen wir, dass etwas falsch läuft, belächelt man uns. Wiederholen es Ältere, wird es plötzlich relevant. Unter diesen Umständen sollte es nicht verwundern, wenn junge Menschen desillusioniert von der Politik sind. Schließlich wird ihnen eine Rentensicherung bis 2025 als großer Erfolg verkauft. 2025 werden sie vielleicht gerade einmal 25 Jahre alt sein und in ihren ersten Berufsjahren stecken. Wenn Politiker*innen von »Zukunft« sprechen, meinen sie meistens die nächste Wahl oder 2025 und nicht das, was wir jungen Menschen als unsere Zukunft begreifen. Für uns endet die Zukunft nicht 2025, 2035 oder 2045.

Natürlich ist die Wahlbeteiligung bei jungen Menschen viel niedriger als bei ihren Großeltern,[190] wenn sie nur zwischen dem alten weißen Mann in Anzug eins und dem alten, weißen Mann in Anzug zwei wählen können. Allein schon die altersmäßige Distanz zu jungen Menschen ist so groß, dass es schwerfällt, sich von ihnen vertreten zu fühlen. Keiner dieser Politiker*innen scheint die Anliegen von uns jungen Menschen so richtig zu verstehen.

Überhaupt spiegelt sich in ihrem Handeln selten die Erkenntnis wider, dass sie die Verantwortung übernommen haben, auch für unsere Zukunft zu sorgen. Probleme und Sachgebiete mit drängendem Handlungsbedarf ignorieren sie, bis es zu spät ist. Stattdessen zählen häufig nur die Ergebnisse der letzten und kommenden Wahlen, die dann mithilfe von endlosen Personaldebatten bilanziert werden. Solange jungen Menschen ihre eigene demokratische Wirksamkeit verwehrt wird, sollte sich niemand wundern, wenn sie »keinen Bock« auf Parteien und Politik der Alten haben. Die gleiche Repräsentationsproblematik findet sich bei der Vertretung von Frauen, People of Colour oder Menschen mit Behinderung.

Und doch wollen sie trotzdem mitmischen, diese jungen Leute. Ja, genau die, die ständig als so unpolitisch, als so bequem, als

150

so faul beschrieben werden. Große Teile dieser jungen Leute, die immer nur als Kollektiv gesehen werden, haben allein schon in den vergangenen Jahren bewiesen: Sie sind politisch. Ihre Zukunft ist ihnen nicht egal. Sie wollen mitreden und mitgestalten. Und sie sind nicht länger willens, die Verfehlungen der Zukunftsverweigerer, der Mit-dem-Finger-Zeiger*innen, der »Ich-war-auch-mal-jung«-Streber*innen mitzutragen. Junge Menschen inspirieren Massenbewegungen, initiieren Kundgebungen. Wenn sie schon nicht wählen dürfen, organisieren sie eben Protest auf den Straßen vor den Gebäuden, in denen Entscheidungen über ihre Zukunft getroffen werden. Ihnen ist bewusst: Entscheidungen, die jetzt von den berühmt-berüchtigten alten weißen Männern in Anzügen getroffen werden, betreffen sie im Gegensatz zu denen, die die Entscheidungen treffen, noch mehrere Jahrzehnte.

Sie, diese jungen Menschen – das sind auch wir.

Eine Reihe von Schüler*innen in den USA kämpfte nach dem Tod ihrer Mitschüler*innen um Gesetzgebungen, die das Leben von anderen Kindern und Jugendlichen retten sollen. Mit ihrem Protest inspirierten sie andere zu Massenkundgebungen im gesamten Land. Das Ziel: strengere Waffengesetze. Proteste, die ihr und das Überleben anderer junger Menschen sichern sollten. Viele junge Leute gingen im Vorfeld der Abstimmung über die EU-Urheberrechtsreform gegen Artikel 13 auf die Straße. Tausende Menschen protestierten. Aber weil sie zu großen Teilen jung waren, wurden ihnen die Ernsthaftigkeit ihres Anliegens und die eigene Meinung aberkannt.

151

Greta Thunberg stand seit August 2018 als Schülerin allein vor dem schwedischen Parlament in Stockholm und protestierte für konsequentere Klimapolitik. Heute ist sie nicht mehr allein. Millionen junge Menschen streiken freitags weltweit mit ihr. Sie haben mehr als alle anderen die Notwendigkeit erkannt, für ihre Zukunft zu kämpfen. Denn wenn sie es nicht tun, wird es niemand. Zumindest nicht in dem notwendigen Umfang. Heute bilden die jungen Menschen, die freitags auf die Straße gehen, die aktuell größte politische Bewegung. Doch sie werden immer noch belächelt. Warum?

Der Großteil der Demonstrant*innen ist zu jung, um wählen zu dürfen, und damit offenbar politisch nicht relevant genug. Der Status quo ist deprimierend: Ein Klimakabinett, das nach monatelanger Diskussionen ein Klimapolitikpaket schnürt, das nur geringe CO_2-Aufpreise beinhaltet. Ein Kohleausstieg, der ins Jahr 2038 verschoben wurde. Erfolge, die wirklich einen Unterschied machen würden, fehlen bislang. Diese Reaktionen Älterer auf junge Menschen, die sich politisch einmischen, sind die gekreuzten Finger hinter dem Rücken von Politiker*innen, wenn sie davon sprechen, alles für unser Wohlergehen und eine gute Zukunft für uns zu tun. Wer den Anspruch erhebt, für eine Generation zu sorgen, muss ihr auch ernsthaft Gehör schenken und ihr einen Platz am Tisch anbieten. Uns ist die Zukunft nicht egal – denn unser Leben findet in der Zukunft statt. Die Gleichgültigkeit älterer Generationen angesichts der dramatischen Entwicklungen, die bedrohlich näher kommen, ist schlicht erschütternd. Wenn sie schon nichts machen, sollten sie uns wenigstens zuhören.

Überalterung des politischen Personals

Die Gründe dafür, warum die politischen Stimmen junger Menschen nach wie vor systematisch ignoriert werden, liegen auf der Hand: Nur 15 Prozent der Wahlberechtigten sind unter dreißig Jahre jung, aber mit 36 Prozent mehr als doppelt so viele über 60 Jahre alt.[191] Die Interessen letzterer wiegen deshalb schwerer. Für die Parteien ist es eine einfache Rechnung: 25 Millionen Rentner*innen sind 25 Millionen potenzielle Wähler*innen.[192] Können sie auf diese Stimmen zählen, sind sie schnell stärkste Partei. Diese geradezu perfide Übermacht zeigte sich besonders eklatant im Wahlergebnis zur Europawahl 2019. Die Grünen waren bei allen Menschen unter sechzig Jahren zusammengefasst die stärkste Partei. Wahlsiegerin blieb trotzdem knapp die CDU.[193] Wer glaubt da noch ernsthaft, dass eine Politik, die ausschließlich an die Alten gebunden ist, sich angemessen um die Zukunft kümmern kann?

Lediglich drei der aktuell 709 Bundestagsabgeordneten sind 1990 oder später geboren, waren also zum Zeitpunkt der Wahl höchstens 27 Jahre alt.[194] Genauso schlimm sieht es in der Kommunalpolitik, in den Kreistagen und Stadt- und Gemeinderäten, aus, wo obendrein Frauen noch stärker unterrepräsentiert sind als im Bundestag. Das Muster von Gremien, die nahezu zu 100 Prozent grau meliert sind, muss aufgebrochen werden. Parteien können keine starken Motoren in der Gesellschaft darstellen, wenn das Durchschnittsalter bei keiner der im Bundestag vertretenen Parteien weniger als 49 Jahre beträgt. Ausgerechnet bei den vermeintlichen Volksparteien CDU und SPD liegt es sogar bei sechzig Jahren.[195] Das bedeutet, dass ein junger Mensch im Alter von 19 Jahren in diesen Parteien rein rechnerisch durch einundvierzig 61-Jährige aufgewogen wird. Wie sollen junge Menschen ihre Ideen einbringen und Positionen erlangen, in denen ihnen zugehört wird, wenn sie sich immer einer Übermacht der Erfahrenen, Anerkannten, aber eben auch Alten gegenübersehen?

Die Verantwortung für zukünftige Generationen

Die Jugend ist schlecht repräsentiert – aber mehr und mehr verschafft sie sich eine Stimme. Doch wie sieht es in Bezug auf die zukünftigen Generationen aus? Sie erscheinen zwar in Artikel 20a des Grundgesetzes, der lautet: »Der Staat schützt auch in Verantwortung für die zukünftigen Generationen die natürlichen Lebensgrundlagen und die Tiere im Rahmen der verfassungsmäßigen Ordnung«. Aber dieser Artikel wirkt sich bisher nicht auf das politische Handeln aus. Die kommenden Generationen werden später noch länger als wir jungen Menschen die langfristigen Folgen unseres gegenwärtigen Handelns erdulden müssen – und können ihre Stimme nicht einbringen. Wir dürfen ihre Existenzgrundlage durch unser Verhalten nicht bedrohen. Um das zu gewährleisten, braucht es wirksame Fürsprecher*innen für ihre Rechte und Interessen.

Aber immerhin gibt es bereits einige Institutionen auf Bundesebene, die die Rechte der zukünftigen Generationen schützen sollen. Eine dieser Institutionen ist der WBGU – der Wissenschaftliche Beirat der Bundesregierung Globale Umweltveränderungen. Dieser setzt sich aus Wissenschaftler*innen zusammen, die gemeinsam die Interessen der künftigen Generationen wahren sollen. Der WBGU wählt selbstständig

Themen aus, zu denen er arbeitet, und kann außerdem Handlungsempfehlungen ausgeben. Er erstellt Gutachten, die er in die Bevölkerung trägt, um ein Bewusstsein für globale und zukunftsweisende Entwicklungsfragen zu schaffen. So weit, so gut. Das Problem dabei? Der Beirat darf nur beraten – weitere Kompetenzen hat er nicht. Und: Er ist gesellschaftlich bisher absolut unbekannt. Das stutzt ihm die Flügel.

Eine andere Instanz zur Vertretung zukünftiger Generationen ist der Parlamentarische Beirat für nachhaltige Entwicklung. Aber auch dieser bleibt, weil er »echten« parlamentarischen Ausschüssen nicht gleichgestellt ist, ein Messer ohne Schneide.

Diese beiden Instanzen sollen die Zukunft der jungen und kommenden Generationen schützen. Aber die fatalen Unterlassungen, die uns in die Klima- und Ökologiekrise hineingetrieben haben, konnten sie nicht verhindern. Wenn sie selbst solche katastrophalen Missachtungen der Interessen kommender Generationen nicht abwenden konnten, sind sie an den entscheidenden Stellen wirkungslos.

2. Der Plan zur Weiterentwicklung unserer Demokratie

Wir können es nicht rechtfertigen, den kommenden Generationen die Zukunft auf unserem Planeten so unerträglich schwer zu machen. Niemals darf ihr Überleben hinter unseren kurzfristigen Interessen zurückstecken. Ihre Fürsprecher*innen haben bisher zu wenig gesellschaftspolitische Relevanz, als dass sie generationengerechte Politik wirklich sichern könnten. Es müssen also andere Wege gefunden werden, damit die Politik in der Bundesrepublik nicht Entscheidungen auf Kosten der jungen, der kommenden Generationen trifft.

Generationengerechtigkeit ist die Pflicht jeder Demokratie – sie muss endlich wahrgenommen werden. Wenn unsere Demokratie zukunftsfähig sein soll, brauchen junge Menschen gleichberechtigte Teilhabe im demokratischen System. Das fängt beim Wahlrecht an, geht weiter bei der Vertretung in Parlamenten und endet nicht beim Durchschnittsalter der Parteipolitiker.

1. Politik muss transparent werden

Um das Vertrauen in die Demokratie und das repräsentative System dauerhaft zu stärken, braucht es Transparenz. Verdeckte Einflussnahme sollte unmöglich sein. Wir brauchen Instrumente wie einen legislativen Fußabdruck, bei dem Einflussnahmen von Interessenvertreter*innen offengelegt werden, oder Lobbyregister, in denen Lobbyist*innen sich registrieren. Nur so können wir endlich Licht ins Dunkel der Einflussnahme wirtschaftlicher Interessen bringen. Wir plädieren für öffentlich

zugängliche Kalender, in denen alle Treffen mit Interessenvertreter*innen gelistet werden. Denn – und das wollen wir
nicht bestreiten – diese sind wichtig für die Politik, und sie
müssen gehört werden. Aber es muss auch offengelegt werden,
welche Interessen, wie und wann, welchen Einfluss auf welche
Politikerin und welchen Politiker haben. Zusätzlich ist eine
Obergrenze für Parteispenden vonnöten. Es braucht ein weit-
gehendes Verbot von bezahlten Nebentätigkeiten für Politiker*innen und eine Karenzzeit nach der Amts- bzw. Mandats-
ausübung. Auch solche Formen der Einflussnahme müssen
verhindert werden.

2. Medien müssen ihre große Verantwortung als vierte demokratische Gewalt wahrnehmen

Wir brauchen keine Talkshows, in denen sich drei alte weiße
Männer ihre Überzeugungen zum Asylrecht entgegenschreien.
Auch die permanente Psychologisierung und Personalisierung
aller Sachthemen in den Medien verhindern eher fruchtbare
Diskussionen über die Entwicklung unserer Gesellschaft, als
dass sie diese fördern oder gar anstoßen. Die vielfältigen Diskurse, die in der Zivilgesellschaft geführt werden, müssen sich
endlich auch in der Mediengesellschaft abbilden. Es muss eine
andere Vorstellung davon entstehen, was ausgeglichene und
neutrale Berichterstattung ist. Das bedeutet beispielsweise nicht,
Klimakrisenleugner*innen ebenso einzuladen wie Menschen,
die die Klimaerhitzung aufhalten wollen. Die Klimakrise ist
ein wissenschaftlich nachgewiesener Fakt. Dies kann und sollte
sich auch in der Medienberichterstattung widerspiegeln.

Medien sind unabhängig und frei in ihrer Berichterstattung, aber sie haben als vierte Gewalt in unserer Demokratie auch eine große Verantwortung. Wie man mit dieser Verantwortung umgehen kann, zeigt der britische *Guardian*. Er empfiehlt in seinem *Style Guide* zum Beispiel anstelle von »climate change« »climate crisis« zu verwenden, um präziser zu beschreiben, was mit unserem Planeten passiert.

Das Prinzip der ausgewogenen Berichterstattung muss auch beim Einladen von Vertreter*innen unterschiedlicher politischer Couleur einen solchen Rahmen erhalten. Lebendige Demokratie lebt vom Pluralismus verschiedener Meinungen, die miteinander im Wettstreit stehen. Medien geben diesem Wettstreit Raum. Wieso sollten Stimmen diesen Raum erhalten, die gerade diesem widersprechen und Menschen aus dem gesellschaftlichen Zusammenleben ausschließen wollen? Dieser Raum in den Medien muss auch dazu genutzt werden, dass man die immer gleichen alten Männer mal nicht einlädt. Dazu gehört, dass mehr Junge, mehr Frauen, mehr Menschen mit Behinderungen, mehr People of Colour, mehr junge Menschen gehört werden: Das kann nur gelingen, wenn auch die Redaktionen und Medienhäuser weniger homogen besetzt werden. Fast siebzig Prozent der Absolvent*innen der Journalist*innenschulen sind Kinder von Ärzt*innen, Unternehmer*innen oder anderen Akademiker*innen, während Kinder von ungelernten Arbeiter*innen und Facharbeiter*innen sich dort fast nicht finden.[196]

3. Herabsetzung des Wahlalters

Solange die jungen Menschen bei den Wahlen nicht stimmberechtigt sind, bleiben ihre Interessen in der Politik unbeachtet. Wir wollen ihnen eine Stimme – und damit die einflussreichste Möglichkeit der Mitgestaltung in einer repräsentativen Demokratie – geben. Das heißt nicht, dass schon jeder Säugling zur Urne krabbeln soll. Das heißt auch nicht, dass Eltern die Möglichkeit haben sollen, durch ein Familienwahlrecht als Vertreter*innen für ihre Kinder bis zur Volljährigkeit zu wählen. Aber das heißt, allen jungen Menschen die Möglichkeit zu geben, ihren politischen Anliegen durch ein Wahlrecht Ausdruck zu verleihen. Dass junge Menschen erst ab ihrer Volljährigkeit in der Lage sein sollen, eigene politische Entscheidungen zu treffen, widerlegen alle aktuellen Beispiele. Und ganz nebenbei korrespondiert diese Vorstellung von Verantwortungsgefühl überhaupt nicht mit anderen rechtlichen Maßstäben.

Konkret schlagen wir vor, dass allen 14-Jährigen das Wahlrecht zugestanden wird. Sie sollen ab sofort in den Wähler*innenverzeichnissen geführt werden, sodass ihnen pünktlich zur nächsten Wahl die Wahlbescheinigungen zugeschickt werden. Ein pauschaler Ausschluss von jungen Menschen vom Wahlrecht ist niemals sinnvoll. Deshalb sollen die Unter-14-Jährigen sich durch eine selbstständige Eintragung ins Wähler*innenverzeichnis ihr Wahlrecht sichern können. Nur so kann jegliche Willkür, die mit einer Altersgrenze einhergeht, ausgeschlossen werden. Klar ist, dass die Einführung eines Wahlrechts durch Selbsteintragung, auch begleitet durch eine Absenkung des regulären Wahlalters, keine 13 Millionen Unter-18-Jährigen an die Wahlurne bringt. Unter jungen Menschen werden genauso viele sein, die ihr Wahlrecht – wie bei den Älteren auch – nicht wahrnehmen wollen. Das Ungleichgewicht von älteren vs. jüngeren Menschen, welches wiederum durch den demografischen Wandel noch weiter bestärkt wird, kann hier nur gelindert, jedoch nie behoben werden. Aber ein Kinder- und Jugendwahlrecht würde deutlich machen, dass wir endlich bereit sind, auch die Anliegen der jüngsten Mitglieder unserer Gesellschaft ernst zu nehmen. Nur eine Gesellschaft, die jeglichen Alters-Chauvinismus abgelegt hat und alle Generationen in ihr als gleichwertig wahrnimmt, ist zukunftsfähig.

4. Demokratische Erfahrungen im jungen Alter schaffen

Kinder und Jugendliche sollten so früh wie möglich erfahren, dass ihre Stimme zählt. Ihre Beteiligung an der Politik darf nicht an der Wahlurne enden. Nur wenn sie in der Schule von Beginn an mitentscheiden dürfen, können sie die Erfahrung machen, dass es wichtig ist, an Vorgängen, die sie betreffen, auch mitzuwirken. Kinder und Jugendliche sollten überall dort einbezogen werden, wo ihre Interessen berührt werden. Das kann zum Beispiel heißen, Schüler*innen in Entscheidungsprozessen bei Schulneubauten oder Sanierungen zu involvieren. Die Bandbreite reicht dabei von der reinen Information über Vorgänge, die sie betreffen, über die Einbeziehung bis zur Bereitstellung von Mitteln für eigene Projekte von Kindern und Jugendlichen in Form von Kinder- und Jugendhaushalten in Kommunen. Kinder und Jugendliche sollten viel früher als bisher unmittelbar hautnah spüren: Demokratie ist mehr als die Auswahl zwischen altem weißen Mann Nr. 1 und altem weißen Mann Nr. 2. Demokratie – das heißt Ideen austauschen, Lösungen finden, die für alle funktionieren, und Entscheidungen treffen, die wichtig für das eigene Leben sind. Wer bereits in frühen Jahren gelernt hat, dass Engagement und Einmischen auch Veränderungen bewirken können, ist besser für unsere Demokratie gerüstet.

5. Neuen- oder Jugendquoten in Parteien

Wir brauchen eine größere Diversität in der Politik. Deshalb wollen wir Neuen- oder Jugendquoten im politischen System einführen. Damit stünde eine bestimmte Prozentzahl an Plätzen auf Wahllisten entweder »Neuen« – also Menschen, die bisher keine Ämter und Mandate innehatten – oder jungen Menschen bis zu einer bestimmten Altersgrenze zu. Politisch Verantwortliche sollten in jeder Legislaturperiode bis zu einem gewissen Maß durchmischt werden. Es sollte möglich sein, politische Ämter und Mandate auszuführen, ohne zuvor zwanzig Jahre lang treu Plakate aufgehängt zu haben. Politik darf kein Verwaltungsapparat sein, in dem man Karriere machen muss, um mitzureden. Sie ist die Repräsentation aller Bürger*innen und ein Wettbewerb um Mehrheiten für Ideen. Klar braucht es die Alteingesessenen und Erfahrenen. Aber sie allein können und sollten nie die Interessen und Diskurse der gesamten Gesellschaft repräsentieren. Wir wollen eine Demokratie, an der alle mitwirken können. Das klappt nicht, wenn politische Gremien wirken wie eine völlig fremde Welt. In den Parlamenten sollen Bürger*innen sitzen, mit denen sich (junge) Menschen identifizieren können, die eine klare Sprache verwenden und ihre Anliegen verständlich kommunizieren. Jugendquoten würden zu einer höheren Identifikation und zu einer besseren Kommunikation von jüngeren Menschen mit Politiker*innen führen – schon allein aufgrund der Altersähnlichkeit würden junge Menschen sich eher an Mandatsträger*innen in ihrem Alter wenden als an Menschen, die ihre Eltern oder Großeltern sein könnten.

6. Erneuerung der Parteien

Wir verlangen von allen Parteien, dass sie sich endlich wieder ernsthaft um junge Menschen bemühen. Wir brauchen eine Abwendung von reinen Stammtischtreffen hin zu thematischen Arbeitstreffen. Die Möglichkeiten der Digitalisierung müssen genutzt werden. Menschen müssen auch ohne physische Anwesenheit mitarbeiten können. Verantwortung kann neuen und jungen Mitgliedern viel schneller übertragen werden. Entscheidungen dürfen nicht von wenigen, sondern müssen horizontal von vielen getroffen werden. Die Erfahrungen und das Wissen, aber auch der Elan aller Menschen sollten genutzt werden. Parteien laufen Gefahr, gerade für junge Menschen unattraktiv zu bleiben und durch Bewegungen ersetzt zu werden – das ist ein ernstes Problem für eine Parteiendemokratie wie Deutschland.

7. Generationengerechtigkeit ins Grundgesetz

Wenn Generationengerechtigkeit ohne ausdrückliche Verpflichtung der Politik nicht funktioniert, muss sie ins Grundgesetz. Deshalb plädieren wir für einen neuen Verfassungsartikel, der die Rechte der kommenden Generationen ausdrücklich und nicht nur in ökologischer Hinsicht schützt. Das kann jedoch nicht funktionieren, wenn einfach ein Artikel 20b ergänzt wird, der dann in seiner Wirkung ebenso im Sande verläuft wie Artikel 20a. Vielmehr muss dieser Artikel, um Generationengerechtigkeit zu gewährleisten, mit prozeduralen Anweisungen einhergehen. Es sollte also festgeschrieben werden, dass vor dem Eintreten der Verfassungsänderung jedes Gesetzesvorhaben wissenschaftlich auf seine Auswirkungen auf die kommenden Generationen geprüft wird und ein Verstoß gegen das Prinzip der Generationengerechtigkeit einer besonderen Rechtfertigung bedarf.

8. Stärkung der Instanzen für Generationengerechtigkeit

Wir plädieren für eine Stärkung des WBGU und des Parlamentarischen Beirats für nachhaltige Entwicklung. Diese dürfen nicht länger nur rein beratende Funktion haben, was sie zu stumpfen Werkzeugen macht. Stattdessen brauchen sie weitgehende Kompetenzen, um als wirkliche Vertretung für die Interessen der zukünftigen Generationen wirken zu können. Unser Vorbild dafür ist die Einsetzung einer Ombudsperson, also einer unparteiischen Schiedsperson, für zukünftige Generationen, wie sie schon 2007 vom Ungarischen Parlament beschlossen wurde, das damit einer langjährigen Forderung von NGOs nachkam. Diese Ombudsperson dient als Vermittler*in. Jede*r kann sich an sie wenden, wenn er*sie befürchtet, dass gegen das Prinzip der Generationengerechtigkeit verstoßen wird. Die Ombudsperson kann dann mithilfe eines interdisziplinär aufgebauten Ermittlungsteams und Zugangs zu allen Orten und Akten einen solchen Verdacht überprüfen und aufgrund der Ermittlungsergebnisse Empfehlungen aussprechen. Zusätzlich kann sie jedoch auch den Stopp eines Verwaltungshandelns beantragen oder eine Organisation selbstständig zu einem Stopp von umweltgefährdendem Verhalten auffordern. Diese Vermittlung muss, wie der WBGU gegenwärtig, auch selbstständig wissenschaftlich tätig sein können, um Antworten auf globale Entwicklungen zu finden – möglichst bevor sie zu Problemen werden. Damit Antworten auch gehört und öffentlich diskutiert werden, sollte Presse- und Öffentlichkeitsarbeit verstärkt werden. Auch könnte der WBGU als direkte Beratung der Regierungskoalition wirken.

Wenn wir die Demokratie zukunftsfähig machen wollen, müssen wir den Begriff »Politik für alle« ernst nehmen, das heißt, möglichst viele sollten an ihrer Gestaltung mitwirken. Wenn wir das im Grundgesetz festgeschriebene Ziel der Erhaltung der natürlichen Lebensgrundlagen für die Interessen der zukünftigen Generationen verwirklichen wollen, müssen wir jetzt etwas ändern und Partizipationsmöglichkeiten schaffen. Lasst uns unserer Verantwortung bewusst werden. Lasst uns unseren Planeten und unsere Gesellschaft nicht für kurzfristige Interessen opfern, sondern jetzt die Reißleine ziehen und für eine wirklich generationengerechte Welt kämpfen. Eine Welt, in der nicht die Kinder für das Verhalten ihrer Eltern haften müssen. Als Fundament dafür lasst uns eine Demokratie gestalten, die alle Teile der Gesellschaft einbezieht und Politik für die Zukunft macht statt für die Vergangenheit.

BEDINGUNG 8:

GLOBALE GERECHTIGKEIT ENDLICH KONSEQUENT ANGEHEN

1. »Eine Welt« – von Ausbeutung, geraubten Perspektiven und Unmenschlichkeit

Für den radikalen Umbruch unserer Gesellschaft, unseres Denkens und unseres Handelns reicht es nicht, in Deutschland die Arbeitsmarktpolitik zu verbessern, soziale Gerechtigkeit herzustellen und das Bildungssystem zu revolutionieren. Auch die Demokratie lässt sich nicht allein in Deutschland und Europa retten. Die Probleme, mit denen wir konfrontiert sind, machen nicht an Grenzen halt. Sie sind global. Soziale Ungerechtigkeit und Ausbeutung in der Arbeitswelt nehmen an den Außengrenzen Europas erst so richtig an Fahrt auf. Dass extreme Armut und Hunger, Menschenrechtsverletzungen und Gewalt in Deutschland oft nicht wirklich sichtbar sind, heißt nicht, dass sie nichts mit deutscher Politik zu tun hätten. Wir haben einen dramatischen Handlungsbedarf. Frieden, Abrüstung und Menschenrechte werden in den Diskursen allzu oft übertönt. Die Migrationsdebatte wurde in Deutschland und Europa vor allem von Hetzer*innen auf die Agenda gesetzt, die Hass schüren und Fronten aufbauen wollen. Dabei sterben täglich Menschen in bewaffneten Konflikten oder werden Opfer der imperialen Lebensweise der Wohlstandsgesellschaften in den Industrienationen.

Um globalen Wandel zu schaffen, müssen wir bei uns anfangen. Es ist essenziell, dass wir die Themen Arbeit, soziale Gerechtigkeit, Bildung und Teilhabe in Deutschland und Europa in Angriff nehmen. Hierzulande haben wir den direkten Einfluss. Es mag vermessen klingen, wenn wir sagen, die Revolutionierung deutscher Bildungs- und Sozialpolitik sei der erste Schritt zur Weltrettung. Aber wir halten das für richtig. Denn die Maßnahmen, die wir einfordern, würden hierzulande einen fundamentalen Wandel der politischen Denkweise bewirken. Sie bauen das Fundament, formen eine Gesellschaft, in der die Bürger*innen selbst Gerechtigkeit erfahren und sie deswegen auch für Menschen in anderen Staaten einfordern. Eine Gesellschaft, die wirklich anpacken kann und bereit ist, den Weg radikaler Veränderung der Rahmenbedingungen zu gehen. Unsere Verantwortung ist es, diesen Weg dann auch zu Ende zu gehen. Wir dürfen nicht dort aufhören, wo wir Ländergrenzen ziehen. Stattdessen müssen wir groß denken und uns kosmopolitisch engagieren, Welt-Innenpolitik betreiben. Für alle. Denn die leeren Versprechungen, die endlich mit Handlungen gefüllt werden müssen, erzählen vom guten Leben für alle und einer Weltgemeinschaft, die an alle denkt. Globale Ungerechtigkeiten sind keine Probleme der Vergangenheit. Sie sind Teil der Gegenwart. Und es liegt an jedem*jeder von uns, dass sie nicht mehr Teil der Zukunft sein werden.

Manchmal scheint es heute schon, als sei die globale Ungerechtigkeit passé. Denn man steht Seite an Seite mit den Betroffenen. Zumindest wird dieses Bild erzeugt, wenn heute über das Verhältnis des Globalen Nordens, also der Industrieländer, zum Globalen Süden, den sogenannten Entwicklungs- und

Schwellenländern, gesprochen wird. Was früher Entwicklungshilfe hieß, wurde in Entwicklungszusammenarbeit umbenannt. Es werden Visionen gezeichnet von einer Welt ohne Armut, ohne Hunger, einer Welt, in der alle gleiche Chancen und Perspektiven haben. Und klar ist: Wenn diese Visionen im Mittelpunkt des politischen und wirtschaftlichen Handelns stünden, könnte das heute schon Realität sein.

Schädigung als Geschäftsmodell großer Konzerne

Ein Trend der Entwicklungszusammenarbeit sind öffentlich-private Partnerschaften. Private Firmen und Konzerne investieren mit staatlicher Unterstützung in Länder des Globalen Südens. Dadurch sollen Konzerne ihre Rendite erhöhen und im Globalen Norden für höheres Steueraufkommen sorgen. Nebenbei entwickeln sich Wirtschaft und Gesellschaft vor Ort – so weit das Ziel. Aber diese Form der Entwicklungspolitik hat beispielsweise riesigen Agrarkonzernen die Tür geöffnet. Seit Jahren schrumpft die Branche: Immer weniger Giganten gewinnen immer größere Marktanteile. Das Geschäftsmodell von Bayer und anderen Riesen besteht auch im Verkauf von Saatgut und Pestiziden – auch in Ländern des globalen Südens. Seit der Fusion mit Monsanto ist der Konzern zum größten Agrarkonzern der Welt geworden. Er bedient ein Drittel des globalen Marktes für kommerzielles Saatgut und zwei Drittel des Pestizidmarktes.[197] Das Saatgut und das dazu passende Düngemittel der Agrarriesen kann sich nur leisten, wer über genügend Kapital verfügt. Das wiederum hat nur, wer in großen Mengen produziert.

Allerdings werden 70 Prozent der Nahrungsmittel in klein-
bäuerlichen Betrieben, die auf Selbstversorgung und den lokalen
Markt abzielen, hergestellt.[198] Das hat übrigens schon 2008 der
Weltagrarbericht dargestellt. Die Vereinten Nationen (UN) und
die Weltbank richteten 2002 einen Weltagrarrat (IAASTD) ein,
der den Auftrag erhielt, nachhaltige Methoden zur Bekämpfung
des Hungers in der Welt aufzuzeigen. Das Ergebnis des legendären
ersten Weltagrarberichts war: Der beste Garant zur Erlangung
einer Ernährungssicherheit ist der Erhalt kleinbäuerlicher multi-
funktionaler Strukturen. Es gelte nicht, Produktivität um jeden
Preis zu steigern, sondern die Verfügbarkeit der Nahrungsmittel
und der Produktionsmittel vor Ort sicherzustellen. Monokulturen sollten vermieden werden. Außerdem warnte der Bericht
entschieden davor, Anbauflächen für Nahrungsmittel in Anbauflächen für Treibstoffe umzuwandeln, und stellte explizit fest,
dass Gentechnologie mehr Probleme aufwirft als Probleme löst.
     Leider wurden diese von über 400 Wissenschaftler*innen
ausgearbeiteten Leitlinien nicht in die Praxis umgesetzt: Denn
sie passen nicht ins Geschäftsmodell der mächtigen Konzerne.
Diese üben oftmals direkten Einfluss auf die Gesetzgebung in
den jeweiligen Ländern aus. Kleinbäuer*innen werden von
ihrem Land verdrängt, sei es, dass ein großer Konzern wie Car-
gill die Flächen für profitablen Palmöl- oder Sojaanbau nutzt,
sei es, dass, wie etwa in Bangladesch, riesige Aquakulturen dort
entstehen, wo Kleinbauer*innen früher Reis anbauten.[199] Die
Rechte der lokalen Bevölkerung scheinen wertlos und werden
systematisch missachtet. Statt zur Nahrungsmittelsicherheit trägt
die aktuelle Entwicklungspolitik zum Gegenteil bei. In neoko-
lonialer Manier und mit staatlicher Unterstützung machen die

Konzerne Profite auf dem Rücken des Globalen Südens. All das geschieht unter dem Deckmantel der »Entwicklungszusammenarbeit auf Augenhöhe«.

Entwicklungszusammenarbeit ist mehr als *nice to have*

Alle großen Bekenntnisse für die »Eine Welt« und globale Gerechtigkeit sind wertlos, solange das Entwicklungsministerium neben den anderen als *Nice-to-have*-Ministerium erscheint. Dabei muss das Entwicklungsministerium endlich an vorderster Front gegen weltweiten Hunger, für eine Abfederung der globalen Ungleichheit und eine Unterstützung bei der Anpassung an Folgen der Klimakrise kämpfen. Diese Rolle könnte es einnehmen – wenn uns globale Gerechtigkeit etwas wert wäre.

Das vor über vierzig Jahren formulierte Ziel der Industriestaaten, jährlich 0,7 Prozent des BIP in Entwicklungszusammenarbeit zu investieren, wird bis heute von maximal einer Handvoll Staaten erreicht. Ein wahres Armutszeugnis in Anbetracht der Tatsache, dass es dabei um die Existenz vieler Millionen Menschen geht. Deutschland hat dieses Ziel nur 2016 erreicht – und das mit zwielichtigen Rechentricks. Die inländischen Ausgaben für Geflüchtete wurden einfach im Entwicklungsetat verbucht.[200] Das ist ein Täuschungsversuch. Seit einigen Jahren ist der Anteil der Ausgaben für Entwicklungszusammenarbeit sogar wieder rückläufig. Gleichzeitig fordert Donald Trump, die Verteidigungsausgaben auf zwei Prozent aufzustocken. Und gar nicht wenige hören auf ihn.

Die historische Ausbeutung setzt sich fort. Es gibt unzählige Beispiele dafür, wie Konzerne in anderen Teilen der Welt

Ressourcenraubbau betreiben, unter den Folgen ihres Handelns andere leiden lassen oder Menschenrechte mit Füßen treten. Und auch die EU befeuert die wirtschaftliche Abhängigkeit des Globalen Südens vom Globalen Norden durch ihre Zollpolitik, Freihandelsabkommen und Subventionen. Auch unter den großen Namen von Weltbank und Internationalem Währungsfonds (IWF) werden diese Muster fortgeführt, indem diese ihre Unterstützung an Bedingungen koppeln, die vor allem durch die G20-Länder bestimmt werden. Entwicklungs- und Schwellenländer werden abhängig von dem gemacht, was Industrieländer bei ihrer Politik für richtig erachten.

Der Globale Süden als Rohstoffquelle für den Norden

Für fossile Energieträger wird der Bevölkerung ganzer Länder die Lebensgrundlage entzogen – und statt für die Schäden wie zum Beispiel Ölverschmutzung aufzukommen, wird das Ausmaß der Zerstörung heruntergespielt, gelogen und betrogen.[201] Doch der Ressourcenhunger des Globalen Nordens geht weit darüber hinaus. Europas Supermarktregale sind voller Schokoladentafeln, und die Innenstädte sind gesäumt von Cafés. Die Nachfrage ist hoch. Mit Kaffee und Kakao lässt sich eine Menge Geld verdienen. Ein Segen für die Länder, in denen entsprechende klimatische Bedingungen herrschen, könnte man meinen. Aber das Geld wird nicht dort verdient, wo die Pflanzen angebaut werden. Die Kaffee- und Kakaobäume, die die Nachfrage bedienen, wachsen in Südamerika, Asien und Afrika. Unverarbeitete Kaffee- und Kakaobohnen haben kaum einen Wert. Erst in verarbeiteter Form lassen sie sich zu Geld machen. Das geschieht

jedoch fast ausnahmslos im Globalen Norden. Denn Einfuhrzölle auf ungeröstete Kaffeebohnen gibt es nicht, auf geröstete
Kaffeebohnen werden hingegen sieben bis neun Prozent Im-
portzoll erhoben. Da sich die Verarbeitung in den Anbaulän-
dern deshalb nicht lohnt, wird mit den geernteten Bohnen auch
das Potenzial zum Geldverdienen von dort in die EU exportiert.
Die wiederum sendet den verpackten Kaffee in die ganze Welt.
34 Prozent des mit Kaffeeexporten verdienten Geldes wird in
der EU umgesetzt, in Afrika – der Heimat der Kaffeepflanzen –
dagegen nur sechs Prozent. Für Kakao gilt das Gleiche: Unver-
edelte Produkte können zollfrei importiert werden, auf verar-
beitete Produkte wird Zoll erhoben.[202] Tabak, Baumwolle,
Erze – die Liste der Produkte, bei denen die Länder, in denen
an- oder abgebaut wird, zielgerichtet und systematisch darum
gebracht werden, mit ihren Produkten faire Gewinne zu machen, kann beliebig fortgeführt werden. Die Länder sind gezwungen, die Gewinne zu exportieren – und verlieren damit
Wohlstand, Steueraufkommen und so weiter. Der Globale Norden beutet den Globalen Süden als Rohstoffquelle aus und verdient daran gut. Solange sich dieses Verhältnis nicht ändert,
werden alle Fair-Trade-Siegel der Welt immer nur die Missstände kaschieren können.

Die EU spielt ihre Machtposition gegenüber afrikanischen
Regierungen aus, um deren Märkte im Rahmen von Wirtschafts-
partnerabkommen für EU-Produkte zu öffnen. Europa erzeugt
landwirtschaftliche Produkte zu Spottpreisen und zerstört damit die Märkte außerhalb des Kontinents. Mit den günstigen
Angeboten aus dem europäischen Markt können afrikanische
Kleinbäuer*innen in der Regel nicht konkurrieren. Die Preise

der in der EU erzeugten Agrarprodukte werden durch massive Subventionen künstlich niedrig gehalten. Die Gemeinsame Agrarpolitik der EU trägt nicht nur zur systematischen Zerstörung von Ökosystemen bei, sondern verursacht auch massive soziale Verwerfungen. Die sind in der Regel aber erst weit vor Europas Toren zu spüren. Geflügelteile, die hierzulande nicht verkauft werden können, werden tiefgekühlt in westafrikanische Länder gesendet. Menschen, die dort ihren Lebensunterhalt mit der Zucht und dem Verkauf von Geflügel bestreiten, können mit den Preisen der billigen Importware nicht mithalten. Schätzungsweise über 110 000 Arbeitsplätze sind durch diese Praxis in den 2000er-Jahren allein in Kamerun verloren gegangen.[203] Ähnliche Muster finden sich bei Milchpulver oder Tomatenmark. Beides wird zu Dumpingpreisen verkauft und verdrängt heimische Anbieter*innen. Die Regierungen der betroffenen Staaten haben kaum eine Chance, ihre Volkswirtschaften vor europäischen Billigprodukten zu schützen. Freier Handel, so lautet das Credo. Aber genau dieser Freihandel überflutet den Markt mit importierter Billigmassenware und erstickt so die Entwicklung einer stabilen und nachhaltigen Wirtschaft im Keim.

Im Senegal lebt ein Großteil der Küstenbevölkerung seit Generationen vom Fischfang. Durch intensive Fischerei sind die Meere in Europa allerdings durch Trawler – große Schiffe mit industriellen Fangmethoden – dramatisch überfischt worden. Daher weichen die Flotten nach Süden, zum Beispiel an die westafrikanische Küste, aus. Das ist legal, denn die EU schließt günstige Verträge mit den betroffenen Küstenstaaten ab.[204] Die Fangquoten werden nicht nach wissenschaftlichen, sondern politischen Kriterien festgelegt. Empfehlungen internationaler

Expert*innengremien werden bewusst ignoriert. Und selbst die so festgelegten Quoten werden immer wieder überschritten.[205] Den afrikanischen Fischer*innen vor Ort wird die Lebensgrundlage genommen. Europäer*innen beuten damit die Speisekammer Westafrikas aus. Seit 2010 sind mindestens eine Million Menschen aus Ländern in Subsahara-Afrika in der Hoffnung auf ein besseres Leben nach Europa gezogen.[206] Die Fliehenden werden als »Wirtschaftsflüchtlinge« bezeichnet. Ja, das sind sie. Und das macht ihre Flucht nicht weniger legitim. Europäische Politik hat sie dazu gemacht, indem sie ihre Wirtschaft zerstört hat. Statt sich ihrer Verantwortung zu stellen und das Problem bei der Wurzel zu packen, lockt beispielsweise die Bundesregierung mit Geld für »freiwillige« Rückkehrer*innen.

Gewinne um jeden Preis

Im August 2012 streikten in der Platin-Mine von Marikana in Südafrika 3000 Arbeiter*innen für ihre Rechte. Die Polizei eröffnete das Feuer. 34 Menschen starben. Fatal: Das in Marikana abgebaute Platin wird in deutschen Autos verbaut. Der deutsche Chemiekonzern BASF stellt daraus Katalysatoren für Daimler, Volkswagen und BMW her. Das in der Mine gewonnene Platin verkauft Lonmin, ein britischer Konzern. Die Mine selbst wird von zwei Tochterfirmen des Unternehmens betrieben.[207] Wer trägt in dieser verketteten Produktionslinie die Verantwortung für die erschossenen Streikenden? Die Vereinten Nationen haben Leitprinzipien für Wirtschaft und Menschenrechte entwickelt. Demnach müsste BASF die Einhaltung der menschenrechtlichen Sorgfaltspflichten entlang seiner

Lieferkette sicherstellen. Der Konzern müsste Druck auf Lonmin und die südafrikanische Regierung ausüben und Entschädigung der Opfer einfordern. Wenn beim Abbau des Platins die Einhaltung der Menschenrechte nicht garantiert wird, müsste BASF auf den Einkauf verzichten. Müsste, müsste, müsste: Unternehmenspflichten werden in der Regel im Konjunktiv formuliert. Verbindlich sind sie nicht. Auch der Nationale Aktionsplan der Bundesregierung zur Umsetzung der UN-Richtlinie setzt auf Freiwilligkeit. Firmen, die die Menschenrechte mit Füßen treten, erhalten weiterhin staatliche Subventionen, Förderungen und öffentliche Aufträge. Dadurch wird ihr Handeln legitimiert. Egal wie hoch globale Gerechtigkeit von Staatsvertreter*innen gehalten wird: Am Ende des Tages wird sie doch wieder unter den Teppich gekehrt.

Wie die Klimakrise die globale Ungleichheit befeuert

Die Folgen des Dogmas vom unendlichen Wirtschaftswachstum und der Träume vom nie endenden Ressourcenverbrauch und ständigen Konsum werden ausgelagert. Die Klimakrise ist ein Beispiel für diese Externalisierung. Durch ihre geografische Lage sind die Länder im Globalen Süden den durch die Klimakrise verstärkt auftretenden Extremwetterereignissen intensiver ausgesetzt. Hinzu kommt, dass die meisten Länder im Globalen Süden nicht die gleichen Mittel zur Verfügung haben, um die fatalen Folgen abzufedern. Nur die wenigsten können bei Ernteausfällen in Folge von Dürreperioden Milliardenbeträge in die Hand nehmen und Hilfszahlungen an die geschädigten Landwirt*innen stemmen. So befeuert die Klimakrise die globale Ungleichheit. Wirtschaftlich arme Staaten werden in ihrer Entwicklung gehemmt, während die reichen Länder noch reicher werden. Denn ihnen nützt die Erhitzung teilweise sogar: Eine Studie der Stanford University[208] hat jüngst errechnet, welch riesigen Einfluss die globalen Temperaturveränderungen auf die Entwicklungen der Wirtschaftsleistungen ausgewählter Staaten von 1990 bis 2010 hatten. Laut dieser Studie, für die die Wissenschaftler*innen Klimadaten und das Bruttoinlandsprodukt von 165 Ländern in den Jahren 1961 bis 2010 ausgewertet haben, ist die Kluft zwischen den reichen und den armen Ländern durch die globale Erwärmung um ein zusätzliches Viertel größer geworden. Ohne Erderhitzung wäre Mauretaniens Bruttoinlandsprodukt um 41 Prozent und das des Sudans um 36 Prozent höher. Industrienationen in gemäßigten geografischen Breiten hingegen profitieren von den höheren Temperaturen. Finnlands Wirtschaftskraft war 2010 um 48 Prozent höher, als sie es ohne globale Erhitzung wäre. In Norwegen sind es 38, in Kanada 32 und in Großbritannien zehn Prozent. Innerhalb eines bestimmten Temperaturfensters, nicht zu heiß und nicht zu kalt, gedeihen Nutzpflanzen besser und Menschen arbeiten produktiver. Jene, die am stärksten unter den Auswirkungen der Klimakrise zu leiden haben, weil ihre Armut von der globalen Erhitzung verschärft wird, haben am wenigsten zu der Misere beigetragen. Seit Beginn der Industrialisierung haben sich Industrienationen wie Deutschland einen fossilen Fußabdruck zugelegt, der jeden Verweis deutscher Politiker*innen auf die neu aufsteigenden Mächte China oder Indien lächerlich macht.

Globalisierungsprozesse und globale Märkte funktionieren nach den heutigen Bedingungen nur mit schlechter Arbeit, der

Zerstörung von Ökosystemen und dem Entzug von überlebenswichtigen Ressourcen in den Produktionsketten. Nationalstaaten können den global agierenden Großkonzernen kaum Einhalt gebieten. Nestlé privatisiert Wasserressourcen, um sie dann abgefüllt in Plastikflaschen zu verkaufen, zum Beispiel in Südafrika.[209] Coca-Cola schränkt in Kolumbien Gewerkschaften ein, die sich für bessere Arbeitsbedingungen einsetzen.[210] Und die Textilindustrie lässt in Bangladesch weiterhin unter unmenschlichen Arbeitsbedingungen produzieren. Die negativen Konsequenzen unseres Wirtschaftssystems sind bereits spürbar, oft allerdings weit weg – sowohl gedanklich als auch geografisch. Die Schäden unserer Wirtschaftsweise werden zudem in zeitlicher Hinsicht ausgelagert. Das System, das die Generationen vor uns in nur wenigen Jahrzehnten aufgebaut haben, lässt zukünftige Generationen mit den Folgekosten allein.

Das Resultat von schlechter, oft auch korrupter Regierungsführung in den armen Ländern sowie Ausbeutungs- und Abhängigkeitsstrukturen, die sich seit kolonialen Zeiten bis heute gehalten haben, ist die globale Ungleichheit. Jeder Verweis auf Leistungsprinzip oder Chancengleichheit im globalen Kontext ist eine Farce. Denn Chancen, Risiken und Reichtum sind offensichtlich ungleich verteilt. Die Zahlen zur Ungleichverteilung von Vermögen, zu extremer Armut und Hunger sprechen Bände. Die globale Ungerechtigkeit trifft vor allem Frauen und Kinder. Fast jedes fünfte Kind lebt in Armut.[211] 130 Millionen Mädchen haben aktuell keinen Zugang zu Bildung. Wenn man von eins bis 130 Millionen zählt, errechnete die Kampagnenorganisation ONE, dauert das fünf Jahre.[212] Wer keinen Schulabschluss hat, ist statistisch eher von Armut betroffen, wird jung verheiratet, eher krank und stirbt früher. 130 Millionen Mädchen wird also nicht nur der Zugang zu Bildung, sondern damit auch das Recht auf ihre Zukunft verwehrt.

Die Überschuldung macht vielen armen Ländern jede Verbesserung der Lage unmöglich. Sie befinden sich in einem Teufelskreis. Die gesamte Staatsverschuldung aller sogenannten Entwicklungsländer hat inzwischen die astronomische Summe von 1500 Milliarden Dollar überschritten. Ein Großteil dieser Schulden ist entstanden, als die Weltbank und der Internationale Währungsfonds diesen Ländern, nachdem sie aus dem Status bloßer Kolonien entlassen wurden, Kredite gewährt haben. Diese Schulden sind so immens hoch, dass viele afrikanische Länder überhaupt keine Investitionen mehr tätigen können, sondern nur noch Zinsen tilgen. Sie bitten um Zahlungsaufschub und Teilerlass der Schulden, die die Banken ihnen aber nur gewähren, wenn sie ihre rentablen Unternehmen verkaufen oder privatisieren.[213]

Wenn eine prestigeträchtige und kulturgeschichtlich fraglos wertvolle Kathedrale brennt, zeigt sich, wie locker das Geld bei vielen Reichen sitzt. Auch bei Bankenkrisen werden Milliarden mobilisiert. Kein Problem dieser Welt scheint unlösbar zu sein, wenn ausreichend Geld vorhanden ist. Das ist eine Frage des politischen Willens.

Wenn wir eine Welt schaffen wollen, in der alle Menschen gleiche Chancen und Rechte haben, müssen die Rahmenbedingungen grundlegend verändert werden. Denn ein schlichtes Wachstum der Weltwirtschaft kann keine gerechtere Welt schaffen. Wollte man nur die extreme Armut durch Wirtschaftswachstum bei Beibehaltung der aktuellen Verteilung von Wohlstandsgewinnen abschaffen, müsste die globale Wirtschaft um das 175-Fache anwachsen.[214] Die Ressourcen, die dafür benötigt würden, stehen uns schlichtweg nicht zur Verfügung. Selbst die Weltbank, die nicht gerade für ihre revolutionären Ambitionen bekannt ist, hat anerkannt, dass extreme Armut bis 2030 nicht überwunden werden kann, wenn die Ungleichheit zwischen Arm und Reich nicht reduziert wird. Wir können nicht im gleichen Stil weiterwirtschaften. Stattdessen brauchen wir Lösungsansätze, die Probleme an der Wurzel packen. Diese Erde ist reich. Sie bietet genug für alle Menschen, auch für 10 Milliarden Menschen im Jahr 2050. Wir müssen anfangen, das, was wir haben, gerechter zu verteilen.

2. Der Plan für die Grundsteinlegung zu einer gerechten Welt

1. Entwicklungszusammenarbeit, die ihren Namen verdient

Um unsere Welt zukunftsfähig zu machen, müssen wir die Armut, den Hunger und vermeidbare Krankheiten endlich besiegen. Die neue Generation ist kosmopolitisch. Jeder Mensch, egal wo auf dieser Welt, hat ein Anrecht auf ein Leben in Würde. Das wird zum obersten Credo unserer Politik. Am Bundeshaushalt lässt sich messen, wie viel der Politik die einzelnen Politikfelder wert sind. Statt zwei Prozent des Bruttoinlandsprodukts in Rüstung zu investieren, müssen Deutschland und die anderen Mitgliedsstaaten der Organisation für wirtschaftliche Zusammenarbeit und Entwicklung (OECD) zwei Prozent ihres jeweiligen Bruttonationaleinkommens für Entwicklungspolitik ausgeben. Das ist weit mehr als das bisherige 0,7-Prozent-Ziel im Entwicklungsetat – weil globale Gerechtigkeit uns endlich mehr wert sein muss. Bildung, speziell die von Mädchen und Frauen, ist eine wirksame Waffe im Kampf gegen die Armut. Deswegen müssen die Geberländer ihre globalen Bildungsinvestitionen verdoppeln. Mit Ausgaben für Geflüchtete im Inland darf die Quote nicht mehr geschönt werden. Es braucht zusätzlich ein neues Verständnis von Entwicklungspolitik. Grund dafür muss immer die Verantwortung für eine gerechte Welt vor dem Hintergrund vergangener und bestehender Abhängigkeiten und Ausbeutungsmuster sein. Es braucht eine

Abkehr von dem Gedanken, mit Entwicklungspolitik Gewinne für das eigene Land generieren zu wollen. Solange die Interessen des Geberlandes im Fokus stehen, bleibt die globale Ungleichheit bestehen.

2. Nachhaltige Entwicklung braucht Entschuldung

Um Entwicklungen anzustoßen, nehmen Länder des Globalen Südens hohe Kredite auf. Das ist eine Zwickmühle. Um notwendige Investitionen in Infrastruktur, Bildung und Gesundheit zu tätigen, sind sie darauf angewiesen. Gleichzeitig sind die Kreditaufnahmen für die betroffenen Staaten mit einem hohen Risiko verbunden. Wenn die Schuldenfalle zuschlägt, hat das dramatische Konsequenzen. Die Schuldner sind den Gläubigern dann ausgesetzt und somit von ihnen abhängig. Dabei sollten bei einer Kreditvergabe beide Seiten Verantwortung tragen. Deswegen muss es endlich international verbindliche Regeln für die Kreditaufnahme geben.

Wenn in Deutschland Menschen oder Unternehmen ihre Schulden nicht mehr zurückzahlen können, steht ihnen ein Insolvenzverfahren zu. Darin können sie ihre Schulden abwickeln. Wenn hingegen Staaten insolvent sind, besteht diese Möglichkeit nicht. Dann geht das auf Kosten der Menschenrechte. Denn wenn an allen Ecken gespart werden muss, leiden vor allem die Schwächeren. Gesundheitsbudgets werden gekürzt, und selbst Geburten werden zum Luxus. Im Bildungssektor werden Gelder gestrichen, und Jugendliche haben keine Wahl mehr zwischen Arbeit oder Studium. Wer sich gegen die Sparmaßnahmen zur Wehr setzt, muss mit üblen Repressionen rechnen. Welch fatale Folgen radikale Sparpolitik haben kann, zeigt beispielsweise ein Blick in den Tschad, wo Amnesty International Brutalitäten aufdeckte.[215] Auch Europa ist dagegen nicht gefeit. Im Zuge der Finanzkrise wurden südeuropäischen Staaten Sparmaßnahmen aufgezwungen, die einer ganzen Generation die Zukunftsperspektive rauben. Deswegen müssen Staatschulden endlich gerecht abgewickelt werden. Dafür braucht es unabhängige und transparente Insolvenzverfahren für Staaten. Die Entscheidung über das Verfahren wird dann nicht mehr nur vom Gläubigerstaat, sondern von einer unabhängigen Instanz getroffen. Die Situation im Schuldnerstaat wird begutachtet und die Forderungen werden abgewogen. Die ärmsten Länder erhalten die Chance zum Schuldenerlass. Oberstes Kriterium der Entscheidung über Zahlung und Nichtzahlung ist die Würde der Menschen vor Ort. Wenn Staaten verschuldet sind, müssen vor allem die Schwächsten und Ärmsten geschützt werden.

3. Ökologischer und fairer Welthandel – jetzt

Handelsabkommen dürfen nicht länger von dubiosen Anzugträger*innen in Hinterzimmern ausgehandelt werden. Über jedes Abkommen sollten kritische öffentliche Debatten geführt werden. Voraussetzung dafür ist, dass vollständige Transparenz geschaffen und bei EU-Handelsabkommen grundlegende Kompetenzen an das Europäische Parlament übertragen werden. Dieses soll von nun an über die Aufnahme und die Ziele von Verhandlungen entscheiden.

Während Umwelt- und Sozialstandards in der Vergangenheit abgebaut worden sind, müssen Abkommen zukünftig genau jene

Standards sichern. Umwelt- und Menschenrechtsschutz, Verbraucher*innenschutz und Arbeitnehmer*innenrechte sollen verbindlich und einklagbar in den Verträgen verankert werden. Handelsabkommen müssen den größtmöglichen Beitrag zum Klimaschutz leisten. In Supermarktregalen wird es zukünftig keine explizit als Fair-Trade zertifizierten Produkte mehr geben. Denn sozial-ökologische Nachhaltigkeit ist dann Standard. Privilegien sollten Menschen und nicht Konzernen zustehen. Bisher genießen Firmen weitreichende Sonderrechte.

In den letzten beiden Jahrzehnten ist die Anzahl von Klagen von Konzernen gegen Staaten bedrohlich angestiegen. 2018 waren es allein achthundert. Als Kanada Bilcon die Ausweitung eines riesigen Steinbruchs aus Umweltgründen untersagte, erstritt sich der Konzern vor einem privaten Schiedsgericht Millionen Dollar Schadensersatz. Entzieht zum Beispiel ein Staat einer Goldmine des Schürfrecht, weil der Betrieb das Grundwasser der Region mit Giftstoffen verseucht, kann der Besitzer der Goldmine vor einem ISDS-Schiedsgericht Schadensersatz wegen »indirekter Enteignung« verlangen.[216] Konzernklagen in Millionenhöhe vor privaten Schiedsgerichten, etwa bei dem bei der Weltbank angesiedelten Schiedsgerichtshof ICSID, dürfen zukünftig nicht mehr möglich sein. Diese Paralleljustiz greift die Regulierungsmöglichkeiten der Staaten an und höhlt die Demokratie aus.

Das Credo des uneingeschränkten globalen Freihandels wird kritisch in Frage gestellt, ohne in dumpfe und rassistische *America-First*-Argumentationen à la Donald Trump zu verfallen. Die oberste Prämisse des neuen Freihandelsregimes lautet: *World First!* Wenn Handelspartner*innen einseitig unter dem Abbau von Barrieren benachteiligt werden, wie es bei vielen Abkommen zwischen der EU und afrikanischen Ländern der Fall ist, müssen sie neu verhandelt oder schlicht gekündigt werden. Denn die schwächeren Volkswirtschaften können mit den Riesen nicht konkurrieren. Jene Länder, die Kaffee- und Kakaobohnen herstellen, sollten sie zukünftig auch rösten und vermahlen können. Es muss Schluss sein mit europäischen Tiefkühlhähnchen auf westafrikanischen Märkten. Der Globale Süden darf nicht länger eine reine Rohstoffquelle sein, die für die Wertschöpfung im Globalen Norden ausgebeutet wird. Wir brauchen einen öko-fairen Welthandel, der keine Probleme und Kosten mehr externalisiert.

Ab sofort findet keine Auslagerung von Folgen mehr auf die kommenden Generationen oder andere Regionen der Welt statt. Handelsabkommen sollen fortan Anreize schaffen, Produkte vor Ort zu verarbeiten. Dazu müssen die Einfuhrzölle für veredelte Produkte in Europa gesenkt werden. Andere Zölle müssen wiederum erhöht werden. Schwache Volkswirtschaften müssen ihre heimischen Produkte vor den Billigprodukten aus Europa schützen dürfen. Die EU verrät sich und ihre Werte, wenn sie ihre Macht ausspielt und wirtschaftlich schwache Staaten in unfaire Abkommen drängt. Von nun an müssen *Trade-Agreements* das sein, was schon im Namen steckt: Übereinkommen, denen alle Beteiligten aus freien Stücken zustimmen.

4. Sorgfaltspflichten für Unternehmen

Die Zeiten, in denen Konzerne auf internationaler Ebene Menschenrechte mit Füßen treten und die Natur zerstören konnten und etwa Indigene vertreiben können, um Anbauflächen für

Soja oder Palmöl oder Weiden für Rinderherden zu schaffen, müssen vorbei sein. Dafür auf den guten Willen und eine freiwillige Selbstkontrolle der Unternehmen zu setzen, wird nicht funktionieren, solange Profit deren einzig verbindliches Ziel ist. Die Sorgfaltspflichten der Unternehmen müssen daher bindend in Gesetzen festgeschrieben werden. Es muss möglich werden, Konzerne für Menschenrechtsverletzungen haftbar zu machen. Außerdem werden sie verpflichtet, ihre Lieferketten offenzulegen und sicherzustellen, dass auch die Zulieferer menschenrechtskonform wirtschaften.

Ein Umweltgericht am Europäischen Gerichtshof wird die Einhaltung der Klimaziele und Umweltstandards in Wirtschaftszweigen wie Fischerei, Bergbau oder Rohstoffförderung sichern. Das Gericht soll auch zuständig sein, wenn in Europa ansässige Unternehmen in Drittländern auf anderen Kontinenten aktiv sind. Weil alle von schädlichen Wirtschaftspraktiken der Konzerne betroffen sein können, muss auch jede juristische Person in und außerhalb Europas dort die Einhaltung der Standards einklagen können.

5. Export der Kosten des hiesigen Lebensstils beenden

Die immensen externen Kosten unseres Lebensstils werden ausgelagert. Mündige Verbraucher*innen finden im Dschungel der Verpackungshinweise, Siegel und Zertifikate schwerlich Orientierung, um daran etwas Grundlegendes zu ändern. In erster Linie ist es ein politisches Problem. Jede politische Entscheidung muss daher zukünftig auf ihre externen Effekte überprüft werden. So müssen beispielsweise die Agrarsubventionen grundlegend reformiert werden. Auch Fischfangquoten sollten sich an wissenschaftlichen Empfehlungen und nicht an ökonomischen Kalkül orientieren.

6. Reformierung der Europäischen Union – hin zur Europäischen Republik

Bislang können einige wenige mächtige Länder über die Köpfe vieler anderer hinweg entscheiden. In einer gerechten Welt müssen dagegen demokratische Strukturen geschaffen werden, in denen Entscheidungen gemeinsam getroffen werden. Klimakrise, Globalisierung und Migration – die Herausforderungen machen schließlich auch nicht an Ländergrenzen halt. Es ist Zeit, Demokratie größer zu denken.

Die Europäische Union ist reformbedürftig. Wir dürfen nicht in einer Wirtschaftsunion verharren, in denen Banken und Konzerne im Zweifel mehr Sagen haben als die Europäer*innen. Grundlegendes muss sich ändern, damit die Europäische Union sich den Friedensnobelpreis, der ihr 2012 verliehen wurde, eines Tages tatsächlich verdient. Wir brauchen eine Europäische Republik ohne Demokratiedefizit. Viele Schritte sind dafür nötig.

Der Europäische Rat, in dem die Staats- und Regierungschef*innen vertreten sind, muss Macht abgeben. Lang genug haben sie in Hinterzimmern Deals geschmiedet. Die*Der Präsident*in der Kommission wird von nun an vom Europäischen Parlament vorgeschlagen und anschließend gewählt. Das Parlament wird mit weitergehenden Rechten ausgestattet und darf Gesetzesinitiativen einbringen. Schritt für Schritt werden die Mitgliedsstaaten und damit der Rat an Bedeutung verlieren, bis sie schlussendlich in einer Republik aufgehen. Die vielen einzigartigen Regionen Europas werden trotzdem weiterhin vertreten sein. An die Stelle des Rates tritt ein Senat. Die Bürger*innen jeder Region senden gewählte Senator*innen. Zukünftig werden also nicht mehr deutsche, spanische oder rumänische, sondern brandenburgische, katalonische oder die Interessen der Bewohner*innen Siebenbürgens vertreten. Bisher werden innerhalb Europas Währung und Waren mit gleichem Recht behandelt, die Bürger*innen aber nicht. Deswegen muss bis 2025 eine europäische Verfassung verabschiedet werden.

Eine Europäische Republik funktioniert nur mit einer europäischen Öffentlichkeit. Fernsehsender, Zeitungen, Kunst – alle Medien wirken daran mit. Öffentlich-rechtlicher Rundfunk wird über Grenzen hinweg aufgestellt. Um acht Uhr abends lösen dann die Europanachrichten die Tagesschau ab. Die neue Generation ist nicht mehr deutsch, französisch, rumänisch oder lettisch, sie ist gesamteuropäisch.

7. G7 und G20 ersatzlos abschaffen

Europa muss nicht nur reformiert werden, sondern eine andere Rolle in der Welt einnehmen. Die Europäische Union ist auch Mitglied von supermächtigen, illegitimen Zusammenschlüssen wie den G20. Jedes Jahr aufs Neue treffen sich die zwanzig größten Industrie- und Schwellenländer der Welt. Zusammen erwirtschaften sie mehr als 85 Prozent des weltweiten Bruttoinlandsproduktes und bestreiten drei Viertel des globalen Handels.[217] Sie sprechen über Wirtschaft, Armut, Migration, Terrorismus und andere Themen. Aber die, über die dabei sehr ausgiebig gesprochen wird, dürfen nicht mitreden. Und die, die bei Häppchen und Fototerminen nach Antworten suchen, hat gar niemand danach gefragt. Geschweige denn wurden sie gewählt. Wenn sich die Reichsten über Armut unterhalten, kommt – so zeigt die bisherige Erfahrung – wenig dabei heraus. Die unbedingt notwendigen Strukturreformen für globale Gerechtigkeit werden nicht in die Wege geleitet. Deshalb müssen informale, undemokratische und illegitime Zusammenschlüsse wie die G7 oder die G20 abgeschafft werden.

8. Reformierung der Vereinten Nationen – hin zu globaler Demokratie

Stattdessen sollen globale Probleme auf Ebene der Vereinten Nationen behandelt werden. Doch auch die UN konnten der bisherigen Weltordnung in über siebzig Jahren nur wenig entgegensetzen. Deswegen müssen die Vereinten Nationen reformiert und zu einem echten demokratisch gewählten Weltparlament mit umfangreichen Kompetenzen werden. Nationale und internationale Demokratisierung sind dabei parallele Prozesse. Demokratie ist im großen Maßstab nur möglich, wenn sie im Kleinen funktioniert.

Der erste Schritt zu einer gerechteren UN ist die sofortige Einführung einer Weltbürger*inneninitiative. Angelehnt an die Europäische Bürger*inneninitiative ermöglicht sie die direkte politische Teilhabe von Weltbürger*innen an globalen Prozessen. Menschen aus der ganzen Welt können sich zusammenschließen und gemeinsam eine Initiative starten. Sie können den Finger in die Wunden legen, die drängendsten Probleme aufzeigen und Reformen einfordern. Wenn genug Unterschriften für ein bestimmtes Anliegen gesammelt wurden, müssen sich die Vereinten Nationen damit befassen. Doch dieser erste Schritt wird nicht ausreichend sein.

Institutionelle Veränderungen sind überfällig. Der Sicherheitsrat trug in der Vergangenheit nur zur Ohnmacht der Vereinten Nationen bei. Die ständigen Sitze werden zukünftig nach einem Rotationsprinzip besetzt – so büßen wenige mächtige Staaten an Macht ein, andere dürfen hingegen endlich ernsthaft mitreden. Die Vetorechte werden, wenigstens bei Verbrechen gegen die Menschlichkeit, abgeschafft. Sie machen das Gremium nur handlungsunfähig. Die UN müssen mehr Kompetenzen erhalten, um Probleme nicht nur benennen, sondern auch lösen zu können.

Das Ziel dieser Entwicklung ist ein demokratisch gewähltes Weltparlament. Gemeinsam mit der Generalversammlung kann es Gesetze verabschieden – demokratisch legitimiertes und einklagbares Weltrecht. Weltinnenpolitik schützt alle Menschen. Eine globale Verfassung garantiert ihnen universelle und unveräußerliche Rechte. An einem Weltverfassungsgericht sind diese einklagbar. Weitere globale, durchsetzungsfähige Gerichtsbarkeiten müssen folgen. Nur wenn alles Handeln auf globaler Ebene wirklich justiziabel wird, können globale Entscheidungen verbindlich werden. Staaten werden dadurch nicht überflüssig, denn in kleineren Einheiten müssen immer noch jene Entscheidungen getroffen werden, die vor Ort relevant sind. Sie geben aber Souveränität ab, damit die globalen Probleme des 21. Jahrhunderts endlich auch global und unter Mitsprache aller gelöst werden können.

BEDINGUNG 9:

FRIEDEN GARANTIEREN UND MENSCHENRECHTE EINHALTEN

1. Das Gerüst von Frieden und Menschlichkeit wankt gefährlich

Globale Gerechtigkeit kann nur dann annähernd realisiert werden, wenn endlich weltweiter Frieden geschaffen wird. Wir, die junge Generation, konnten in Westeuropa in Frieden aufwachsen. Aber wir sehen den Krieg jeden Tag – in Nachrichtensendungen, in Zeitungsartikeln und auf unseren Smartphones. Überall auf der Welt toben blutige Konflikte. Oft wird mit deutschen Waffen gekämpft. Und wir befürchten, dass das fragile Friedensgerüst, das hart erarbeitet wurde, wieder in sich zusammenfällt. Von politischen Entscheidungsträger*innen hören wir mehr über Auf- als über Abrüstung. Jahrzehntealte Probleme hätten politisch gelöst werden können – wurden sie aber nicht. Noch immer gibt es Atomwaffen, auch auf deutschem Boden. Neue Waffensysteme und Techniken bedrohen unser aller Leben. Krieg und Frieden sind für uns keine Themen, die wir in verstaubten Geschichtsbüchern nachschlagen. Sie beschäftigen uns, hier und heute. Wir haben Angst davor.

Denn immer noch oder heute wieder sieht es auf der Welt schlecht aus. Mehr als siebzig Millionen Menschen befinden sich auf der Flucht vor Verfolgung, Konflikten, Gewalt und

189

schweren Menschenrechtsverletzungen.[218] Das ist die höchste Zahl seit mehr als siebzig Jahren – seit dem Ende des Zweiten Weltkriegs. Es deutet viel darauf hin, dass das kriegerische 20. Jahrhundert keinesfalls von einem friedlichen 21. Jahrhundert abgelöst wird. Immer häufiger müssen Menschen aufgrund von Kriegen und bewaffneten Konflikten ihre Heimat verlassen.

Wir befinden uns in einer Zeit, in der sich Friedensnobelpreisträger*innen zu Frieden und Menschenrechten bekennen, während sie Kriege und gewaltsame Konflikte befeuern. Der Friedensnobelpreisträger Barack Obama ermächtigte regelmäßig Drohneneinsätze durch seine Unterschrift, die beispielsweise im Jemen und in Pakistan Hunderte Zivilist*innen das Leben kosteten.[219] Westliche Interventionspolitik unter Führung der USA destabilisiert seit vielen Jahrzehnten den gesamten Nahen und Mittleren Osten und stürzt die Region von Unglück zu Unglück.[220] Die Türkei, wie die USA ein NATO-Partner Deutschlands, hinterließ 2018 im nordsyrischen Afrin eine lange Blutspur – das alles unter Einsatz von deutschen Leopard-Kampfpanzern und unter dem zynischen Titel »Mission Olivenzweig«.[221] Und auch die Zeiten deutscher Beteiligung an Auseinandersetzungen sind nicht vorbei: Aktuell sind mehr als 3100 deutsche Soldat*innen im Ausland im Einsatz.[222]

Die Art und Weise, wie bewaffnete Konflikte ausgetragen werden, ist unübersichtlicher geworden. Heute kämpfen seltener einzelne Staaten gegeneinander. Stattdessen führen Regime Krieg gegen die eigene Bevölkerung, um ihre Gewaltherrschaft zu sichern, und neben staatlichen Armeen kämpfen die Anhänger*innen von Despoten und Terrororganisationen. Partisanenarmeen wiederum attackieren reguläre Streitkräfte.[223] Massaker, Misshandlungen und Plünderungen von Zivilist*innen sind Kriegsverbrechen und werden dennoch oftmals bewusst als Mittel der Kriegsführung eingesetzt. Gewaltsame Konflikte werden finanziert durch die Ausbeutung von Bodenschätzen und Drogenhandel – und solange es Abnehmer*innen für die seltenen Erden des Kongo, kolumbianisches Kokain, westafrikanische Diamanten und Öl im Südsudan gibt, werden die gewaltsamen Konflikte weiter finanziert.

Cyberwars – Kriegsführung als Bürojob

Automatisierte und autonome Waffen spielen eine immer wichtigere Rolle in der Kriegsführung. Es werden Drohnen eingesetzt, die mit einer Handkonsole am Boden gesteuert werden.[224] Der Krieg mittels Joysticks, der sich auf Monitoren abspielt, gleicht einem Computerspiel. Leicht kann vergessen werden, dass es sich um tödlichen Ernst handelt. Manche Drohnen werden »nur« zur Aufklärung eingesetzt. Andere aber sind nichts anderes als reine Tötungsmaschinen. Sie heißen »Predator« oder »Reaper« – also Raubtier oder Sensenmann. Die US-Regierung beispielsweise setzt sie für gezielte Tötungen ein.[225] Dass dabei auch immer wieder Zivilist*innen zu Tode kommen, ist Nebensache.[226] Wer heute Krieg führt, muss sich nicht von seiner Familie verabschieden – und bangen, ob er*sie noch einmal heimkehren wird. Heute könnten Soldat*innen morgens vom Schreibtisch aus in den Krieg ziehen und abends in ihr trautes Heim zurückkehren. Die Pilot*innen, die die Fluggeräte steuern und im entscheidenden Moment per Knopfdruck die tödlichen

Raketen abfeuern, sitzen in klimatisierten Räumen in den USA, Tausende Kilometer entfernt vom Zentrum des Krieges. Diese modernen Krieger*innen sitzen auch in Deutschland, in der *Air Base* im rheinland-pfälzischen Ramstein. Gemeinsam mit dem Oberkommando des US-Militärs für Afrika in Stuttgart ist der Militärflughafen Dreh- und Angelpunkt für die höchst umstrittenen Drohnenaktivitäten des US-Militärs in Afrika.[227] Der Krieg wird vor unserer Haustür geführt.

Die Cyberkriegsführung stellt neben dem Heer am Boden, den Luftstreitkräften und der Marine ein völlig neues Operationsfeld dar. Staaten stellen ganze Armeen von IT-Soldat*innen, um im digitalen Raum die Vormachtstellung zu erkämpfen. Denn durch Hackerangriffe ließe sich die gesamte Infrastruktur lahmlegen. Dass das möglich ist, bewiesen Hacker Ende 2015, als sie weite Teile des ukrainischen Stromnetzes lahmlegten. 700 000 Menschen waren für mehrere Stunden ohne Elektrizität.[228] Derartige Angriffe sind auch in Deutschland möglich. Krankenhäuser, Stromnetze, militärische Hochsicherheitsanlagen – ein Kollaps der gesamten Infrastruktur hätte garantiert tödliche Folgen.

Ressourcenhunger als Kriegsgrund

Im Kampf um Ressourcen, vor allem um Erdöl, wurden viele Menschen zu Opfern. Im Mittleren Osten hat jahrzehntelange westliche Interventionspolitik die Region nachhaltig destabilisiert. Rechtfertigungen für solche Eingriffe sind die Stabilisierung, Bekämpfung des Terrors oder die Verteidigung westlicher Werte. Das eigentliche Interesse des Westens war und ist häufig aber einzig das Ölvorkommen der Länder. Zur Legitimation dieser Kriege wurden Fantasiegeschichten erfunden. Mit dreisten Falschbehauptungen und manipulativen Kampagnen wurde der Tod Zehntausender legitimiert. Mit der Behauptung, irakische Soldat*innen hätten kuwaitische Frühgeborene aus Brutkästen gerissen, wurde die US-amerikanische Öffentlichkeit für den zweiten Golfkrieg kriegsreif gemacht.[229] Der Hinweis auf irakische Massenvernichtungswaffen diente als Begründung für den imperialen Angriffskrieg im Irak im Jahr 2003.[230] Beide Vorwürfe wurden später als Lügen enttarnt.

Die Klimakrise und exorbitant hohe Emissionen der Industrienationen bedrohen den Frieden überall. Überall werden Wasser, fruchtbarer Boden und Rohstoffe knapper. Zeitgleich wächst die Bevölkerung. Menschen werden durch Folgen der Klimakrise gezwungen zu migrieren. In den begehrten Regionen kann es zu Konflikten und bewaffneten Auseinandersetzungen kommen. Die Klimakrise fungiert als Kriegstreiber. Ein Grund mehr dafür, dass die Industrienationen als größte Emittenten Verantwortung übernehmen.

Mehr als ein Drittel der deutschen Soldat*innen im Auslandseinsatz befindet sich in Afghanistan.[231] Seit 2001 soll die Bundeswehr das Land stabilisieren. Nach wie vor gleicht es einem Schlachtfeld. Organisierte Gewalt ist omnipräsent, Tausende Zivilist*innen werden immer wieder Opfer von Terroranschlägen der Taliban und des sogenannten Islamischen Staats. Bombardierungen der ausländischen Streitkräfte fordern Tausende Tote. 2019 starben bei Angriffen und Bombardements regierungstreuer Truppen erstmals mehr Zivilist*innen als durch Attacken der Taliban.[232] Aber Deutschland schickt Schutzsuchende weiter zurück in lebensgefährliche Gebiete.

Waffenexporte

Knapp hinter Frankreich ist die Bundesrepublik die viertgrößte Waffenexporteurin der Welt.[233] Panzer, Schiffe und Handfeuerwaffen aus deutscher Fertigung hinterlassen auf der gesamten Welt eine Blutspur. Kleinwaffen gehen durch die Hände vieler Täter*innen, kursieren von Schwarzmarkt zu Schwarzmarkt, von Land zu Land. Mehr als die Hälfte der Lieferungen geht an Länder, die weder Mitglied der EU noch der NATO sind.[234] Auch vor menschenrechtsverletzenden Regimen wird nicht haltgemacht. Im Jemen tobt seit Jahren ein fürchterlicher Krieg – und alle Beteiligten daran kämpfen mit deutschen Waffen.[235] Es ist fraglich, welche außenpolitischen und menschenrechtlichen Überlegungen die Entscheider*innen angestellt haben, damit es zu so einer Situation kommen konnte.

Heckler & Koch, der größte deutsche Hersteller der brandgefährlichen Kleinwaffen, rühmt sich mit seinen ethischen Leitlinien.[236] Es gehört schon eine gehörige Portion Fantasie dazu, Waffen mit ethischen Standards zu verknüpfen. Fast alle Parteien machen seit Jahrzehnten den Weg frei für tödliche Waffenlieferungen. Damit beteiligt sich Deutschland immer wieder an einem der dreckigsten und menschenverachtendsten Geschäfte der Welt. Selbst Waffenembargos werden immer wieder unterlaufen. Der Konzern Rheinmetall zum Beispiel umgeht sie systematisch mit Tochterfirmen im Ausland. Hinzu kommt, dass das Rüstungsgeschäft von Korruption durchsetzt ist. Die Hälfte aller weltweit gezahlten Bestechungsgelder fließen in den Waffenhandel.[237] Die Rüstungsindustrie muss als das benannt werden, was sie ist: ein Milliardengeschäft mit dem Tod.

Ein Atomkrieg ist näher, als viele wahrhaben wollen

Beim Einsatz der Atombombe in Hiroshima und Nagasaki nur
wenige Jahre nach ihrer Entwicklung starben mehr als 100 000
Menschen. Die Atombombe konnte weder Frieden noch Sicherheit garantieren, obwohl genau das der Öffentlichkeit immer
wieder versprochen wurde. Tatsächlich stand die Menschheit in
Zeiten des Kalten Krieges immer wieder am Abgrund. Die nukleare Bedrohung ist längst noch nicht Geschichte – im Gegenteil: Drei Jahrzehnte nach dem Fall des Eisernen Vorhangs ist es
nicht gelungen, eine atomwaffenfreie Welt zu erschaffen. Es
stimmt zwar, dass die Zahl der Atomwaffen weltweit abnimmt,
die Zahl der einsatzbereiten Sprengköpfe nimmt allerdings
zu.[238] Gleichzeitig modernisieren die Besitzerstaaten aber ihre
Waffenarsenale.

Die Lage ist unübersichtlich geworden. Hier werden Verträge aufgekündigt, dort neue Programme ins Leben gerufen.
Die Gefahr eines Atomkrieges steigt langsam und kaum merklich – bis es dann zu spät ist. Und auch auf deutschem Boden,
auf dem Fliegerhorst im rheinland-pfälzischen Büchel, sind
US-amerikanische Atombomben deponiert. Sie verfügen über
ein Vielfaches der Sprengkraft der Hiroshima-Bombe. Im Kriegs-
fall müsste die Bundeswehr im Rahmen der sogenannten nu-
klearen Teilhabe Trägersysteme stellen und deutsche Kampfjet-
piloten mit den Atombomben in den Kampf schicken. Diese
Situation trägt dazu bei, dass die Bundesregierung den globalen
Atomwaffenverbotsvertrag nicht unterzeichnet. Damit macht
sich Deutschland nicht nur unglaubwürdig bei Abrüstungsver-
handlungen, sondern setzt die Existenz menschlicher Zivilisation bewusst aufs Spiel. Die Friedensbewegung vermag es nicht

mehr, wie in den 1980er-Jahren Hunderttausende auf die Straße zu bringen. Pazifismus ist out. Dabei sind wir einem Atomkrieg näher, als es viele wahrhaben wollen. Die sogenannte Sicherheitspolitik der Atommächte wird auf dem Rücken der Menschheit ausgetragen.

Panzer, Granaten und Revolver richten nur in bestimmten Regionen unfassbares Leid an und drängen Menschen zur Flucht. Es können noch so viele Kontingente festgelegt und Grenzen geschlossen werden – wenn Menschen in ihrer Perspektivlosigkeit gefangen oder in tödlicher Gefahr sind, werden sie sich auf den Weg machen. Hetzer*innen in Europa versuchen eine Erzählung zu schaffen, nach der eine Welle von Geflüchteten den Kontinent überrollt. Das ist absurd. Denn die meisten Menschen, die ihre Heimat verlassen müssen, haben gar nicht die Möglichkeit, den lebensgefährlichen Weg nach Europa anzutreten. Viele verlassen nicht einmal ihr Land. Es existieren nahezu keine internationalen Standards, um die sogenannten Binnenvertriebenen zu schützen. Ein Großteil flieht in Länder in unmittelbarer Nachbarschaft. Deutschland mit seinen ungefähr 80 Millionen Einwohner*innen nahm rund 780 000 Menschen aus Syrien auf, Jordanien mit gerade einmal 9,7 Millionen Einwohner*innen beherbergt hingegen mehr als eine Million Schutzsuchende.[239] Im Libanon ist die Quote sogar noch deutlich höher.

Mehr als 5000 Menschen sterben Jahr für Jahr auf dem Weg nach Europa.[240] Die Dunkelziffer liegt noch weit höher.

Abschottung statt Entwicklung und Frieden

Statt auf ernst gemeinte Entwicklungs- und Friedenspolitik zu setzen, zieht die Friedensnobelpreisträgerin EU die abschottenden Mauern weit vor den Toren Europas hoch – mit fatalen Folgen. Die Flüchtenden sind gezwungen, alternative, noch gefährlichere Routen zu wählen. Wer die Durchquerung der Sahara überlebt, findet sich dann unter Umständen in einem libyschen Internierungslager wieder. Katastrophale hygienische Zustände, Ausbeutung, Misshandlungen, Gewalt und Folter sind hier an der Tagesordnung.[241] Das Auswärtige Amt spricht sogar von KZ-ähnlichen Verhältnissen. Trotzdem kooperiert die EU mit der libyschen Küstenwache, die Boote mit Geflüchteten abfangen und deren Insassen zurück in die Hölle bringen soll. Zivile Seenotretter*innen werden kriminalisiert und schikaniert. Leidtragende sind nicht nur die Retter*innen, die sich jetzt in Gerichtsverfahren behaupten müssen, sondern auch die Geflüchteten, die auf tagelangen Irrfahrten ohne Einlaufgenehmigungen in europäischen Häfen erleben mussten, wie es um die Willkommenskultur in Europa steht. Immer mehr Menschen, die sich über das Mittelmeer auf den Weg nach Europa machen, geraten in Seenot und überleben die Überfahrt nicht. Keine Grenze der Welt ist tödlicher. Wer es bis nach Europa schafft, ist noch längst nicht in Sicherheit. Seit Jahren sind viele Länder, in denen die Geflüchteten ankommen, zum Teil heillos überfordert. Für die anderen Mitgliedsstaaten ist Solidarität ein Fremdwort. Nach den Dublin-Verordnungen müssen die Asylverfahren dort abgehandelt werden, wo die Schutzsuchenden europäischen Boden zuerst betraten. Teils leben Tausende zusammengepfercht in Lagern und Hütten, erst in dem diskriminierend

»Dschungel« genannten Lager in Calais, jetzt auf der griechischen Insel Lesbos.[242] In Brüssel hofft man, Bilder dieser Lager würden weitere Geflüchtete davon abhalten, nach Europa zu kommen. Das ist menschenverachtend.

Immer wieder findet eine bewusst inszenierte Opfer-Täter-Verdrehung statt. Gesetze werden verschärft und Hürden aufgebaut. Jene, die in Europa Schutz vor Krieg, Verfolgung und Gewalt suchen, werden zu einem Feindbild gemacht und als Bedrohung dargestellt. Tatsachen und Fakten werden verdreht. So werden zum Beispiel sicherheits- und asylpolitische Fragen in einen Topf geworfen. Was zur sogenannten Flüchtlingskrise hochstilisiert wurde, war in Wirklichkeit eine Politik- und Medienkrise, die den Boden für den aufstrebenden Rechtsextremismus und die Empfänglichkeit für autoritäre Lösungen bereitet hat.[243] Die wahren Opfer wurden dabei vergessen. Um brennende Unterkünfte, eine ansteigende Anzahl von Suizidversuchen und den signifikanten Mangel an Behandlungszentren für Folteropfer kümmern sich nur wenige.

Die Allgemeine Erklärung der Menschenrechte wurde 1948 verkündet. Bis heute wurde sie nie vollständig verwirklicht. Während Politiker*innen sich zur Universalität von Menschenrechten bekennen, unterschreiben sie gleichzeitig Waffenexportgenehmigungen, verhindern Seenotrettung auf dem Mittelmeer und machen dreckige Deals mit korrupten und skrupellosen Regimen. Menschenrechte müssen nicht nur erkämpft und verteidigt, sondern auch erweitert werden. Im 21. Jahrhundert stehen wir vor neuen Herausforderungen. Die weltweiten Verflechtungen nehmen zu, doch die Globalisierung fußt auf der Ausbeutung vieler. Hinzu kommt die Klimakrise, die sich zu einer der größten Menschenrechtskrisen aller Zeiten entwickeln kann. Die Rechte auf Leben, Wohnen, Nahrung, Zugang zu sauberem Wasser, Selbstbestimmung und Gesundheit sind schon jetzt massiv bedroht. Wir brauchen einen Plan, wie wir auch im 21. Jahrhundert mit teils alten Problemen unter jedoch neuen Bedingungen umgehen müssen.

2. Der Plan zur Abrüstung und zu einem menschenwürdigen Umgang mit Geflüchteten

1. Das Geschäft mit dem Tod beenden

Die Zeiten, in denen Deutschland an dem Geschäft mit dem Tod verdient, müssen ein Ende haben. Exporte in Krisen- und Konfliktregionen, Deals mit menschenrechtsverletzenden und Krieg führenden Staaten und die Ausfuhr von Kleinwaffen und Munition müssen generell verboten werden. Aktuell sichert die Bundesregierung die Rüstungsindustrie bei Deals mit anderen Staaten ab. Zahlt das Empfängerland verspätet oder gar nicht, werden der Firma die entgangenen Einnahmen erstattet. Die Umgarnung der Waffenwirtschaft muss ein Ende haben. Keine Bürgschaften mehr für den Export von Rüstungsgütern und Überwachungstechnologie.

Dass Firmen mit der Herstellung und dem Verkauf von Tötungsmaschinen Geld verdienen, ist für uns nicht hinnehmbar. Wir wollen keinen Reichtum auf Kosten von Menschenleben und fordern daher den schnellstmöglichen Abbau der Rüstungsindustrie. Dieser muss sozialverträglich gestaltet werden, indem die Beschäftigten Ausgleichszahlungen und neue Arbeitsmöglichkeiten erhalten. Das Wissen, nicht mehr Tötungsgeräte zu produzieren, mit denen meist in weiter Ferne Menschen umgebracht werden, sollte uns die wirtschaftlichen Einbußen durch den Wegfall der Rüstungsindustrie verschmerzen lassen. Das muss es uns als Gesellschaft wert sein. Das müssen wir uns leisten, denn Menschen, die durch deutsche Waffen getötet werden, belasten unser Gewissen in unerträglicher Weise. Die Bundesrepublik wird so endlich eine Vorreiterin für globale Friedenspolitik. Wir brauchen Rettungsboote statt Panzer.

Nationale Abrüstung ist aber erst wirksam, wenn sie international Nachahmer*innen findet. Die Bundesregierung muss daher auf europäischer und globaler Ebene auf einen Verbotsvertrag für die Produktion, den Besitz und den Einsatz konventioneller Waffen hinwirken. Das Ziel sollte sein, dass diese bis spätestens 2035 vollständig zerstört und nicht mehr einsatzfähig sind.

2. Maximal 0,5 Prozent des BIP für die Bundeswehr

Das Verteidigungsministerium macht den zweitgrößten Posten im Bundeshaushalt aus.[244] Dass immerzu noch höhere Ausgaben gefordert werden, ist Wahnsinn. Aufrüstung und Frieden sind unvereinbar. Wer Menschenrechte und Sicherheit für alle Menschen gewährleisten will, muss viel Geld für andere Dinge in die Hand nehmen. Faire Entwicklungszusammenarbeit, gute Bildung und die Förderung erneuerbarer Technologien, brauchen wir statt Gewehre, Panzer und Kampfjets. Deswegen wird das Budget des Bundesministeriums für Verteidigung radikal gekürzt. Maximal 0,5 Prozent des Bruttoinlandsproduktes sollen der Bundeswehr zur Verfügung stehen. Dieses Geld wird aber in erster Linie nicht für militärische Zwecke, sondern für zivile ausgegeben.

3. Die Bundeswehr wird zu einer unbewaffneten Friedenskraft

In einer generationengerechten Friedensarchitektur kommt der Bundeswehr eine zentrale Rolle zugute. Die Soldat*innen werden zukünftig für Sicherheit und Frieden sorgen, allerdings ohne klassisches Kriegswerkzeug. Bewaffnete nationale Armeen werden zukünftig nur noch aus Geschichtsbüchern bekannt sein. Die Bundeswehr muss anders geschult werden. Um Konflikte beizulegen, wird sie die wirksamsten menschlichen Waffen einsetzen – Vernunft und Empathie. Alle beteiligten Parteien müssen in einem Krisenfall an einen Tisch gebracht werden, um gemeinsam an Lösungen zu arbeiten. Dieser Prozess kann langwierig sein, ist aber an Menschenrechten und den Gerechtigkeitsvorstellungen aller Akteur*innen orientiert. Als Helfer*innen werden die Soldat*innen außerdem im In- und im Ausland bei Naturkatastrophen tätig. Zerstörte Gebiete müssen wiederaufgebaut werden, um Strukturen zu schaffen, die Frieden nachhaltig sichern. Nur wenige Soldat*innen werden in internationalen Blauhelmtruppen der Vereinten Nationen weiterhin Dienst an der Waffe leisten. Denn es gibt kaum Beispiele dafür, dass bewaffnete Interventionen Gutes hervorgebracht hätten. Armeeeinsätze werden zukünftig nur noch über die reformierten Vereinten Nationen legitimiert und von einer personell sehr begrenzten globalen Parlamentsarmee durchgeführt.

4. Atomwaffen abschaffen

Friedenssicherung und Atomwaffen passen nicht zusammen. Es ist ein Skandal, dass wir uns mehr als siebzig Jahre nach dem

Abwurf der ersten Atombomben und fast dreißig Jahre nach dem Fall des Eisernen Vorhangs immer noch auf Messers Schneide befinden. Die Atommächte und ihre Kompliz*innen setzen die Existenz der Menschheit jeden Tag aufs Neue aufs Spiel. Deswegen muss Deutschland unverzüglich den Atomwaffenverbotsvertrag unterzeichnen und ratifizieren – unabhängig von den Entscheidungen der Atommächte. Damit ist die Bundesrepublik gezwungen, die Lagerung der Nuklearwaffen in Büchel aufzukündigen. Das macht den Weg frei zum Abzug beziehungsweise zur Zerstörung der Atomwaffen auf deutschem Boden. Die Bundesrepublik kann ihre Beziehungen nutzen und auf Staaten einwirken, dem Vertrag ebenfalls beizutreten. Nach fünfzig Ratifizierungen tritt der Vertrag in Kraft und Atomwaffen werden offiziell geächtet. Das verändert die Ausgangsposition und ebnet den Weg für eine atomwaffenfreie Welt. Öffentliche Ausgaben, die vormals für Aufrüstung und Instandhaltung der Waffenarsenale geflossen sind, müssen fortan anders angelegt werden. Alle bestehenden Atomwaffenarsenale und Produktionsstätten müssen unverzüglich zerstört werden.

5. Das Sterben auf dem Mittelmeer sofort beenden

Von nun an darf kein Mensch mehr sein Leben an den europäischen Außengrenzen verlieren. Alle müssen gerettet werden – denn sonst sind wir alle weiter Mittäter*innen einer Politik, die Menschen sterben lässt. Jede*r von uns ist es heute schon – weil wir nicht genügend auf die Straße gehen dafür, weil wir nicht genug Druck aufbauen, weil jeden Tag weitere Menschen umkommen. Die Arbeit von zivilen Seenotretter*innen muss umgehend entkriminalisiert und gefördert werden. Wer Menschenleben rettet, darf dafür nicht bestraft werden. Seenotrettung ist aber in erster Linie eine staatliche Aufgabe: Deshalb sollen Deutschland und die anderen EU-Mitgliedsstaaten sofort ein staatliches Seenotrettungsprogramm ins Leben rufen. Da an der nordafrikanischen Küste keine Sicherheit für die Geretteten gewährleistet werden kann, müssen sie nach Europa gebracht werden.

Die Dublin-Verordnung wird abgeschafft, von nun an entscheiden die Geflüchteten selbst, wo sie ihren Asylantrag stellen wollen. Aufnahmebereite Staaten fügen sich zu einer Koalition der Willigen zusammen und bieten umfangreichen Schutz für die Schutzsuchenden. Die Kooperation mit menschenrechtsfeindlichen Kräften dient der Abschottung und kostet Menschenleben. Deswegen werden die Unterstützung der sogenannten libyschen Küstenwache, die Aufrüstung von Sicherheitskräften im Niger und der Türkei-Deal mit sofortiger Wirkung beendet. Die Folterlager in Libyen müssen umgehend geschlossen und die Insassen gerettet werden. Dafür schaffen Deutschland und die Europäische Union sichere und legale Fluchtrouten. Dazu gehört in erster Linie die Vergabe von humanitären Visa, die eine legale Ein- und Durchreise ermöglichen, damit Menschen ihren Asylantrag stellen können. Die Visa müssen kostenfrei und unbürokratisch erhältlich sein. Es muss auch möglich sein, Familienmitglieder uneingeschränkt nachzuholen. Falls nötig, muss die Europäische Union die Reisekosten übernehmen. Wenn Menschen in Lebensgefahr sind, spielt Geld keine Rolle.

6. Geflüchtete endlich nicht weiter zu Täter*innen machen

Wir fordern einen grundlegenden Paradigmenwechsel in der Migrationsdebatte. Oft werden die Schutzsuchenden von Politiker*innen und Medien zum Problem, wenn nicht gar Feindbild erklärt. Dabei sind es die Geflüchteten, die zu Opfern wurden. Niemand flieht freiwillig. Menschen haben ein Recht darauf, einen Asylantrag zu stellen. Die Fluchtursachen sind oftmals direkte oder indirekte Folgen westlicher Politik. Ungerechte Handelspraktiken, Waffenexporte, fehlgeleitete militärische Interventionen und nicht zuletzt die von den Industrienationen ausgelöste Klimakrise sind maßgebliche Faktoren, die Menschen dazu zwingen, ihren Wohnort zu verlassen. Wir fordern daher Ehrlichkeit in der Debatte: Nicht Migration, sondern globale Ungerechtigkeit ist das Problem. Wer Flucht eindämmen möchte, muss Fluchtursachen und nicht Geflüchtete bekämpfen.

7. Menschenwürdiger Umgang mit Geflüchteten

Für Industrienationen ergibt sich eine moralische Pflicht, Schwächeren zu helfen und sie gleichwertig zu behandeln. Noch leben auch in Europa Menschen zusammengepfercht unter unmenschlichen Bedingungen, zum Beispiel auf der griechischen Insel Lesbos. Diese Lager müssen sofort geschlossen werden. Stattdessen werden die Schutzsuchenden in Wohnungen untergebracht, in denen ein Leben in Würde möglich ist. Solange es nötig ist, müssen Geflüchtete mit angemessenen Leistungen versorgt werden. Sie brauchen schnell einen unbürokratischen

Zugang zum Arbeitsmarkt. Wenn sich alle gleichermaßen einbringen sollen, müssen dafür auch gleiche Rechte geschaffen werden. Aktuell wird die sich immer weiter verschärfende Asylpolitik ohne diejenigen gemacht, die sie eigentlich betrifft. Geflüchtete werden daher von nun an in sämtliche asylpolitische Entscheidungsprozesse miteingebunden. Hinzu kommt eine weitere Reform des Wahlrechts: Alle Personen, deren Wohnsitz dauerhaft in Deutschland liegt, müssen hier auch das aktive und passive Wahlrecht haben. Das ermöglicht Geflüchteten, dass ihre neue Heimat auch zu ihrer politischen Heimat werden kann. Ein sofortiger Abschiebestopp verhindert, dass Menschen, die bereits in einem sicheren Umfeld angekommen sind, in ein fremdes Umfeld oder gar in Lebensgefahr geschickt werden. Solange Europa eine maßgebliche Mitverantwortung für die Not auf der Welt trägt, muss den Leidtragenden Schutz geboten werden.

8. Zivilklauseln in alle Landeshochschulgesetze

Rüstungsproduktion funktioniert nur mit entsprechender Forschung. Um Frieden zu schaffen, müssen alle Akteur*innen ihre Verantwortung erkennen und wahrnehmen. In der Vergangenheit haben sich immer wieder Universitäten freiwillig dazu verpflichtet, auf Gelder aus der Rüstungsbranche und entsprechende Kooperationen zu verzichten. Andere wehrten sich mit scheinheiligen Argumenten gegen den Verzicht darauf. Es ist daher Zeit für eine allgemeine Regelung. In jedem Landeshochschulgesetz muss eine verbindliche Zivilklausel verankert werden, die die Finanzierung von Forschung vor allem durch

Rüstungskonzerne verhindert. Universitäten und Hochschulen müssen stattdessen in Friedens- und Konfliktforschung investieren und damit ihren Beitrag für eine Welt ohne Krieg leisten.

9. Klimapass für Menschen, die aufgrund der Klimakrise fliehen müssen

Bereits heute zwingen die Folgen der Erderhitzung Menschen, ihre Heimat zu verlassen. Selbst wenn die optimistischen Prognosen eintreffen, wird das Problem sich zukünftig dramatisch verschärfen. Menschen, die gezwungen sind, ihre Heimat zu verlassen, muss geholfen werden. Die Genfer Flüchtlingskonvention legt fest, welche Kriterien herangezogen werden, damit Menschen den Schutzstatus eines*einer Geflüchteten erhalten. Umweltbezogene Faktoren fallen nicht darunter. Deswegen muss ein Klimapass eingeführt werden, der den Betroffenen staatsbürgerliche Rechte in jenen Ländern garantiert, die am meisten zur Misere beigetragen haben. Voraussetzung ist, dass sie dort in Sicherheit leben können. Auch Deutschland muss seiner Verantwortung so gerecht werden.

10. Menschenrechte verwirklichen und erweitern

Es ist Zeit, die Universalität von Menschenrechten ernst zu nehmen. Allen Menschen stehen die gleichen Rechte zu. Menschen dürfen nicht weiterhin ihre Rechte verwehrt werden, weil sie aus anderen Ländern kommen, nicht christlich oder finanziell schwächer gestellt sind. Es gibt keine Rechte erster und zweiter Klasse. Alle Rechte bedingen einander und können nur gemeinsam verwirklicht werden. Das erfordert eine neue Politik. Jede Entscheidung muss auf ihre menschenrechtlichen Konsequenzen überprüft werden. Wenn die bestehenden Menschenrechte endlich in ihrer Gänze und für alle Menschen umgesetzt sind, ist ein großer Schritt getan. Vor dem Hintergrund eines sich rasant verändernden Planeten ist das aber nicht ausreichend. Globalisierungsprozesse und die Klimakrise stellen uns vor neue Herausforderungen. Wir müssen die Menschenrechtspalette daher entsprechend erweitern. Die Rechte auf nachhaltige Entwicklung, Frieden und saubere und intakte Umwelt müssen für alle Menschen garantiert werden. Auch die Rechte zukünftiger Generationen bedürfen eines verbindlichen Schutzes. Das erfordert gewaltige Anstrengungen und ein konsequentes Hinterfragen aller rechtlichen, politischen, ökonomischen und gesellschaftlichen Prämissen. Doch nur so kann die Würde jedes Menschen zukünftig gewährleistet werden.

BEDINGUNG 10:

DIGITALE WELT GESTALTEN, BEVOR ES ZU SPÄT IST

1. Die Digitalisierung als nächste Bestandsprobe für die Menschheit

In den vorangegangenen Kapiteln haben wir einen Plan aufgestellt, der die aus unserer Sicht notwendigen Maßnahmen enthält, um die aktuellen Probleme zu bewältigen. Wir haben deutlich gemacht, dass wir unsere existenzbedrohenden Handlungen radikal korrigieren müssen, wenn wir unsere natürlichen Lebensgrundlagen erhalten wollen. Wir haben festgestellt, dass sich unser Wirtschaftssystem grundlegend wandeln muss. Wir haben gezeigt, was nötig ist, um den gesellschaftlichen Zusammenhalt zu erhalten, und auch dargestellt, dass wir unsere Handlungen und unsere Verantwortung in einem globalen Kontext wahrnehmen müssen. Sowohl bei unseren Analysen als auch bei den daraus abgeleiteten Maßnahmen haben wir immer an den aktuellen Status quo angeknüpft. Auf nicht prognostizierbare Lösungen durch technische Innovationen in der Zukunft können wir uns nicht verlassen. Daher haben wir nach Lösungen gesucht, die jetzt schon funktionieren und die nötige Wende bringen könnten. Wo sich Entwicklungen deutlich abzeichnen, haben wir sie einbezogen. Wir haben bei unseren Lösungen immer einen Weg eingeschlagen, der unserem grundlegenden

Selbstverständnis als Menschen und den gesellschaftlichen Grundwerten und Normen, die wir daraus ableiten, folgt. Wo diese verletzt waren, haben wir festgehalten, was zu tun ist, um sie wiederherzustellen.

Ein Prozess aber bleibt noch wenig greifbar: Alle sprechen von der sogenannten Digitalisierung. Und doch scheint praktisch niemand so recht eine Ahnung zu haben, was das genau bedeutet oder wohin dieser Prozess am Ende führt. Fast immer, wenn darüber gesprochen wird, geht es eigentlich nur um einzelne Symptome einer grundlegenden Veränderung. Sei es die Vermittlung von Medienkompetenzen in der schulischen Ausbildung, die Filterblasen in sozialen Medien oder Industrie 4.0: Das alles sind nur Teilaspekte eines Gesamtphänomens. Sie stellen kleine Ausschnitte eines tief greifenden Veränderungsprozesses dar. Aber der komplexe Prozess, in den sie sich einordnen lassen und der alle Bereiche unseres gesellschaftlichen Zusammenlebens umfasst, wird bislang nur selten bedacht. Das gilt vor allem für die Politik: Die deutsche Bundesregierung hat seit 2018 eine Staatsministerin für Digitalisierung, wenn auch ohne eigenes Ministerium. Diese redet über Flugtaxis und Computerspiele, aber den großen Herausforderungen der Digitalisierung, von denen überall die Rede ist, widmet sie sich nicht.

Die EU hatte zwar bereits 1985 ein Ressort für Digitales, zuletzt widmete sich dieses aber vorwiegend der Verwertung neuer Technologien für die Wirtschaft. Es muss weitergedacht werden. Denn der Wandel beschränkt sich nicht auf die Einführung technischer Neuerungen, sondern wirft auch neue ethische Fragen auf. Die wirklich gefährlichen Entwicklungen werden in der öffentlichen Debatte gern ausgeblendet, sei es aus Bequemlichkeit oder mangelndem Problembewusstsein.

Disruptive Veränderungen durch neue Technologien

Die Weiterentwicklung digitaler Technologien führt zu grundlegenden, bisweilen disruptiven Veränderungen. Ihre Auswirkungen auf unsere Gesellschaft sind enorm. *Blockchains*, also auf vielen Rechner verteilte, manipulationssichere Datenbanken, schaffen neue, virtuelle Parallelstrukturen, die zwar transparent, aber nicht zwangsläufig nach demokratischen Regeln organisiert sind. Genauso sieht es mit der Entwicklung von immer leistungsfähigeren Maschinen und selbstlernenden Algorithmen – auch bekannt als Künstliche Intelligenz oder abgekürzt als KI – aus. Maschinen werden immer mächtiger, greifen immer tiefer in unser Leben ein und können sogar zum Menschen in Konkurrenz treten und ihn manipulieren. *Virtual Reality* (virtuelle Realität) und in der nächsten Stufe *Augmented Reality* (erweiterte Realität) verändern die Wahrnehmung der eigenen Umwelt grundlegend. Und alles, was für viele noch völlig undenkbar scheint, wird in der Wissenschaft zumindest bis zu einem bestimmten Grad als realistisch betrachtet. Science-Fiction-Szenarien können Realität werden.

Das alles kann entweder für das Wohlergehen aller Menschen oder auch für ihre Manipulierung eingesetzt werden. Der digitale Wandel darf nicht länger als isolierte Entwicklung oder isoliertes politisches Handlungsfeld betrachtet werden. Er nagt an den Grundpfeilern unserer Gesellschaft und stellt die Regeln des gesellschaftlichen Zusammenlebens auf die Probe. Der technologische Fortschritt kann letztlich nicht nur die in den vorangegangenen Kapiteln entwickelten Kurskorrekturen vor eine erste Bestandsprobe, sondern auch den Menschen grundsätzlich infrage stellen.

Schutzbedürftigkeit im digitalen Raum

Wir müssen uns Gedanken darüber machen, was es heißt, in einer Welt der weltweiten Vernetzung zu leben, in der wir permanent von Geräten im »*Internet der Dinge*« umgeben sind. Wie können Privatsphäre und Daten wirksam geschützt und die Hoheit über die eigenen Daten zurückgewonnen werden? Dazu gehört auch der Spagat zwischen effizienter Datenverwertung und der Nutzung von *Big Data*, ohne dass einzelne Unternehmen oder Staaten so viel Macht erlangen, dass sie Gesellschaften erpressen oder gar unbemerkt steuern können. Wir brauchen effektiven Schutz vor Überwachung und Cyberattacken. Sicherheit im digitalen Raum muss unbedingt gewährleistet werden. Das gilt sowohl für Staaten und Institutionen wie auch für jede einzelne Person. Vor allem aber muss unsere Gesellschaft dringend Antworten auf die Frage finden, wie mit neuen Technologien umgegangen werden soll. Wenn diese Antworten ausbleiben, können die Tech-Riesen frei aufspielen. Denn bislang sind es vor allem die großen Tech-Unternehmen, allen voran Amazon, Google, Facebook und Apple, die sich ernsthaft mit der zukünftigen Entwicklung der digitalen Technologien auseinandersetzen. Es geht dabei längst nicht mehr nur um wirtschaftliche Macht, sondern auch darum, die Gesellschaft nach den eigenen Vorstellungen zu prägen. Die Entwicklung neuer Technologien wird unbemerkt von der breiten Öffentlichkeit in den Laboren einiger weniger Megakonzerne und Staaten vorangetrieben. Und diese Öffentlichkeit – jede*r Einzelne von uns – schaut weg, während disruptive Veränderungen sich anbahnen. Die meisten erfreuen sich leichtgläubig an der vorgeblichen Kostenfreiheit digitaler Angebote und lassen sich von den rosigen Versprechungen der Tech-Gurus euphorisieren. Und selbst wenn sich ein flaues Gefühl im Magen bemerkbar macht, ist uns allen ein ernsthaftes Nachdenken über die Digitalisierung zu kompliziert, zu beängstigend, zu sehr Randthema.

Cambridge Analytica und andere Skandale

Groß war der Aufschrei, als im März 2018 bekannt wurde, dass *Cambridge Analytica* den US-amerikanischen Präsidentschaftswahlkampf entscheidend beeinflusst hat. Zum ersten Mal wurde einer breiteren Masse bewusst, was es heißt, manipulierbar zu sein. *Cambridge Analytica* hatte sich über eine vermeintlich wissenschaftliche App unrechtmäßig persönliche Daten von vielen Millionen Facebook-Nutzern beschafft, um Wähler*innen mit zielgerichteten Botschaften zu manipulieren.[245] Facebook musste eine Strafe von circa fünf Milliarden Dollar zahlen.[246] Die ganze Welt war entsetzt, dass Donald Trump die Präsidentschaftswahl womöglich durch technisch gestützte, selektive Ansprache seiner Wähler*innen gewonnen haben könnte. Dabei verwendete auch Barack Obama das sogenannte *Micro Targeting* schon im Jahr 2008, und auch in Deutschland erfreut sich diese Form der Wähler*innen-Ansprache wachsender Beliebtheit.

Cambridge Analytica, unzählige Datenleaks, Stromausfälle durch Hackerangriffe, Echo-Kammern in sozialen Netzwerken: Jedes Mal, wenn ein neuer Skandal auffliegt, werden die Auswirkungen heruntergespielt. Und die kurzen Aufschreie verhallen nach Beschwichtigungsversuchen viel zu schnell. Jede*r Einzelne von uns sollte endlich die Warnsignale erkennen, aktiv werden und sich intensiver mit den individuellen und gesellschaftlichen Folgen dieser Manipulationsmöglichkeiten auseinandersetzen. Mit ihren Algorithmen haben Facebook, Google und Co. die Macht an sich gerissen, demokratische Strukturen nach ihren Vorstellungen beeinflussen oder gleich ganz deren Gesetze aushebeln zu können.[247] Wenn sie eine bestimmte politische Seite bevorzugen, könnten sie nur noch Nachrichten anzeigen, die diese Seite in einem positiven Licht darstellen. Das funktioniert bei Wahlen, aber auch bei sonstigen gesellschaftlich relevanten Themen. Ihre Macht entbehrt jeglicher demokratischen und ethischen Legitimation. Damit wird gesellschaftliche Kontrolle untergraben, die doch für das Funktionieren einer demokratischen Gesellschaft unabdingbar ist.

Was geschieht mit unseren Daten?

Wir sind schon jetzt ständiger Manipulation ausgesetzt. Allgegenwärtig ist sie zum Beispiel im Werbegeschäft. Personalisierte Werbung wird gezielt so ausgespielt, dass die Konsument*innen zu bestimmten Kaufhandlungen bewegt werden. Im harmlosesten Fall kaufen wir lediglich unnütze Dinge. Aber schlimmstenfalls können ausgefeiltere Algorithmen in Zukunft dazu dienen, jegliche Handlungen vorherzusagen und zu beeinflussen.

Fast alle werfen mit ihren Daten um sich – und haben keine Vorstellung von ihrem Wert. Neben den bekannten Mega-Konzernen gibt es eine Vielzahl weiterer Unternehmen, die darauf spezialisiert sind, systematisch möglichst viele Daten zu sammeln, in großem Stil zu verkaufen oder daraus psychografische Persönlichkeitsdiagramme zu erstellen. Facebook reichen bereits siebzig Likes, um Entscheidungen besser vorhersagen zu können als Freunde, bei 150 Likes wird die eigene Familie überholt und mit mehr als 300 Likes kann Facebook das Verhalten besser vorhersagen als der*die eigene Partner*in.[248]

Die meisten Menschen haben keine Vorstellung davon, was mit ihren Daten geschieht und bei wem sie letztendlich landen könnten. Schließlich glauben alle, in der digitalen Welt anonym unterwegs zu sein. In Wirklichkeit braucht ein Computerprogramm keine Namen, um Personen eindeutig zu identifizieren. Fehlt der Name in einem Datensatz, so ist der Datensatz nicht anonymisiert, sondern lediglich pseudonymisiert. So konnten Forscher*innen schon vor ein paar Jahren in einem handelsüblichen Datensatz einzelne Personen identifizieren und intimste Details auslesen, darunter die Pornovorlieben eines Richters oder den Medikamentenkonsum eines Abgeordneten. Den Autor*innen einer aktuellen Studie in der wissenschaftlichen Fachzeitschrift »Nature« reichten nur 15 (!) demographische Merkmale aus, um 99,98 Prozent der US-Amerikaner in jedem beliebigen Datensatz zu identifizieren.[249]

Mit dem sogenannten *Internet der Dinge* dringt die Möglichkeit der Überwachung noch viel weiter bis in den letzten Winkel unserer Privatsphäre vor. Digitale Assistenten wie Alexa oder Siri, *Smart Homes*, Kühlschränke, Waschmaschinen: Unzählige

Geräte werden vernetzt und mit Sensoren ausgestattet. Manche dieser vernetzten Systeme können durchgehend mithören. Niemand würde wollen, dass Fremde in unserem Schlafzimmer stehen und ihn*sie dauerhaft belauschen. Wieso erlauben viele Menschen dann heute Maschinen, permanent anwesend zu sein und ihre intimsten Details mitzuhören?

Wir können uns der Digitalisierung nicht einfach entziehen

Die Digitalisierung lässt nicht die Wahl, ob man bei diesen Entwicklungen mitgehen will oder nicht. Längst sind fast alle auf die Nutzung digitaler Dienste angewiesen. In der Arbeitswelt soll man für die Firma über Smartphones erreichbar sein, Cloud-Systeme sind Standard und immer mehr Tätigkeiten sind direkt mit dem Internet verknüpft. Wer nicht in den sozialen Medien unterwegs ist, ist von wesentlichen Aspekten sozialer Teilhabe im Internet ausgeschlossen. Dabei machen sich die Mega-Konzerne den sogenannten Netzwerkeffekt zu Nutze: Je mehr Nutzer*innen ein soziales Netzwerk hat, desto attraktiver wird es für weitere Nutzer*innen, es ebenfalls zu verwenden, um sich mit der größtmöglichen Anzahl an Personen vernetzen zu können. Das führt unweigerlich zu einer natürlichen Monopolbildung – und macht uns abhängig von bestimmten Diensten und einigen wenigen Tech-Konzernen.

Selbst wenn man sich entscheiden würde, die Nachteile in Kauf zu nehmen, und im privaten Bereich komplett auf digitale Technologien verzichten würde, befände man sich immer noch auf dem Radar der digitalen Welt. Jede*r von uns ist umgeben von anderen Menschen, deren Smartphones alles aufzeichnen und auch auswerten könnten. Zukünftig werden immer mehr Kameras und Sensoren für verschiedenste Anwendungen im öffentlichen Raum präsent sein. Schon heute ist es in Städten wie London oder Singapur kaum mehr möglich, sich unbemerkt durch die Stadt zu bewegen. Allein in London wird jede*r Bürger*in mehr als 300-mal am Tag von einer Kamera erfasst.[250] Inzwischen gibt es kaum noch einen Winkel der Londoner Innenstadt, der nicht von Videokameras überwacht wird.

Vor der allgegenwärtigen Überwachung gibt es kein Entkommen. Wohin das alles führen kann, lässt sich gegenwärtig in China beobachten. Die chinesische Staatsführung baut ihren gewaltigen Überwachungsapparat immer weiter aus. Mit der Einführung des sogenannten *Social-Scoring-Systems,* das das Verhalten der Bürger*innen erfasst und bewertet, treibt sie diese Entwicklung auf eine furchterregende Spitze. Auf einem Punktekonto werden alle privaten Aktivitäten der Bürger*innen bewertet. Nur wer sich nach einem von der Regierungspartei vorgegebenen Ideal verhält, sammelt Punkte. Wer sich gesund ernährt, erhält Pluspunkte, wer dagegen bei Rot über die Ampel geht, dessen Punktestand sinkt. Wer regelmäßig Sport treibt, erhält Punkte. Wer dagegen zu lange Computerspiele spielt oder sich regierungskritisch äußert, verliert sie.[251] Je nach Punktestand erhält man vergünstigte Kredite und einen Studienplatz oder wird von Bahn- und Flugreisen ausgeschlossen oder verliert sogar seinen Job. Es kann sogar schon reichen, Freund*innen mit einem hohen oder niedrigen Kontostand zu haben, um von Vorteilen zu profitieren oder von Nachteilen getroffen zu werden. Auch das Risiko, gehackt zu werden, begleitet alle

Menschen überall in der digitalen Welt. Cyber-Angriffe können jederzeit passieren und jede*n treffen – Einzelpersonen, Unternehmen, öffentliche Einrichtungen und gesellschaftliche Institutionen. Wenn der Bundestag gehackt wird und sensible Daten abgesaugt werden – nicht nur ein Mal geschehen –, untergräbt das die staatliche Souveränität.[252] Wenn Stromnetze gehackt werden, kann die Energieversorgung zum Erliegen gebracht werden – und es sähe innerhalb weniger Tage wortwörtlich ziemlich düster aus.[253] Und wenn flächendeckend Krankenhäuser gehackt und ihre Systeme lahmgelegt werden wie 2017 in Großbritannien, ist das sogar eine lebensgefährliche Bedrohung für viele Menschen.[254]

Die digitale Spaltung der Gesellschaft

Unsere Gesellschaft ist gespalten. Auf der einen Seite stehen diejenigen, die mit der Bedienung digitaler Technologien vertraut sind und damit umgehen können. Diejenigen, die nicht nur die digitalen Technologien beherrschen, sondern auch die Folgen klar abschätzen können, sind in der Lage, die digitalen Technologien passgenau für ihre Zwecke und Pläne einzusetzen. Viele Menschen, insbesondere Ältere, haben aber schon Probleme mit der Bedienung einfachster Funktionen. Eine große Gruppe von Menschen wird dadurch von vornherein systematisch ausgeschlossen, wenn viele alltägliche Prozesse digitalisiert werden. Auf ihrer Seite steht noch eine zweite große Gruppe derjenigen, die zwar mit der Anwendung digitaler Technologien vertraut sind und diese einzusetzen wissen, aber die Folgen ihres digitalen Handelns nicht abzuschätzen vermögen.

218

Sie können zwar alle Funktionen des Systems bedienen, aber über die wirklichen Konsequenzen von Daten- und damit Machtmissbrauch oder Cyber-Angriffen sind sie im Unklaren. Menschen, die ahnungslos in der digitalen Welt unterwegs sind, lassen sich von gezielt platzierter Werbung verführen. Und wer sich viel in sozialen Netzwerken bewegt und dort verbreitete Meldungen unhinterfragt akzeptiert, ist einfacher manipulierbar. Die Unwissenheit und Unfähigkeit vieler User könnte von einer Gruppe technologieaffiner Krimineller, Großkonzerne, aber auch anderen Menschen schamlos ausgenutzt werden. Teilweise passiert das schon. Unsere Gesellschaft ist schon längst gespalten, und diese Spaltung sorgt nicht nur im virtuellen Raum für Ungleichheiten, sondern auch in der analogen Welt: Hochqualifizierte Software-Entwickler*innen programmieren Maschinen, die menschliche Arbeitskräfte ersetzen. Die betroffenen Arbeiter*innen sehen sich einem harten Konkurrenzdruck ausgesetzt. Ihre Tätigkeit wird austauschbar, wodurch ein hoher Druck auf das Lohnniveau entsteht.

Jetzt entscheidet sich, wohin die Reise geht
Die fortschreitenden Entwicklung der Technik schafft immer intelligentere Maschinen. Selbstlernende Algorithmen sind keine fernen Zukunftsszenarien mehr, sondern beherrschen unseren Alltag. Die Leistungsfähigkeit und die Rechenkapazität moderner Computer steigen in rasender Geschwindigkeit weiter an. Schon heute sind Algorithmen dem Menschen in vielerlei Hinsicht überlegen. Sie können schneller und genauer anspruchsvollste Rechenoperationen durchführen. Selbstlernende

Algorithmen sind in der Lage, innerhalb weniger Stunden das Schachspielen zu erlernen und danach jede*n Schachgroßmeister*in zu schlagen.[255] Maschinen übertreffen auf spezifischen Aufgabengebieten, auf die sie programmiert werden, jeden Menschen. Leistungsstarke Computer haben schon heute viele Assistenzfunktionen in Autos, Zügen oder Flugzeugen übernommen. Fahrerassistenzsysteme besorgen auf der Autobahn die automatische Abstandsregelung. Autonomes Fahren ist möglich und wird erprobt. Flugzeuge fliegen schon seit Längerem viele Abschnitte mit Autopilot, und fahrerlose Züge sind bei vielen U-Bahnen und im Güterverkehr im Einsatz.

Die Entwicklung geht weiter in Richtung Maschinen mit allgemeiner Intelligenz. Diese werden imstande sein, Menschen bei nahezu jeder kognitiven Aufgabe zu schlagen. Sie werden fähig sein, Pläne zu entwerfen, aus Fehlern zu lernen, Entscheidungen zu treffen und ihre Fähigkeiten koordiniert in jedem beliebigen Gebiet einzusetzen. Forscher*innen arbeiten daran, die Entwicklung von »Super-Intelligenz« immer schneller voranzutreiben. Wenn sie Erfolg haben, wird es Algorithmen geben, die sich selbstständig so rasant weiterentwickeln, dass Menschen keine Kontrolle mehr über sie erlangen können. Menschen wären dann nur noch ein entbehrlicher Störfaktor in einem System einer weltweit vernetzten Superintelligenz. Im März 2016 ließ Microsoft einen selbstlernenden *Chatbot* namens Tay in die virtuelle Welt los. Ohne Vorgaben sollte er allein anhand der Reaktionen seiner Gegenüber lernen, wie 18- bis 25-Jährige heute miteinander kommunizieren. Innerhalb kürzester Zeit stellte er die nationalsozialistische Rhetorik in den Schatten und befürwortete sogar Völkermord. Die meisten Tweets von Tay mussten gelöscht werden.[256] Dieses Beispiel zeigt: Selbstlernende Algorithmen können eine unberechenbare Blackbox sein.

Die Entwicklung intelligenter Maschinen kann sowohl positiv als auch negativ wirken: Schon heute erlangen Menschen durch intelligente Prothesen verlorene Fähigkeiten wieder, und Herzschrittmacher ermöglichen vielen eine deutlich längere Lebensdauer. In Verbindung mit einer immer besseren Biotechnologie wird man irgendwann Organe reproduzieren können.

Die technologische Entwicklung ist längst so weit, dass Mikrochips in unsere Körper eingepflanzt werden können, die unseren körperlichen Zustand erfassen und beeinflussen können. Die gezielte Heilung von Krankheiten oder die schadenbringende Fremdsteuerung des Körpers – beides ist möglich. Und die Forschung geht bei Gehirn- und Gedankenströmen weiter. Die Grenzen zwischen Mensch und Maschinen werden zunehmend verwischen. Die Folgen davon sind unkalkulierbar. Sie bergen großes Potenzial, aber eben auch eine ganze Reihe von Sicherheitsrisiken.

Eine Möglichkeit, um Datenmanipulationen vorzubeugen und Sicherheit zu schaffen, wären Blockchains: Das sind selbstorganisierte, auf viele Rechner verteilte, dezentral aufgebaute, digitale Datenbanken, die die einzelnen Datensätze und Transaktionen mittels Prüfverfahren – sogenanntem *Hashing* – so miteinander verknüpfen, dass eine nachträgliche Manipulation ausgeschlossen ist. Damit sind sie externen Einflüssen entzogen. Dieses System ermöglicht aber nicht nur Sicherheit und Transparenz, sondern auch absolute Unabhängigkeit von jeglicher demokratischer Kontrolle. Virtuell in einer *Blockchain* aufgebaute Firmen sind staatlicher und demokratischer Kontrolle entzogen.

221

Nicht umsonst herrschte Aufruhr, als Facebook seine eigene digitale Währung ankündigte.[257] Wenn ein Großteil der Geldströme in der Hand weniger privater Großkonzerne liegt, können diese in Zukunft sämtliche gesellschaftliche Kontrolle umgehen. Die Bewertung dieser Entwicklungen ist abhängig von persönlichen und ethischen Standpunkten. Aber unabhängig davon ist eines klar: Diese technologischen Entwicklungen werden unser gesellschaftliches Zusammenleben auf den Kopf stellen. Das wird vor allem diejenigen betreffen, die den Großteil ihres Lebens noch vor sich haben – uns, die jungen Menschen. Es wäre unverantwortlich, uns ins offene Messer einer ungeregelten Digitalisierung laufen zu lassen.

Hinzu kommt, dass wir uns eine ungebremste Digitalisierung überhaupt nicht leisten können. Digitale Technologien sind mittlerweile für über vier Prozent der Treibhausgasemissionen verantwortlich.[258] Ein Land mit dieser Menge an Emissionen wäre dasjenige mit dem fünftgrößten Treibhausgasausstoß weltweit. Allein der Konsum von Onlinevideos verursacht jährlich Emissionen von 300 Millionen Tonnen CO_2[259] und damit so viel wie Spanien. Digitale Technologien wirken damit schon heute als Brandbeschleuniger der Klima- und ökologischen Krise. Angesichts des enormen Stromverbrauchs werden der rasante Fortschritt bei digitalen Technologien, die ständig steigende Vernetzung, die permanente Aufrüstung von Alltagsgegenständen mit Prozessoren und die immer komplexeren Aufgaben zu einem echten Problem.

Alles, was technisch möglich ist, wird ohne eingrenzende Regulierungen umgesetzt werden. Ohne die Definition von Rahmenbedingungen und Regeln geht es rasend schnell in Richtung einer ständigen Überwachung und eines völligen gesellschaftlichen Kontrollverlustes. Noch besteht jedoch die Möglichkeit, zu handeln und so die gesellschaftliche Kontrolle zu erhalten. Wir können als Gesellschaft das Zepter in die Hand nehmen und den Weg zeichnen, auf den wir Menschen uns mit den Veränderungen hin zur digitalen Welt begeben. Eine digitale Welt funktioniert auch ohne umfassende Überwachung. Daten können gewinnbringend eingesetzt werden. Big Data ermöglicht es, in großen Datenmassen, die zu groß und zu komplex sind, als dass Menschen sie auswerten könnten, Muster zu erkennen. Dadurch können zum Beispiel Krankheiten besser erkannt und so die Heilungschancen wesentlich verbessert werden. Intelligentere Maschinen können den Menschen bei der Bewältigung genau definierter und limitierter Aufgaben ersetzen. Mit der umfassenden Analyse wirtschaftlicher Entwicklungen können Risiken und Krisen frühzeitig erkannt und verhindert werden. Gezielt und richtig eingesetzt, können neue Technologien die Entwicklung hin zu einer Gesellschaft beschleunigen, die von vielen Arbeitszwängen befreit ist. Intelligente Systeme können landwirtschaftliche Erträge verbessern und die Versorgung der Gesellschaft so regeln, dass Lebensmittelverschwendung und Überproduktion ein Ende haben. Produktion wird dann in Abhängigkeit zur Nachfrage gesteuert werden. Sie können dafür sorgen, dass überall auf der Welt der Bedarf an Lebensmitteln und Konsumgütern gedeckt wird. Bisher komplizierte bürokratische Prozesse können drastisch vereinfacht und komfortabler gemacht werden. Anstatt umständlich Formulare mit der Hand auszufüllen und per Post zu verschicken, kann alles online in einem Vorgang erledigt werden.

Aber um diese Entwicklungen zu nutzen und positive und konstruktive Zukunftsszenarien zeichnen zu können, müssen Politik und Gesellschaft die Gestaltungsmacht wieder wahrnehmen, indem sie die bedrohlichen Szenarien ernst nehmen und Rahmenbedingungen und Grenzen setzen. Das betrifft jede*n Einzelne*n von uns. Wir stehen deshalb in einer gemeinsamen Verantwortung, diese Entwicklungen demokratisch als Gesellschaft mitzugestalten.

2. Der Plan zur Gestaltung der digitalen Zukunft

1. Datensouveränität schaffen

Daten spielen eine entscheidende Rolle in unserem von Shoshana Zuboff, einer US-amerikanischen Wirtschaftswissenschaftlerin, schon heute als Überwachungskapitalismus bezeichneten wirtschaftlichen System. Umfassende Datensammlungen ermöglichen die Überwachung und Manipulation jeder*jedes Einzelnen. Wir brauchen eine strenge Durchsetzung des Rechts auf Privatsphäre auch im Internet. Konsequenter und uneingeschränkter Datenschutz muss das grundlegende Prinzip bei der Gestaltung digitaler Systeme sein. Nach dem Prinzip der »Privacy by Design« muss jegliche Software von vornherein so programmiert werden, dass sie wenig oder nur in sehr geringem Umfang Daten sammelt. Das gilt für Computerprogramme genauso wie für Websites und für jedes Unternehmen und alle Akteur*innen, die Dienste in Europa anbieten, egal wo sie ihre Sitze haben. Jeder Mensch muss wieder die Hoheit über seine eigenen Daten erhalten. Das Recht auf informationelle Selbstbestimmung muss konsequent durchgesetzt werden.

Dazu müssen Produkte von Grund auf so konzipiert sein, dass sie möglichst wenig Daten sammeln, sprich: Nur die wirklich für die Nutzung essenziellen Daten dürfen erhoben werden. Wir brauchen ein generelles Verbot, personenbezogene Daten zu erheben. Dort, wo persönliche Daten nicht explizit zur Vertragsabwicklung benötigt werden, dürfen sie nicht personenbezogen erhoben werden, um eine Zuordnung von Datensätzen zumindest stark zu erschweren. Tracking quer über mehrere Internetseiten muss verboten werden. Deshalb sind Cookies von Drittseiten, genauso wie Tracking-Codes in Apps oder Perma-Cookies über Handynummern zu verbieten. Dasselbe gilt für Ein-Klick-Nutzungsbedingungen.

Für jede Art der Datenerhebung, insbesondere Metadaten und Daten, die an Dritte weitergegeben werden, muss aktiv eine Einwilligung zur Erhebung eingeholt werden. Bestehende Nutzungsbedingungen, die diesen Grundsätzen widersprechen, sind für rechtswidrig zu erklären. Außerdem muss eine vollständige Auskunft über die eigenen Daten genauso wie eine vollständige und endgültige Löschung dieser Daten innerhalb von drei Werktagen möglich sein.

2. Überwachung verhindern

Wir müssen Überwachung konsequent verhindern und die Privatsphäre schützen. Weder große Tech-Firmen noch staatliche Institutionen dürfen Menschen ausspähen. Neben der eingeschränkten Datenerhebung ist deshalb insbesondere eine restriktive Praxis zur Zusammenführung und Auswertung von personenbezogenen Daten notwendig. Es muss strenge Maßgaben zur Sicherung der Privatsphäre geben. Emotionen und Persönlichkeitsmuster dürfen ohne eindeutige schriftliche Zustimmung genauso wenig wie Sprachaufnahmen maschinell ausgewertet und gespeichert werden. Dasselbe gilt für biometrische Daten, insbesondere zur Gesichtserkennung. Die Erstellung von Schattenprofilen, also internen Benutzer*innenprofilen von Menschen, die eigentlich gar keine Nutzer*innen des entsprechenden Netzwerks sind, muss verboten werden.

3. Effektive Durchsetzung von Datenschutz

Um starke Datenschutzstandards aber auch durchzusetzen, braucht es starke Datenschutzbehörden. Bisher agieren staatliche Institutionen gegenüber den großen Tech-Konzernen wie zahnlose Tiger. Zwar hat die EU mit der Datenschutzgrundverordnung eine einzigartige Rechtsgrundlage zum Datenschutz geschaffen. Allerdings erweist sie sich bei dem Versuch, diese Verordnung auch zur Anwendung zu bringen, gegenüber den großen Tech-Konzernen als zu nachgiebig. Die Strafen, die sie bislang verhängt hat – etwa die 50 Millionen Euro Strafgeld, die Frankreich im Januar 2019 Google wegen Verstoß gegen die EU-Datenschutzgrundverordnung auferlegte[260] – , sind für riesige Konzerne nicht wirklich abschreckend. Die Datenschutzbehörden müssen sowohl personell aufgestockt werden als auch starke Befugnisse zur effektiven Durchsetzung des Datenschutzes insbesondere gegenüber multinationalen Tech-Konzernen erhalten.

4. Marktmacht eindämmen und Monopole aufbrechen

Ein Oligopol aus Tech-Konzernen dominiert den digitalen Markt. Diese Konzerne besitzen eine ungeheure Macht, die weit über ihre Marktmacht hinausgeht und in die Gesellschaft und die Politik hineinreicht. Digitalunternehmen sind auf weltweite Dominanz (wirtschaftlich und gesellschaftlich) gebaut. Je größer eine digitale Plattform ist, desto mehr Daten stehen ihr zur Verfügung und desto präziser kann sie ihre Angebote auf die Kunden zuschneiden. Angesichts mangelnder Schnittstellen wird ein Wechsel der Plattform überdies sehr erschwert, da Daten nicht einfach übertragen werden können und nach einem Wechsel die Nutzer*innenzahl auf einer neuen Plattform deutlich geringer ist. Der Netzwerkeffekt schafft praktisch automatisch Oligopole und Tendenzen zu Monopolen. Wir wollen Plattform-Anbieter deshalb dazu verpflichten, Schnittstellen in ihre Plattformen einzubauen, um diesem Effekt entgegenzuwirken. Plattformen aggregieren ihre Machtposition aus riesigen Datensätzen. Zur Beschränkung dieser Macht müssen nichtpersonenbezogene Daten der Allgemeinheit zur Verfügung gestellt werden, um Transparenz und fairen Wettbewerb zu ermöglichen. Auch die Staaten müssen sich dem Prinzip von »Open Data« verpflichtet fühlen. Im Sinne der Gleichberechtigung muss zudem Netzneutralität gewährleistet werden. Alle Dienste und Webseiten sollten gleich behandelt werden. Angebote, bei denen beispielsweise die Nutzung bestimmter Dienste nicht auf das Datenvolumen angerechnet wird, bevorzugen einzelne Unternehmen und benachteiligen so massiv die Konkurrenz.

5. Manipulationen durch Transparenz verhindern

Algorithmen beeinflussen in immer weitreichenderem Umfang unsere Entscheidungen. Sie sind zwar effizient, wenn es darum geht, bestimmte Muster zu erkennen und riesige Datenmengen auszuwerten, aber sie arbeiten nach von ihren Entwickler*innen vorgegebenen Prinzipien. Dadurch reproduzieren sie diskriminierende Faktoren, die (häufig unbewusst) in das Konzept eingebaut wurden. Die Gesellschaft hat ein Recht darauf zu erfahren, wie eine Entscheidung zustande kam. Sie muss nachvollziehbar, überprüfbar und korrigierbar sein. Viele dieser Algorithmen werden durch private Unternehmen und Akteur*innen entwickelt und von diesen eingesetzt. Deshalb müssen Unternehmen gezwungen werden, alle Algorithmen, die personenbezogene Daten verarbeiten, nach dem »Open Source«-Prinzip offenzulegen. Staatliche Institutionen müssen selbstverständlich alle benutzten Algorithmen veröffentlichen.

6. Die Macht nicht an Algorithmen abtreten

Die Entscheidungen selbstlernender Algorithmen sind nicht mehr zwangsläufig nachvollziehbar und deshalb auch nicht mehr unbedingt kontrollierbar. Algorithmen, deren Funktionsweise und Prinzipien nicht vollständig von Menschen festgelegt wurden, müssen deshalb in ihrer Verwendung streng reglementiert werden. Dort, wo Künstliche Intelligenz zum Wohle der Menschheit eingesetzt wird, muss sie so gestaltet sein, dass ethische Grundprinzipien eingehalten werden.

Plattformen der sogenannten Künstlichen Intelligenz erarbeiten sich ihren Algorithmus selber. Es muss deshalb unbedingt offengelegt werden, wie diese Plattformen aufgebaut, wie sie trainiert und mit welchen Daten sie gefüttert werden. Ansätze der sogenannten Explainable KI, also KI-Prinzipien, die ihre Entscheidungswege »erklären« können, sind unbedingt weiterzuverfolgen. Wenn sogar unzählige Wissenschaftler*innen und Visionäre wie der 2018 verstorbene Stephen Hawking vor der Macht Künstlicher Intelligenz warnen, dann sollte klar sein, dass es notwendig ist, ethische Handlungsprinzipien festzulegen. Dies gilt nicht nur für den Einsatz von Künstlicher Intelligenz, sondern auch für alle weiteren Technologien, die in unseren Körper eingreifen und damit das ethische Selbstverständnis des Menschen berühren. Entscheidungen über den Einsatz von Technologien, die so radikal unsere Gesellschaft verändern können, dürfen nicht in die Hand einiger weniger gegeben werden. Wir müssen als Gesellschaft entscheiden, wie weit wir diese Technologien einsetzen wollen. Forschung muss von der Gesellschaft kontrollierbar sein.

7. Staatliche Handlungsfähigkeit wiederherstellen

Das Internet ist international aufgebaut. Daher greifen nationalstaatliche Lösungen zwangsläufig zu kurz. Bislang ist die Handlungsfähigkeit demokratisch legitimierter Organe gegenüber digitalen Akteur*innen und international agierenden Mega-Konzernen sehr begrenzt. Staaten müssen daher viel enger zusammenarbeiten, wenn es darum geht, rechtsstaatliche Prinzipien im Internet und gegenüber weltweiten Staaten durchzusetzen. Behörden müssen die Möglichkeit haben, die Einhaltung des Rechts auch in der digitalen Welt durchzusetzen. Wenn interne Abstimmungsverfahren in Behörden oder der Regierung mehrere Monate oder Jahre brauchen, haben die Digitalkonzerne ihre Taktik schon längst mehrfach geändert. Wir brauchen also schnellere und transparentere Verwaltungsabläufe, um angemessen auf die digitale Entwicklung reagieren zu können. Die Regierungen müssen sich den Handlungsbedarf in der digitalen Welt eingestehen und ihren Blick weiten, damit sie nicht immer nur reagieren, sondern auch selbst agieren können. Absehbare Entwicklungen müssen antizipiert werden, damit Regeln aufgestellt oder zumindest vorbereitet werden können.

8. *Security by Design* muss überall gelten

Mit dem immer massiveren Einsatz digitaler Technologien werden die Angriffsflächen digitaler Systeme und damit auch diejenigen unserer hochtechnologisierten Gesellschaft größer. Mit jeder neuen Anwendung vervielfachen sich die Schwachstellen, wir werden verletzlicher. Im »Internet der Dinge«, in dem jedes Gerät mit dem Internet verbunden ist, wird jedes Gerät zu einer potenziellen Schwachstelle. Wir werden in bedeutendem Umfang angreifbar. Es muss *Security by Design* gelten, das heißt, jedes digitale Gerät und jede digitale Anwendung muss von vornherein unter dem Gesichtspunkt größtmöglicher Sicherheit konzipiert und konstruiert werden. Das gilt sowohl für den Schutz der Datensouveränität als auch für den Schutz vor kriminellen Angreifern.

Wir wollen uns nicht nur gegen kriminelle Machenschaften, sondern auch gegen einen zu neugierigen Staat schützen. Weder dem Staat noch einzelnen Unternehmen sollte eine lückenlose Überwachung der Menschen, die im Netz unterwegs sind, möglich sein. Freiheit darf nicht vermeintlicher Sicherheit geopfert werden. Massenüberwachung durch Vorratsdatenspeicherung oder unzählige Kameras ist inakzeptabel. Staatstrojaner ge-

231

nauso – sie sind Sicherheitsrisiken; schließlich basieren sie gerade auf Sicherheitslücken. Anstatt diese durch Geheimdienste auszunutzen, sollten solche Lücken sofort an die Hersteller gemeldet werden, damit diese umgehend geschlossen werden. Denn was Geheimdienste nutzen, darauf können kriminelle Banden auch zugreifen.

9. Gesellschaftliche Debatte und Verständnisbildung

Um die Spaltung unserer Gesellschaft bei der Digitalisierung zu verringern, braucht es in der gesamten Gesellschaft ein viel präziseres Verständnis der Prinzipien digitaler Technologien und ihres Einflusses auf die Gesellschaft. Jede*r Einzelne muss seinen*ihren eigenen persönlichen Umgang im Netz hinterfragen. Wir müssen aufhören, uns weiter bedenkenlos und unhinterfragt im Netz zu präsentieren. Datenschutz bringt nichts, wenn wir uns nicht selber um die Sicherheit unserer Daten kümmern.

Die digitale Entwicklung schafft viele neue Möglichkeiten, die es erfordern, immer wieder aufs Neue eine Überprüfung der Veränderungen entlang ethischer Leitlinien vorzunehmen. Die Entscheidungsmacht über den Einsatz von Technologien, die unsere Gesellschaft so radikal verändern, darf nicht an Unternehmen abgegeben werden.

NACHWORT: SCHLIESST EUCH UNS AN

That's it. Das ist unser Plan, den wir vorschlagen, um unsere Zukunft zu retten. Wir ahnen, dass wir mit einigen Schlussfolgerungen und Forderungen viele vor den Kopf stoßen. Dieser Gedanke hat uns beim Schreibprozess ständig begleitet. Und natürlich hatten wir Angst, viele auf dem Weg durch das Buch zu verlieren. Aber aus unserer Sicht sind alle von uns geschilderten Probleme hochdramatisch; und wir haben keine Zeit mehr, von vornherein mit Kompromissen in die Debatte einzusteigen. Was wir fordern, sind erste Schritte in die richtige Richtung. Wir sind der festen Überzeugung, dass sich unsere Zukunft in den nächsten zehn Jahren entscheidet. Also müssen wir die Probleme besser heute als morgen in Angriff nehmen. Wir weigern uns, die Hoffnung auf die Denkbarkeit einer Utopie schon vorab aufzugeben. Von nun an muss ein grundlegendes Prinzip gelten – bei jeder Entscheidung, jeder Idee, jeder Handlung: das Verursacher*innenprinzip. Die Folgen allen Handelns dürfen nicht länger externalisiert werden. Die Verantwortlichen müssen endlich in die Pflicht genommen werden. Wer gegen die Interessen des Gemeinwohls handelt, muss dafür geradestehen und die Konsequenzen tragen. Wer unsere Zukunft aufs Spiel setzt, muss zur Rechenschaft gezogen werden. Wenn dieses Prinzip konsequent angewandt wird, entsteht wirkliche Generationengerechtigkeit.

Liebe Politiker*innen:
Beziebt uns junge Menschen in eure Diskussionen mit ein.
Nehmt uns ernst. Wir haben euch viel zu sagen und noch mehr
zu tun.

Liebe Entscheider*innen auf allen anderen Ebenen:
Gestaltet jetzt schon die Veränderung, die wir für morgen fordern – wenn nötig, auch gegen den Strom.

Liebe Eltern, liebe Großeltern:
Lasst euren Worten von der Liebe zu euren Kindern und Enkel*innen Taten folgen, indem ihr euch mit ihnen für ihre Zukunft starkmacht.

Liebe Kritiker*innen:
Wir haben einen gangbaren Weg aufgezeigt. Wenn ihr mit unserem Plan nicht einverstanden seid, legt uns einen alternativen
vor und lasst uns darüber reden. Aber ohne Plan geht es nicht
mehr weiter.

Liebe Mitstreiter*innen:
Wir sehen euch im Fernsehen, in den Zeitungen, auf den Home-
pages verschiedener NGOs, im unermüdlichen Einsatz für eine
bessere Welt. Wenn es euch nicht gäbe, hätten wir uns nicht
getraut, diesen Plan zu veröffentlichen. Wir zählen auf eure
Rückendeckung. Lasst uns noch öfter und noch vehementer
gemeinsame Sache machen. In diesem Buch haben wir viele Seiten auf die großen Probleme verwendet – und weniger auf die
kleinen und großen Hoffnungsschimmer überall in unserer Ge-

sellschaft. Aber es gibt sie, und sie werden von Tag zu Tag mehr. Ihr alle seid Hoffnungsschimmer. Wir wissen: Wir sind viele. Lasst uns dafür sorgen, dass alle anderen das auch bald wissen.

Liebe Menschen der bisherigen Generation „not gonna happen": Am Anfang dieses Buchs haben wir euch geradewegs angeklagt. Wir freuen uns sehr, wenn ihr trotzdem bis zur letzten Seite dabeigeblieben seid. Denn was euch genauso klar geworden sein dürfte, ist: Wir brauchen euch. Dringend. Wir haben euch in Haftung genommen – und werden auch nicht damit aufhören. Wir wollen hiermit Debatten anstoßen. Wir sind uns sicher, dass einige unserer Aussagen Empörung hervorrufen. Aber wenn euch etwas an unserer Zukunft, der Zukunft eurer Kinder und Enkel*innen liegt, bitten wir euch, darüber hinauszudenken. Denn indem wir euch adressieren, wenden wir uns nicht von euch ab, sondern fordern euch auf: Redet mit uns. Werdet aktiv. Schließt euch mit uns zusammen.

Wir sagen: Die Gesellschaft muss aktiv werden. Die Politik muss handeln. Entscheidungsträger*innen müssen Dinge verändern. Damit meinen wir: Ihr alle – wir alle – müssen uns einbringen. Wir alle sind die Gesellschaft. Wir alle wählen Repräsentant*innen, und wir alle lenken politisches Handeln. Wir alle können Visionen entwickeln, uns austauschen und alles in unserer Macht Stehende tun, um Veränderung herbeizuführen. Wir alle können Mehrheiten bilden und schaffen.

Falls ihr viel zu lang still wart, hoffen wir, dass ihr jetzt wieder laut werdet. Wenn ihr zu den wenigen gehört, die nie aufgehört haben mit ihrem Einsatz für eine bessere Welt, möchten wir euch neuen Elan mitgeben. Falls ihr in unserem Alter seid und bislang nicht sicher wart, ob ihr wirklich einen Unterschied machen könnt, wollen wir uns an eure Seite stellen und euch ermutigen. Auch wir hätten nicht gedacht, dass dieses Buch jemals zustande kommt. In dem Prozess bis zu diesem Nachwort haben wir einmal mehr realisiert: Man muss nur einmal anfangen. Und es gibt so viele, die dann bereit sind zu unterstützen.

Bekennt euch als Teil der neuen Generation, die jetzt endlich Veränderung anstößt. Seid ein weiterer Schritt auf dem Weg zu Mehrheiten für unsere Vision. Geht auf die Straße. Seid laut. Nervt euer Umfeld. Seid mutig und frech. Ändert euer eigenes Verhalten – im Kleinen wie im Großen. Jede*r von uns hat mehr Macht, als wir zu glauben wagen. Jede*r hat eine Stimme, die sich zu erheben lohnt. Jede*r kann Vorreiter*in sein.

Euer Jugendrat der Generationen Stiftung – als Teil der neuen Generation:

Franziska Heinisch und
Sarah Hadj Ammar, Jonathan Gut, Jakob Nehls, Hannah Lübbert, Lucie Hammecke, Niklas Hecht, Daniel Al-Kayal

UNSER PLAN –
EINE ÜBERSICHT ÜBER UNSERE
100 FORDERUNGEN

Der Plan gegen die Klimakrise

1. Deutscher Kohleausstieg bis 2025 und globaler Kohleausstieg bis 2030
2. Einführung einer EU-weiten CO_2-Abgabe
3. Umweltschädliche Subventionen sofort stoppen
4. Energiesteuer auf Kerosin und Mehrwertsteuer auf internationale Flüge einführen
5. Verbot von Inlandsflügen und Kurzstreckenflügen bis 1000 km
6. Drastische CO_2-Grenzwertsenkung und Gewichtsgrenzen für alle Autos
7. Tempolimit 30 km/h in Städten und Tempolimit 120 km/h auf deutschen Autobahnen
8. Investitionen in nachhaltige Mobilität und bis 2040 Verlagerung des Lang- und Mittelstrecken-Güterverkehrs auf die Schiene
9. Energiekredite und Sanierungspläne für einen klimaneutralen Gebäudebestand bis 2040
10. Initiierung eines internationalen Abkommens zur Bewältigung der Klimakrise 2020
11. Aufforstung von mindestens einer Milliarde Hektar Land weltweit

Der Plan zur Vermeidung des ökologischen Kollapses

1. Verbot von Pestiziden, Herbiziden und Insektiziden europaweit sofort und weltweit bis 2025
2. Abschaffung von Monokulturen in der EU sofort und weltweit bis 2025
3. Stärkere Regulierung des Antibiotika-Einsatzes in der Tierhaltung und Einleitung von Maßnahmen zur Abkehr von der Massentierhaltung
4. EU-Agrarförderung auf Nachhaltigkeit und Biodiversität umstellen
5. Netto-Null bei der Flächenversiegelung und nur ökologische Bewirtschaftung der Wälder
6. Strengere Fischfangquoten und Regulierung der marinen Fischzucht
7. Keine Tiefseebohrungen mehr und Meeresschutzgebiete von mindestens 30 Prozent
8. Hundertprozentiges Recycling, Verbot von Einwegplastik und eingeschränkte Nutzung von Kunststoffen
9. Einleitung von Maßnahmen zur ausschließlichen Verwendung von Materialien, die innerhalb einer Generation abbaubar sind

Der Plan für einen Paradigmenwechsel zu einer generationengerechten Wirtschaft

1. Etablierung eines einklagbaren Verursacher*innen-prinzips, mit dem die in Haftung genommen werden, die Gewinne auf Kosten der Allgemeinheit und mit Risiken für diese erzielen
2. 2022 Erstellung eines Zukunftsszenarios für eine generationengerechte Wirtschaft durch die Bundesregierung
3. Gute Ausstattung von Kontrollinstanzen für stärkere Justiziabilität von Unternehmenshandeln
4. Ethische Risikoprüfungen und Gemeinwohl-Evaluierungen für alle Finanzierungsinstrumente
5. Spekulationsgeschäfte stoppen
6. Erstellung einer Gemeinwohlbilanz durch alle Unternehmen (zunächst deutschlandweit)
7. Kreditvergabe nur an generationengerechte Vorhaben
8. Einführung einer Mindesthaltedauer für Aktien und Derivate
9. Abkehr von der vorrangigen Ausrichtung auf den *Shareholder-Value*
10. Schärfung des Kartell- und Steuerrechts zur Verhinderung systemrelevanter Unternehmen
11. Geistiges Eigentum von Tech-Konzernen auf ein Jahr limitieren
12. Einführung einer Gesamtkonzernsteuer in der EU als Grundstein für globale einheitliche Unternehmensbesteuerung
13. Transparenz allen Vermögens zur Verhinderung von Steuerflucht und -vermeidung

14. Herstellung von Steuergerechtigkeit durch eine Vermögenssteuer, eine progressivere Einkommensteuer und die Reformierung der Erbschafts- und Schenkungssteuer
15. Wettbewerbsbegünstigungen für gemeinwohlorientierte Unternehmen
16. Definition von *commons* und Erfüllung der menschlichen Grundbedürfnisse für alle

Der Plan für soziale Gerechtigkeit in einer Gesellschaft, auf die sich bauen lässt

1. Beendigung der Kinderarmut durch eine faire Kindergrundsicherung
2. Einführung einer solidarischen Grundsicherung statt Hartz IV
3. Sozialer Wohnungsbau und dauerhafte Sozialbindungen für bezahlbaren Wohnraum für alle
4. Umstellung zu einer Bürger*innenversicherung
5. Umsetzung einer Ausbildungsfinanzierung ohne Rückforderung und mit realistischen Bedarfsgrenzen
6. Schrittweise Abschaffung aller Gebühren auf dem Bildungsweg
7. Zukunftsfähiges Rentensystem entwerfen
8. Gemeinwohlstipendium für Kunst, Aktivismus, soziale oder ehrenamtliche Arbeit einführen
9. Hin zu europäischer Sozialpolitik: europäischer Mindestlohn und Arbeitnehmer*innenschutz

Der Plan für eine neue Arbeitswelt

1. Beseitigung des Produktivitätszwangs im Care-Sektor und Schaffung guter Arbeitsbedingungen
2. Arbeitszeitverkürzung wieder als gesellschaftliches Ideal etablieren
3. Querfinanzierung von Sozialsystemen durch eine Robotersteuer
4. Übertragung von Sicherungsmechanismen in klassischen Arbeitsverhältnissen in die Gig-Economy
5. Keine Ausbildung mehr zu wegfallenden Berufen durch die Digitalisierung
6. Einführung einer Lohnkopplung in Unternehmen
7. Beteiligung von Mitarbeiter*innen an Gewinnen und Schaffung demokratischer Strukturen

Der Plan für eine Bildung, die vermittelt, was wirklich zählt

1. Definition eines zukunftsfähigen Menschenbildes und Anpassung der Bildungsinhalte
2. Sofortige Bildungsüberfinanzierung und jährliche Bildungsgipfel mit allen Beteiligten
3. Gemeinsame Bildungsstrategie von Bund, Ländern und Kommunen
4. Eine Schule für alle und Auflösung der Differenzierung im Schulsystem
5. Gestaltung von Bildungscampus als Lern- und Lebensorte durch Freizeitangebote und Verankerung im regionalen Umfeld
6. Flexiblere individuelle Bildungswege und Schulzeiten
7. Vollständige Umsetzung von Inklusion im Bildungssystem
8. Verbesserung der Arbeitsbedingungen für Lehrer*innen

Der Plan zur Weiterentwicklung unserer Demokratie

1. Einführung von Lobbyregistern und einem legislativen Fußabdruck für größere Transparenz
2. Begrenzung von Parteispenden und Verbot von bezahlten Nebentätigkeiten für Politiker*innen
3. Verwendung von *Style Guides* sowie mehr Diversität in den Medien sowie Kein medialer Raum für Feind*innen des Pluralismus
4. Einführung des Wahlrechts ab 14 Jahren mit Eintragung ins Wähler*innenverzeichnis ab Geburt
5. Einführung von Jugendhaushalten und demokratischen Strukturen in Schulen und Kommunen
6. Schaffung von Neuen- oder Jugendquoten im politischen System
7. Modernisierung von Parteienstrukturen
8. Generationengerechtigkeit im Grundgesetz verankern
9. Instanzen für Generationengerechtigkeit weitgehende Kompetenzen geben

Der Plan für die Grundsteinlegung zu einer gerechten Welt

1. Verwendung von zwei Prozent des BNE auf Entwicklungszusammenarbeit
2. International verbindliche Regeln für die Kreditaufnahme bei Staaten
3. Schaffung von Insolvenzverfahren und Möglichkeit des Schuldenerlasses für ärmere Länder
4. Nachhaltige Entwicklung auf Entschuldung aufbauen
5. Welthandel ökologisch und fair gestalten durch verbindliche Umwelt- und Sozialstandards, Menschenrechts- und Verbraucher*innenschutz und Arbeitnehmer*innenrechte
6. Neuverhandlung oder Aufkündigung ungerechter Handelsabkommen und Kurswechsel in der Zollpolitik
7. Verbindliche Unternehmenssorgfaltspflichten durch ein Umweltgericht am EuGH justiziabel machen
8. Ende der Externalisierung von Folgen des hiesigen und heutigen Handelns
9. Initiativrechte und weitergehende Rechte für das europäische Parlament
10. Verabschiedung einer europäischen Verfassung bis 2025
11. G7 und G20 ersatzlos abschaffen
12. Einführung einer Weltbürger*inneninitiative
13. Abschaffung der Vetorechte im UN-Sicherheitsrat und mehr Kompetenzen für die UN
14. Schrittweise Reformierung der Vereinten Nationen zu einem Weltparlament

Der Plan zu Abrüstung und einem menschenwürdigen Umgang mit Geflüchteten

1. Beendigung deutscher Waffenexporte und Ende der Bürgschaften dafür sowie schnellstmöglicher Abbau der Rüstungsindustrie
2. Initiierung eines Verbotsvertrags für konventionelle Waffen durch die Bundesregierung
3. Investition von maximal 0,5 Prozent des BIP in die Bundeswehr und Umstellung der Bundeswehr zu einer unbewaffneten Friedenskraft
4. Aufkündigung der Lagerung von Nuklearwaffen in Büchel und Unterzeichnung des Atomwaffenverbotsvertrags
5. Unterstützung von zivilen Seenotretter*innen auf dem Weg zu einem europäischen Seenotrettungs- programm und Ende der Kooperation mit der libyschen Küstenwache
6. Gewährleistung sicherer Fluchtrouten und Abschaffung der Dublin-Verordnung
7. Menschenwürdiger Umgang mit Geflüchteten durch angemessene Leistungen, Zugang zum Arbeitsmarkt und eine Reform des Wahlrechts
8. Implementierung von Zivilklauseln in allen Hochschul- gesetzen
9. Klimapass für Menschen ausstellen, die aufgrund der Klimakrise fliehen müssen
10. Verwirklichung und Erweiterung von Menschenrechten

Der Plan zur Gestaltung der digitalen Zukunft

1. Datensouveränität verwirklichen durch Recht auf Privatsphäre und *Privacy bei Design*

2. Eingeschränkte Datenerhebung und keine Erhebung von personenbezogenen Daten

3. Angemessene Ausstattung der Datenschutzbehörden mit Personal, Mitteln und Befugnissen

4. Verpflichtender Einbau von Schnittstellen bei digitalen Plattformen und *Security by Design*

5. Offenlegung von Algorithmen nach dem *Open-Source*-Prinzip

6. Festlegung ethischer Grundprinzipien für Künstliche Intelligenz und Erklärbarkeit von KI

7. Umstellung auf transparente und schnellere staatliche Verwaltungsprozesse

DANKE

Der Entstehungsprozess dieses Buches war für uns und hoffentlich auch für alle anderen Beteiligten eine einzigartige Erfahrung, was ein Zusammenschluss der Generation bedeuten und bewirken kann. Viele Menschen haben sich dazu bereiterklärt, uns auf unserem Weg mit ihrer Expertise zu unterstützen. Sie haben mit uns gestritten und diskutiert, Anregungen gegeben und Kritik geäußert. Sie haben uns Rückhalt bei provokanten Thesen und Forderungen gegeben oder weitere Ideen eingebracht. Aber vor allem haben sie uns den Mut gegeben, mit unserem Plan an die Öffentlichkeit zu treten, weil sie uns mit ihrem Einsatz einmal mehr gezeigt haben, wie viele Unterstützer*innen dort draußen sind – Menschen aus jeder Generation.

Unser Dank gilt vor allem denjenigen Menschen, die die Arbeit der Generationen Stiftung und des Jugendrats kontinuierlich unterstützen und als Kuratoriumsmitglieder oder Mentor*innen auch die Entstehung dieses Buches von Anfang an begleitet haben. Sie sind Vorreiter*innen für Generationengerechtigkeit und sind einen Schritt zurückgetreten, um uns junge Menschen sprechen zu lassen. Unser herzliches Dankeschön gilt ganz besonders *Hans Joachim Schellnhuber, Maja Göpel, Harald Lesch* und *Caio Koch-Weser*. Die Zeit, die Sie uns geschenkt und die Großzügigkeit, mit der Sie ihr Wissen an uns, die nächste Generation, weitergegeben haben, hat uns sehr gestärkt. Danke dafür!

Harald Lesch möchten wir zusätzlich für sein Vorwort und die qualitative Bestätigung unserer Arbeit danken.

Darüber hinaus möchten wir uns bei allen weiteren Expert*innen bedanken, die ihre Expertise zu bestimmten Themen eingebracht haben, ihre Abende oder Wochenenden dem Lesen unserer Texte gewidmet haben und für vertiefende Gespräche oder bei Rückfragen als Ansprechpartner*innen bereitstanden. Wir wollen uns von Herzen für ihren Input, ihre Kritik und ihre Unterstützung bedanken bei *Oliver Nachtwey, Christian Felber, Klaus Hurrelmann, Maria Martin, Andreas Bummel, Florian Eblenkamp, Luisa Jentsch* und *Daniel Gerber*.

Danke an insbesondere *Edgar Bracht* und *Sophie Albers Benchamo*, ohne die die unglaublich schnelle Verwirklichung dieses Buchs niemals möglich gewesen wäre. Für Euren persönlichen Einsatz für dieses Buch sind wir euch sehr dankbar.

Danke auch an *Jasna Zajcek*, die gerade in der Anfangsphase ein großer Rückhalt für uns war – mit ihrer Erfahrung, ihrem Sprachgeschick und ihrer Zeit. Vielen Dank, dass Du in brenzligen Situationen immer zur Stelle und auch ansonsten irgendwie immer zu erreichen warst.

Danke an das gesamte Büroteam der Generationen Stiftung, das im Hintergrund den Laden am Laufen hält – egal, wie viele Menschen aus dem Autor*innenteam oder Jugendrat mal wieder durch das Büro wuseln. Danke, dass Ihr da seid und diesen Weg mit uns gegangen seid! Wir freuen uns auf alles Weitere, das wir gemeinsam erleben werden.

Und dann gibt es noch eine weitere Person, bei der eigentlich nicht genug Worte verloren werden können, um uns gebührend zu bedanken. Als die Idee aufkam, ein Buch zu schreiben, weil wir endlich einen Plan für unsere Zukunft wollen, hat es uns nicht gewundert, dass sie sofort dabei war, während alle anderen vermutlich laut aufgelacht oder abgewunken hätten. Aber wenn wir eines gelernt haben, seit wir *Claudia Langer* kennen, dann, dass es ein »Das geht nicht« bei ihr schon aus Prinzip nicht gibt. Sie hat mit uns einen verrückten Plan gemacht und vielleicht als Einzige von Anfang an wirklich daran geglaubt. Sie ist immer wieder für uns eingestanden. Sie hat sich bis zur absoluten Erschöpfung für dieses Projekt aufgerieben, war jederzeit erreichbar, war manchmal Motor, Gaspedal, Bremse und Lenkrad zugleich. Wir haben uns gestritten, gemeinsam gelacht, Ideenfeuerwerke gehabt und angefeuert oder aufgefangen, wenn nichts mehr ging.

Claudia, wir sind dankbar, Dich kennengelernt zu haben und mit Dir diesen Weg zu gehen. Wir sind stolz auf uns, Dich und die gewaltige Energie, die in der Generationen Stiftung zusammenkommt. Und wir wollen wirklich, ganz ernsthaft, gemeinsam mit Dir die Welt retten – warum auch nicht …

Anmerkungen

1 IPCC, 2018, Special Report Global Warming of 1.5°C – Summary for Policymakers, S. 6 (https://report.ipcc.ch/sr15/pdf/sr15_spm_final.pdf)

2 IPCC, 2014: Summary for Policymakers. In: *Climate Change 2014: Mitigation of Climate Change. Contribution of Working Group III to the Fifth Assessment Report of the Intergovernmental Panel on Climate Change,* S. 8

3 Will Steffen, Johan Rockstöm, Katherine Richardson u.a., Trajectories of the Earth System in the Anthropocene, August 2018. In: *PNAS.* S. 8252 ff.

4 IPCC, 2014: AR5 Climate Change 2014, Impacts, Adaptation, and Vulnerability, Kap. 24, S. 1355 (https://www.ipcc.ch/site/assets/uploads/2018/02/WGIIAR5-Chap24_FINAL.pdf)

5 European Environment Agency, 2017, The Arctic Environment. European perspectives on a changing Arctic. S. 41 (https://www.eea.europa.eu/publications/the-arctic-environment)

6 Geographic Institute Permafrost Laboratory (University of Alaska)/Alfred Wegener Institut, Helmholtz Center Potsdam, 2010, Climate Change Drives Widespread and Rapid Thermokarst Development in Very Cold Permafrost in the Canadian High Arctic. In: *Geophysical Research Letters*, AGU 100, Vol. 46, Issue 12, S. 6687

7 IPCC, 2014: AR5 Climate Change 2014, Impacts, Adaptation, and Vulnerability, Kap. 13, S. 1139

8 Andy Aschwanden, Mark A. Fahnestock, Martin Truffer u.a., Contribution of the Greenland Ice Sheet to sea level over the next millennium. In: *Science Advances* 2019, Vol. 5, No. 6

9 IPCC, 2014: AR5 Climate Change, Impacts, Adaptation, and Vulnerability, Kap. 5, S. 369 (https://www.ipcc.ch/site/assets/uploads/2018/02/WGIIAR5-Chap5_FINAL.pdf)

10 J. W. Williams, S. T. Jackson, J. E. Kutzbach, Projected distributions of novel and disappearing climates by 2100AD. In: *Proceedings of the National academy of Sciences USA* 104, S. 5738

11 IPCC, 2012, Special Report. Managing the Risks of Extreme Event and Disasters to Advance Climate Change Adaptation, Kap. 2, S. 8 (https://www.ipcc.ch/site/assets/uploads/2018/03/SREX_Full_Report-1.pdf)

12 IPCC, 2012, Managing the Risks of Extreme Events and Disasters to Advance Climate Change Adaptation, Kap. 2, S. 77 (https://www.ipcc.ch/site/assets/uploads/2018/03/SREX-Chap2_FINAL-1.pdf)

13 https://www.umweltbundesamt.de/themen/klima-energie/klimafolgen-anpassung/folgen-des-klimawandels/klimafolgen-deutschland/klimafolgen-handlungsfeld-wald-forstwirtschaft#textpart-2

14 IPCC, 2014, AR5 Climate Change 2014, Impacts, Adaptation, and Vulnerability, Kap. 21, S. 1177 (https://www.ipcc.ch/site/assets/uploads/2018/02/WGIIAR5-Chap21_FINAL.pdf)

15 UN-Water, 2018: Sustainable Development Goal 6. Synthesis Report on Water and Sanitation, S. 12

16 WHO, 2018: COP24 Special Report Health and Climate Change, S. 20f. (https://apps.who.int/iris/bitstream/handle/10665/276405/9789241514972-eng.pdf?ua=1)

17 Elizabeth Kolbert, *Das sechste Sterben. Wie der Mensch Naturgeschichte schreibt.* Frankfurt/M 2016. Von den von Menschen dort eingeführten Chytridepilz dahingerafften Fröschen in Panama über Fledermäuse im Nordosten Amerikas bis zu den im Nordatlantik ausgestorbenen Riesenalken zeichnet Kolbert diese »Sixth extinction« detailliert nach. Vgl. Tanja Busse, *Das Sterben der anderen,* München 2019, S. 81f.

18 Helmholtz Institut, 2019, Das »Globale Assessment« des Weltbio-diversitätsrates IPBES. Auszüge aus dem »Summary for policymakers (SPM)«, Stand 06. Mai 2019, S. 6 und 9

19 International Organization for Migration (IOM), 2009, Migration, Environment and Climate Change. Assessing the Evidence, S. 20

20 The World Bank, 2018: Groundswell. Preparing for internal Climate Migration, S. XIX (https://www.worldbank.org/en/news/infographic/2018/03/19/groundswell---preparing-for-internal-climate-migration)

21 IPCC, 2007, AR4 Climate Change 2007, Impacts, Adaptation, and Vulnerability, Kap. 8, S. 407 (https://www.ipcc.ch/site/assets/uploads/2018/02/ar4-wg2-chapter8-1.pdf)

22 ZEITonline, 30. Mai 2019

23 www.tagesschau.de, 19.07.2019; vgl. ZEITonline, 19. Juni 2019

24 Rahel Osterwalder, Verheerende Waldbrände in Russland, *Greenpeace,* 1.8.2012

25 Deutschlandfunk, 22. 7. 2019

26 Johan Rockström, 2009, »A safe operating space for humanity«, in *Nature,* Vol 461, 24 Sep 2009, S. 472

27 Witt Steffen, Katherine Richardson, Sara E. Cornell u.a., Planetary boundaries-Guiding human development on a changing planet in *Science,* 13 Feb 2015, S. 736.

28 Laurent Lebreton, Boyan Slat, F.F Ferrari u.a., »Evidence that the Great
Pacific Garbage Patch is rapidly accumulating plastic. In: *Scientific
Reports*«, 2018, Vol. 8

29 Imogen E. Napper, Richard C. Thompson, Environmental Deterioration of
Biodegradable, Oxobiodegrable, Compostable and Conventional plastic
bags in the Sea, in: *Environmental Science & Technology*, 2019, Vol. 53

30 Wissenschaftlicher Dienst des Bundestages, WD 8, 2015, »Verschmutzung
der Meere durch Mikroplastikartikel«, S. 4

31 Chris Wilcox, Erik Van Sebille, Britta Denise Hardesty, »Threat of plastic
pollution to seabirds is global, pervasive, and increasing«,
in: *PNAS*, August 2015, S. 1

32 Chris Wilcox, Erik Van Sebille, Britta Denise Hardesty, »Threat of plastic
pollution to seabirds is global, pervasive, and increasing«,
in: *PNAS*, August 2015, S. 2

33 K. Senathirajah, T. Palanisami, University of Newcastle, How much
microplastics are we ingesting? Estimation of the mass of microplastics
ingested. Report for WWF Singapore, Summary oft he study methodology;
in: *Environmental Research*, Mai 2019, Vol. 172, S. 10–17 (https://www.
newcastle.edu.au/newsroom/featured/plastic-ingestion-by-people-could-
be-equating-to-a-credit-card-a-week/how-much-microplastics-are-we-
ingesting-estimation-of-the-mass-of-microplastics-ingested)

34 Joonwoo Park, Choa Park, Myung Chan Gye, Youngjoo Lee, Mai 2019,
»Assessment of endocrine-disrupting activities of alternative chemicals
for bis(2-ethylhexyl)phthalate«

35 Chemisches und Veterinäruntersuchungsamt Münsterland-Emscher-Lippe
(CVVA), Untersuchung von Mikroplastik in Lebensmitteln und Kosmetika, 15.1.2018 (https://www.cvua-mel.de/index.php/aktuell/138-
untersuchung-von-mikroplastik-in-lebensmitteln-und-kosmetika)

36 Umweltbundesamt; Daten; 27.7.2019

37 Josef H. Reichholf, *Ende der Artenvielfalt? Gefährdung und Vernichtung
von Biodiversität*, Frankfurt 2008, S. 135

38 Umweltbundesamt, Umwelt und Landwirtschaft 2018, 2018, S. 6 (https://
www.umweltbundesamt.de/sites/default/files/medien/421/publikationen/
20180125_uba_fl_umwelt_und_landwirtschaft_bf_final.pdf)

39 https://www.deutschlandfunk.de/duengemittel-wohin-mit-der-guelle.697.
de.html?dram:article_id=321610

40 Gerardo Ceballos, Paul R. Ehrlich, Anthony D. Barnosky, Andrés García,
Robert M. Pringle, Todd M. Palmer, 2015, Accelerated modern human–
induced species losses: Entering the sixth mass extinction« in: *Sciences
Advances* 19.6.2015, Vol. 1

41 Im Detail nachgezeichnet in dem Standardwerk Peter Poschlod, *Geschichte der Kulturlandschaft*, Stuttgart 2015

42 Daniel Pauly, Anecdotes and the shifting baseline syndrome of fisheries, in: *Trends in Ecology and Evolution*, Vol. 10, Oktober 1995, S. 430ff. Vgl. Tanja Busse, *Das Sterben der anderen*, München 2019, S. 17 und S. 23

43 www.scinexx.de 1. August 2017

44 Umweltbundesamt, »Entwicklung der spezifischen Kohlendioxid-Emissionen des deutschen Strommix in den Jahren 1990 – 2018«, 2019, S. 16 (https://www.umweltbundesamt.de/sites/default/files/medien/1410/publikationen/2019-04-10_cc_10-2019_strommix_2019.pdf)

45 Europäische Kommission, Verified Emissions for 2018, https://ec.europa.eu/clima/policies/ets/registry_en#tab-0-1

46 Pressemitteilung von Greenpeace Energy vom 24.06.2018. Studie des Forums Ökologische Soziale Marktwirtschaft

47 Benjamin Friedrich, Wie viel Platz benötigen wir, um die gesamte Welt mit Solarstrom zu versorgen? In: *Katapult, Magazin für Kartografik und Sozialwissenschaften*, 23.5.2016 (https://katapult-magazin.de/de/artikel/artikel/fulltext/wie-viel-platz-benoetigen-wir-um-die-gesamte-welt-mit-solarstrom-zu-versorgen/)

48 Rupert Wronski, Was Braunkohlestrom wirklich kostet, Studie im Auftrag von Greenpeace Energy, Juni 2018, S. 4

49 Umweltbundesamt, 2016, Umweltschädliche Subventionen in Deutschland. Aktualisierte Ausgabe 2016, S. 70

50 Statistisches Bundesamt, 2019, »Luftverkehr auf Hauptverkehrs-flughäfen – Fachserie 8 Reihe 6.1 – 2018«, S. 30

51 Statistisches Bundesamt, 2019, »Luftverkehr auf Hauptverkehrs-flughäfen – Fachserie 8 Reihe 6.1 – 2018«, S. 201

52 Umweltbundesamt, 2012, »Daten zum Verkehr«, S. 32

53 Umweltbundesamt, 2012, »Klimawirksamkeit des Flugverkehrs«, S. 2

54 Heinrich Böll Stiftung, Fliegen im Verkehrsvergleich, in: Oben – Ihr Flugbegleiter, Mai 2016, S. 7 (https://www.boell.de/de/2016/06/01/fliegen-im-verkehrsvergleich)

55 Dirk Notz, Julienne Stroeve, 2016, »Observed Artic sea-ice loss directly follows anthropogenic CO_2 emission«, (https://science.sciencemag.org/content/354/6313/747)

56 Eigene Berechnungen nach: Joint Research Centre der Europäischen Kommission, EDGAR – Emissions Database for Global Atmospheric Research (https://edgar.jrc.ec.europa.eu/overview.php?v=CO2andGHG1970-2016&dst=CO2emi&sort=des8) und Andreas Ahlswede von Statista »Anteil der Verkehrsträger an den weltweiten

CO_2-Emissionen aus der Verbrennung fossiler Brennstoffe im Jahr 2015«
(https://de.statista.com/statistik/daten/studie/317683/umfrage/
verkehrsttraeger-anteil-co2-emissionen-fossile-brennstoffe/beide
Werte jeweils für das Jahr 2015)

57 Bundesministerium für Verkehr und digitale Infrastruktur, 2019,
»Verkehr in Zahlen 2018/19«, S. 311
(https://www.bmvi.de/SharedDocs/DE/Publikationen/G/verkehr-in-
zahlen_2018-pdf.pdf?__blob=publicationFile)

58 Bundesministerium für Verkehr und digitale Infrastruktur, 2019,
»Verkehr in Zahlen 2018/19«, S. 311
(https://www.bmvi.de/SharedDocs/DE/Publikationen/G/verkehr-in-
zahlen_2018-pdf.pdf?__blob=publicationFile)

59 Bundesministerium für Verkehr und digitale Infrastruktur, 2019,
»Verkehr in Zahlen 2018/19«, S. 219

60 Volkswagen AG, Ressourcenorgel, Stand 2019
(https://shift.volkswagenag.com/blog/article/ressourcen-einmaleins/)
Quarks, Fahrverbote, 2.11.2018)
(https://www.quarks.de/technik/mobilitaet/darum-sollten-wir-ueber-
suv-diskutieren-statt-ueber-diesel/)

61 Statistisches Bundesamt, 2019, »Unfälle und Verunglückte im Straßenverkehr« (https://www.destatis.de/DE/Themen/Gesellschaft-Umwelt/
Verkehrsunfaelle/Tabellen/unfaelle-verunglureckte.html)

62 World Health Organization, 2019, »Global status report on road safety
2018«, Abstract (https://www.who.int/violence_injury_prevention/road_
safety_status/2018/en/)

63 Susan Anenberg, Joshua Miller, Daven Henze, Ray Minjares, A global
snapshot of the air pollution-related health impacts of transportation
sector emissions in 2010 and 2015, S. 19
(www.theicct.org/publications/health)

64 Gunnar Gohlisch und Marion Malow, Umweltbundesamt, 1999,
»Umweltauswirkungen von Geschwindigkeitsbeschränkungen«, S. 10

65 Gunnar Gohlisch und Marion Malow, Umweltbundesamt, 1999,
»Umweltauswirkungen von Geschwindigkeitsbeschränkungen«, S. 23

66 Vgl. Bundesministerium für Verkehr, Bau- und Wohnungswesen
»Verkehr in Zahlen 2000«, S. 19 (Zahl für 1994) und Bundesministerium
für Verkehr und digitale Infrastruktur »Verkehr in Zahlen 2017/18«, S. 53
(Zahl für 2014)

67 Umweltbundesamt, 2018, »Entwicklung des Endenergieverbrauchs nach
Sektoren« auf Basis AG Energiebilanzen, Auswertungstabellen zur Energie-
bilanz der Bundesrepublik Deutschland 1990 bis 2017, Stand 07/2018

68 Umweltbundesamt, 2018, »Energieverbrauch nach Anwendungsbereichen 2016 – Private Haushalte« nach Arbeitsgemeinschaft Energiebilanzen, 2018, »Arbeitsgemeinschaft Energiebilanzen, »Zusammenfassung Anwendungsbilanzen für die Energiebilanzen für die Endenergie-sektoren 2013 bis 2016«, S. 24

69 Paul Griffin für Carbon Disclosure Project, 2017, The Carbon Majors Database. CDP Carbon Majors Report 2017. 100 fossil fuel producers and nearly 1 trillion of greenhouse gas emissions, S. 8

70 Jean-Francois Bastin, Yelena Finegold, Claude Garcia, The global tree restoration potential, 2019, in: *Science,* Juli 2019, Vol. 365, S. 79 (https://science.sciencemag.org/content/365/6448/76/tab-pdf)

71 Sophia Ribeiro, Ausschuss für Landwirtschaft und ländliche Entwicklung, Europaparlament, 2019, »Bericht über die Umsetzung der Richtlinie 2009/128/EG über die nachhaltige Verwendung von Pestiziden«

72 Antwort der Bundesregierung auf die Kleine Anfrage der Abgeordneten […] Entwicklung der Pestizidmengen in Deutschland, 2017, S. 2 (http://dip21.bundestag.de/dip21/btd/18/127/1812793.pdf)

73 https://www.nytimes.com/2019/05/13/business/monsanto-roundup-cancer-verdict.html

74 Statistisches Bundesamt, 2019, »Landwirtschaftliche Bodennutzung, Anbau auf dem Ackerland, 2019 (Vorbericht), Fachserie 3 Reihe 3.1.2«, S. 4

75 European Commission, 2018, »Report from the Commission […] on the implementing of Council Directive […] for the period 2012–2015«, S. 42 (https://eur-lex.europa.eu/resource.html?uri=cellar:dab860df-4f7e-11e8-be1d-01aa75ed71a1.0001.02/DOC_4&format=PDF)

76 Alon Shepon, Gidon Eshel, Elad Noor und Ron Milo, 2018, The opportunity cost of animal based diets exceeds all food losses, in: PNAS, 2018

77 https://europa.eu/european-union/about-eu/eu-budget/expenditure_de

78 Heinrich-Böll-Stiftung, Bund für Umwelt und Naturschutz Deutschland, *Le Monde Diplomatique,* 2019, »Agrar-Atlas 2019«, S. 12

79 https://www.destatis.de/DE/Themen/Branchen-Unternehmen/ Landwirtschaft-Forstwirtschaft-Fischerei/Flaechennutzung/Tabellen/ anstieg-suv.html

80 Statistisches Bundesamt, 2016, »Umweltökonomische Gesamtrechnun-gen, Nachhaltige Entwicklung in Deutschland, Indikatoren zu Umwelt und Ökonomie«, S. 13

81 Es warnten unter anderem eine im Dezember 2016 in *Palaeoworld* veröffentlicht Studie, eine Studie des britischen Met Office im Jahre

2010 und ein Bericht der Russischen Akademie der Wissenschaften 2011

82 Bundesministerium für Umwelt, Naturschutz und nukleare Sicherheit, 2018, »Abfallwirtschaft in Deutschland 2018«, S. 12

83 Thomas Obermeier, Sylvia Lehmann für die Deutsche Gesellschaft für Abfallwirtschaft, Recycling-Quotenzauber, Wo stehen wir vor der nächsten Runde zum EU-Abfallpaket, ejournal-Artikel aus »Müll und Abfall«, Ausgabe 8/2018

84 Europäische Kommission, Kommission legt europäische Plastik-strategie vor (https://ec.europa.eu/germany/news/20180116-plastikstrategie_de)

85 https://www.tagesschau.de/wirtschaft/eu-einwegplastik-101.html)

86 Matthias Runkel, Alexander Mahler, Malte Weling, für das FÖS im Auf-trag der Grünen Bundestagsfraktion, 2017, »Steuerliche Subventionierung von Kunststoffen«, S. 4

87 Umweltbundesamt, 2018, »Aufkommen und Verwertung von Verpackungs-abfällen in Deutschland im Jahr 2016«, S. 39

88 Umweltbundesamt, Pressemitteilung 25.7.2018 (https://www. umweltbundesamt.de/presse/pressemitteilungen/verpackungsverbrauch-in-deutschland-weiterhin-sehr)

89 Oxfam Deutschland e.V., Charlotte Becker, Tobias Hausschild, Julia Jahnz u. a., Der Preis der Profite – Zeit, die Ungleichheitskrise zu beenden, (https://www.oxfam.de/system/files/factsheet_deutsch_-_der_preis_der_ profite_-_zeit_die_ungleichheitskrise_zu_beenden.pdf)

90 World Bank Group, Cruz et al., October 2015, Ending extreme poverty and Sharing Prosperity: Progress and Policies, S. 1 (http://pubdocs.worldbank.org/en/109701443800596288/ PRN03Oct2015TwinGoals.pdf)

91 K. von Grebmer, J. Bernstein, A. de Waal, N. Prasai, S. Yin und Y. Yohannes, Welthunger-Index 2015: Hunger und bewaffnete Konflikte. Bonn, Washington, D.C. und Dublin: Welthungerhilfe, Internationales For-schungsinstitut für Ernährungs- und Entwicklungspolitik und Concern Worldwide (www.globalhungerindex.org/pd//de2015)

92 Rutger Bregman, *Utopien für Realisten*, Berlin 2019, S. 12

93 United Nations Inter-agency Group for Child Mortality Estimation (UN IGME), ›Levels & Trends in Child Mortality: Report 2018, Estimates developed by the United Nations Inter-agency Group for Child Mortality Estimation‹, United Nations Children's Fund, New York, 2018, S. 2 (https://data.unicef.org/wp-content/uploads/2018/10/Child-Mortality-Report-2018.pdf)

94 Vereinte Nationen, 2017, Ziele für Nachhaltige Entwicklung – Bericht 2017, S. 7 (https://www.un.org/depts/german/millennium/SDG%20 Bericht%202017.pdf)

95 OECD/EU (2016), Health at a Glance: Europe 2016 – State of Health in the EU Cycle, OECD Publishing, Paris, S. 58 (https://www.oecd-ilibrary. org/docserver/9789264265592-en.pdf?expires=1565802637&id=id&ac-cname=guest&checksum=D11AF291215C1ED7D752140E909C946D)

96 Pew Research Center, February 2019, »Smartphone Ownership Is Growing Rapidly Around the World, but Not Always Equally«, S. 3 (https://www.pewresearch.org/global/2019/02/05/smartphone-ownership-is-growing-rapidly-around-the-world-but-not-always-equally/)

97 Capgemini, 2019, World Wealth Report, S. 7 (https://worldwealthreport.com/wp-content/uploads/sites/7/2019/07/ World-Wealth-Report-2019.pdf)

98 Welthungerhilfe, 11. Oktober 2018, Pressemitteilung Welthunger-Index 2018: Erfolge bei der Hungerbekämpfung gefährdet – Deutsche Bevölkerung will stärkeres Engagement (https://www.welthungerhilfe.de/fileadmin/pictures/channels/articles/ press_releases/PDF/2018-pressemitteilung-welthunger-index.pdf)

99 United Nations Inter-agency Group for Child Mortality Estimation (UN IGME), ›Levels & Trends in Child Mortality: Report 2018, Estimates developed by the United Nations Inter-agency Group for Child Mortality Estimation‹, United Nations Children's Fund, New York, 2018 (https://weshare.unicef.org/Package/2A)

100 Eric Holt-Giménez, Annie Shattuck, Miguel Altieri, Hans Herren und Steve Gliessman, We Already Grow Enough Food for 10 Billion People … and Still Can't End Hunger, in: *Journal of Sustainable Agriculture*, 2012, VOl. 36, 595–598

101 Jean Ziegler, *Was ist so schlimm am Kapitalismus?* München 2019, S. 13

102 Oxfam Deutschland e.V., Charlotte Becker u. a. (siehe Anm. 89), Januar 2018, Der Preis der Profite – Zeit, die Ungleichheitskrise zu beenden

103 Judith Niehues, *IW-Trends*, Heft 5/2017, Einkommensentwicklung, Ungleichheit und Armut. S. 124 (https://www.iwkoeln.de/fileadmin/publikationen/2017/364450/ IW-Trends_2017-03_Niehues.pdf)

104 DIW, Wochenbericht Nr. 27, 2017, S. 557 (https://www.diw.de/documents/publikationen/73/diw_01.c.560975.de/ 17-27.pdf)

105 Bundesministergesetz (BminG), § 11

106 hkp///group Geschäftsberichtsauswertung Vorstandsvergütung
DAX 2017, Kramarsch et al., 23.3.2018, (https://www.hkp.com/
article/33

107 spiegel.de, 21.3.2018, Quandt-Erben kassieren eine Milliarde
Euro Dividende)
(https://www.spiegel.de/wirtschaft/unternehmen/bmw-milliarden-
dividende-fuer-stefan-quandt-und-susanne-klatten-a-1199186.html)

108 Thomas Piketty, *Das Kapital im 21. Jahrhundert*, München 2015,
Kapitel 11

109 Oxfam Deutschland e.V., Charlotte Becker u. a. (siehe Anm. 89),
Januar 2018, Der Preis der Profite – Zeit, die Ungleichheitskrise zu
beenden

110 WHO, Mental Health – A Call for action by world health ministers,
2001, S. 6
(https://www.who.int/mental_health/advocacy/en/Call_for_Action_
MoH_Intro.pdf)

111 Swiss Life-BU-Report, 24.04.2019,
(https://www.swisslife.de/content/dam/de/documents/9d/18010.pdf)

112 Bundesanstalt für Arbeitsschutz und Arbeitsmedizin (Baua),
Volkswirtschaftliche Kosten durch Arbeitsunfähigkeit, 2017, S. 2
(https://www.baua.de/DE/Themen/Arbeitswelt-und-Arbeitsschutz-im-;
vgl. *FAZ* vom 12.12.2018 Wandel/Arbeitsweltberichterstattung/
Kosten-der-AU/pdf/Kosten-2017.pdf?__blob=publicationFile&v=4)

113 WHO EURO, Depressionen in Europa, 10.10.2012
(http://www.euro.who.int/de/health-topics/noncommunicable-diseases/
mental-health/news/news/2012/10/depression-in-europe)

114 UNICEF, Schule ist Vollzeitjob für Kinder, 5.9.2013
(https://www.unicef.de/informieren/aktuelles/presse/2012/schule-ist-
vollzeitjob-fuer-kinder/14834)

115 Kaufmännische Krankenkasse KKH, Endstation Depression,
März 2018, S. 10
(https://www.kkh.de/content/dam/kkh/presse/dokumente/Endstation%
20Depression%20%e2%80%93%20Wenn%20Sch%c3%bclern%
20alles%20zu%20viel%20wird.pdf)

116 Kathrin Hartmann, *Aus kontrolliertem Raubbau*. München 2016,
S. 89ff.

117 World Resources Institute, Global coal risk assessment: Data analysis
and market research, S. 5
(https://wriorg.s3.amazonaws.com/s3fs-public/pdf/global_coal_risk_
assessment.pdf)

118 *Der Spiegel*, Matthias Gebauer, Gerald Traufetter, Bundesregierung billigt Kriegsschiff-Lieferung an Ägypten, spiegel.online 2.1.2019 (https://www.spiegel.de/politik/deutschland/ruestung-bundesregierung-billigt-kriegsschiff-export-an-aegypten-a-1246131.html)

119 Rheinmetall Geschäftsbericht 2017, S. 3 (https://ir.rheinmetall.com/download/companies/rheinmetall/Annual%20Reports/DE0007030009-JA-2017-EQ-D-00.pdf)

120 PAX NL, Worldwide investments in cluster Munitions, June 2016, S. 170 (https://handicap-international.de/sites/de/files/pdf/report-worldwide_investments_cluster_munitions-2016.pdf)

121 S. Snyder, Shorting our security: Financing the companies that make nuclear weapons. Studie der ICAN-Partnerorganisation Pax. Juni 2019, S. 23 (https://www.dontbankonthebomb.com/wp-content/uploads/2019/06/2019_HOS_web.pdf)

122 Philipp Vetter, Mit einem Trick genehmigen sich die VW-Vorstände doch noch ihren Bonus, welt-online, 12.1.2017 (https://www.welt.de/wirtschaft/article161127513/Mit-einem-Trick-genehmigen-sich-die-VW-Vorstaende-doch-noch-ihren-Bonus.html)

123 Mit Sicherheit gut bezahlt, 4.4.2011 (https://www.sueddeutsche.de/wirtschaft/deepwater-horizon-transocean-mit-sicherheit-gut-bezahlt-1.1080947)

124 Gabriel Zucman, Motor der Ungleichheit, 6.11.2017 (https://projekte.sueddeutsche.de/paradisepapers/wirtschaft/steueroasen-befeuern-ungleichheit-e198908/)

125 OXFAM, Stopping the scandals, Nov 2017, S. 3 (https://www.oxfam.de/system/files/stopping_the_scandals_-_081117.pdf)

126 OECD, Development aid stable in 2017 with more sent to poorest countries, 09.04.2918, S. 1 (https://www.oecd.org/development/financing-sustainable-development/development-finance-data/ODA-2017-detailed-summary.pdf)

127 Tax Justice Network, Tax avoidance and evasion, 2017, S. 2 (http://taxjustice.wpengine.com/wp-content/uploads/2017/11/Tax-dodging-the-scale-of-the-problem-TJN-Briefing.pdf)

128 Christoph Spengel, Stellungnahme zur öffentlichen Anhörung im Europäischen Parlament, 26.11.2018, S. 4 (https://www.bwl.uni-mannheim.de/media/Lehrstuehle/bwl/Spengel/Dokumente/Medien/Beitraege/Spengel_Stellungnahme_European_Parliament__2018-11-26__final.pdf)

129 Wolfgang Krach, Den Mächtigen fehlen die Ideen, 25.1.2019 (www.sueddeutsche.de/wirtschaft)

130 Vgl. Christian Felber, *Die Gemeinwohlökonomie. Ein Wirtschaftsmodell mit Zukunft.* Wien 2012

131 Börsenwert am 30. Mai 2017

132 Matthias Brandt, Hungriges Google, 22.8.2017 (https://de.statista.com/infografik)

133 European Commission (2018a). Questions and answers on a fair and efficient tax system in the EU for the digital single market. European Commission – Fact Sheet, 21 March 2018, MEMO/18/2141, Brüssel (http://europa.eu/rapid/press-release_MEMO-18-2141_en.pdf)

134 Gabriel Zucman, Motor der Ungleichheit, 06.11.2017 (siehe Anm. 124)

135 Tax Foundation, FED US-Federal individual income tax rates history 1862–2013

136 Siehe die Auswertung der Studie dieses Markt- und Meinungsforschungsinstitutes in der *Welt* vom 1.5.2018

137 John Rawls, *Eine Theorie der Gerechtigkeit.* Frankfurt/Main 1979

138 Bertelsmann-Stiftung, Armutsmuster in Kindheit und Jugend, 2017, S. 36 (https://www.bertelsmann-stiftung.de/fileadmin/files/Projekte/Familie_und_Bildung/Studie_WB_Armutsmuster_in_Kindheit_und_Jugend_2017.pdf)

139 Arbeitsagentur, Arbeitslosengeld II: Voraussetzungen, Einkommen und Vermögen (https://www.arbeitsagentur.de/arbeitslosengeld-2/voraussetzungen-einkommen-vermoegen)

140 Vgl. Stefan Selke, *Schamland. Die Armut mitten unter uns.* Berlin 2015 Tafel Deutschland e.V., Zahlen & Fakten, August 2018 (https://www.tafel.de/fileadmin/media/Presse/Hintergrundinformationen/2019-08-15_Zahlen_und_Fakten.pdf)

141 Hans-Böckler-Stiftung, Wie viele und welche Wohnungen fehlen in deutschen Großstädten? April 2018, S. 10f., (https://www.boeckler.de/pdf/p_fofoe_WP_063_2018.pdf)

142 Statista Research Department, Statistiken zu Wohnen in Deutschland, 2017 (https://de.statista.com/themen/51/wohnen/)

143 Immowelt, Wohnbaugipfel der Groko, 2018 (https://www.immowelt-group.at/presse/pressemitteilungenkontakt/immoweltde/2018/wohnbaugipfel-der-groko-mieten-in-deutschen-grossstaedten-seit-2013-um-bis-zu-52-prozent-gestiegen/)

144 Stephan Junker, Wohnverhältnisse in Deutschland, Sozialverband Deutschland (SoVD), 2018, S. 22–23

(https://www.sovd.de/fileadmin/bilder/web-Wohnverhaeltnisse_in_
Deutschland_2018_10_19.pdf)

145 BAGW, BAG Wohnungslosenhilfe: 650 000 Menschen in 2017 ohne
Wohnung, 2019 (https://www.bagw.de/de/presse/index~169.html)

146 Statistisches Bundesamt, Entwicklung der Anzahl gesetzlicher Krankenkassen in Deutschland von 1970 bis FIBS 2019
(https://de.statista.com/statistik/daten/studie/74834/umfrage/anzahl-
gesetzliche-krankenkassen-seit-1970/)

147 Dieter Dohmen, Maren Thomsen, Jallya Yelubayeva u.a., Ermittlung der
Lebenshaltungskosten von Studierenden, 2019, S. 82 (https://
www.studentenwerke.de/sites/default/files/fibs_dsw_studentischer_
warenkorb_2018_190108_0.pdf)

148 Statistisches Bundesamt, Anzahl der Geburten und Sterbefälle
in Deutschland in den Jahren von 1950 bis 2017, 2019
(https://de.statista.com/statistik/daten/studie/161831/umfrage/
gegenueberstellung-von-geburten-und-todesfaellen-in-deutschland/)

149 Bertelsmann-Stiftung, Entwicklung der Altersarmut bis 2036, 2017,
S. 103 (https://www.bertelsmann-stiftung.de/fileadmin/files/BSt/
Publikationen/GrauePublikationen/Entwicklung_der_Altersarmut_
bis_2036.pdf)

150 Bertelsmann-Stiftung, Entwicklung der Altersarmut bis 2036, 2017,
S. 103
(https://www.bertelsmann-stiftung.de/fileadmin/files/BSt/Publikationen/
GrauePublikationen/Entwicklung_der_Altersarmut_bis_2036.pdf)

151 Thomas Piketty, *Das Kapital im 21. Jahrhundert*, 2015, S. 653–657
(Kapitel 13)

152 Sabrina Apicella, Helmuth Hildebrand, Der Vorschlag nach einem euro-
paweiten ALG II, sozialer und energetischer Commons: ein Antwort-
versuch auf europäische Desintegration und die politische Defensive
der Linken, 26.6.2019
(https://oxiblog.de/wp-content/uploads/2019/07/Migration_EU_
OXI.pdf)

153 IAB, Digitalisierung: Herausforderungen für die Aus- und Weiterbildung
in Deutschland, 2019, S. 39 (http://doku.iab.de/stellungnahme/2019/
sn0119.pdf) und: BMAS, Übertragung der Studie von Frey/Osborne
The Future of employment (2013) auf Deutschland, 2015, S. 23

154 A.T. Kearney, Ändern oder Untergehen, 2016, S. 23
(https://www.atkearney.de/documents/856314/7953234/Aendern+
oder+Untergehen+-+Wertschoepfung+von+morgen.pdf/3b483603-
29fa-4c81-91f7-20ded8ba0ce9)

155 Carl B. Frey/Michael Osborne, *The future of employment*, 2013, S. 267
(https://www.sciencedirect.com/science/article/pii/S0040162516302244)

156 IAB, Nur wenige Berufe halten mit der Digitalisierung Schritt, 2018,
S. 6 (http://doku.iab.de/kurzber/2018/kb0418.pdf)

157 Bundesagentur für Arbeit, Entgeltatlas 2018

158 Techniker Krankenkasse, Gesundheitsreport: Pflegefall Pflegebranche?,
2019, S. 32

159 McKinsey Global Institute, Independent Work, Oktober 2016, S. 12

160 Dietmar Hobler, Christina Klenner, Svenja Pfahl u.a., Wer leistet unbezahlte Arbeit?, WSI-Report Nr. 35 *Mehr Personal in der Langzeit-
pflege* – aber woher? 2017, S. 7–9
(https://www.boeckler.de/pdf/p_fofoe_WP_096_2018.pdf)

161 Klaus Jacobs, Stefan Groß, Dieter Haun u.a., *Pflegereport 2019*, 2019,
Heidelberg 2019; S. 50 (https://link.springer.com/content/
pdf/10.1007%2F978-3-662-58935-9.pdf)

162 Hans-Böckler-Stiftung, Von der Unterbesetzung in der Krankenhaus-
pflege zur Bedarfsgerechten Personalausstattung, 2018, S. 12–15
(https://www.boeckler.de/pdf/p_fofoe_WP_096_2018.pdf)

163 Rutger Bregman, *Utopien für Realisten*. Hamburg 2019, S. 201ff.;
Booth, Die Entwicklung der Arbeitslosigkeit in Deutschland, 2010

164 Melanie Booth, Die Entwicklung der Arbeitslosigkeit in Deutschland,
2010 (http://www.bpb.de/geschichte/deutsche-einheit/lange-wege-
der-deutschen-einheit/47242/arbeitslosigkeit?p=all)

165 Statistisches Bundesamt, Mikrozensus, 2017, S. 36 (https://www.destatis.
de/DE/Themen/Gesellschaft-Umwelt/Bevoelkerung/Haushalte-
Familien/Publikationen/Downloads-Haushalte/haushalte-familien-
2010300177004.pdf?__blob=publicationFile&v=4)

166 Dietmar Hobler, Christina Klenner, Svenja Pfahl u.a., Wer leistet
unbezahlte Arbeit?, WSI-Report, Nr: 35 2017, S. 7–9
(https://www.boeckler.de/pdf/p_fofoe_WP_096_2018.pdf)

167 Ebd.

168 Wuppertal Institut, Arbeit, Glück, Nachhaltigkeit, 2012, S. 32–44
(https://epub.wupperinst.org/frontdoor/deliver/index/docId/4181/file/
ImpW3.pdf)

169 Robert Skidelsky, Edward Skidelska, WSI-Report, Nr. 35 Wie viel ist
genug? *Vom Wachstumswahn zu einer Ökonomie des guten Lebens*.
München 2013, S. 29f.

170 CEPR, Reducing Work Hours as a Means of Slowing Climate Change,
S. 11 (http://cepr.net/documents/publications/climate-change-
workshare-2013-02.pdf)

171 Rutger Bregman, *Utopien für Realisten*, Hamburg bei Reinbek 2019, S. 149

172 A.T. Kearney, Ändern oder Untergehen – eine Begegnung der Wertschöpfung von morgen, 2016, S. 23 (https://www.atkearney.de/documents/856314/7953234/Aendern+ oder+Untergehen+-+Wertschoepfung+von+morgen.pdf/3b483603-29fa-4c81-91f7-20ded8ba0ce9); Frey/Osborne, *The future of employment*, 2016, S. 267

173 Ifo, Globalisierung und Arbeitsmärkte, 2004, S. 25 (https://www.ifo.de/DocDL/ifodb_2004_5_23-28.pdf)

174 J. Krautz, Referat bei der Tagung »Albert Schweitzer und Erich Fromm – Menschenbild und Erziehung«, die vom 3. bis 5. Oktober 2008 in Königsfeld im Schwarzwald stattfand. Erstveröffentlichung in: Fromm Forum (deutsche Ausgabe), Tübingen (Selbstverlag – ISSN 1437-0956) Nr. 13/2009, S. 87–100 (erste Seite)

175 Bildung in Deutschland 2018, Hrsg. Autorengruppe Bildungsbericht-erstattung, S. 7 abrufbar unter: (https://www.bildungsbericht.de/de/ bildungsberichte-seit-2006/bildungsbericht-2018/pdf-bildungsbericht-2018/bildungsbericht-2018.pdf)

176 Klaus Klemm und Matthias Anbuhl. Der Dresdener Bildungsgipfel: von unten betrachtet, Expertise zur sozialen Spaltung im Bildungssystem. Hrsg. DGB Bundesvorstand, Abteilung Bildungspolitik und Bildungs-arbeit, 2018 (https://www.dgb.de/themen/++co++a8cd27cc-d39b-11e8-b105-52540088cada)

177 Statistisches Bundesamt, Schulbesuch nach ausgewählten Schularten und höchstem beruflichen Bildungsabschluss der Eltern

178 Heike Solga und Rosine Dombrowski: Soziale Ungleichheiten in schulischer und außerschulischer Bildung in: Reihe: Arbeitspapier, Bd. 171. S. 17

179 Bildung in Deutschland 2018, Hrsg. Autorengruppe Bildungsbericht erstattung, S. 10, abrufbar unter: https://www.bildungsbericht.de/de/ bildungsberichte-seit-2006/bildungsbericht-2018/pdf-bildungsbericht-2018/bildungsbericht-2018.pdf

180 https://www.bundestag.de/resource/blob/272942/924eeff93db104ce000 75a72ee9529f7/Kapitel_03_09_Schul-_und_Hochschulbildung-pdf-data.pdf

181 Bildung in Deutschland 2018 S. 104; vgl. auch. »Zehn Jahre UN Behin-dertenrechtskonvention in Zahlen: Schule, Ausbildung, Beschäftigung« IN Arbeitsmarkt aktuell 01/2019. Hrsg. Herausgeber: DGB Bundes-vorstand – Abteilung Arbeitsmarktpolitik, S. 2 (www.bildungsbericht.de/ de/bildungsberichte-seit-2006/bildungsbericht-2018/pdf-bildungsbericht2018/bildungsbericht-2018.pdf)

182 Kfw oder Kreditanstalt für Wiederaufbau ist die größte nationale
Förderbank. KfW-Kommunalpanel 2019, S. 10, abrufbar unter:
https://www.kfw.de/PDF/Download-Center/Konzernthemen/Research/
PDF-Dokumente-KfW-Kommunalpanel/KfW-Kommunalpanel-
2019.pdf

183 Regierungsentwurf der Bundesregierung (siehe Anm. 181) S. 7
(Bildung) bzw. S. 8

184 Bildung in Deutschland 2018, Hrsg. Autorengruppe Bildungsbericht-
erstattung, S. 80, 102 (siehe Anm. 181)

185 Bildung in Deutschland 2018, Hrsg. Autorengruppe Bildungsbericht-
erstattung, S. 13, abrufbar unter: https://www.bildungsbericht.de/de/
bildungsberichte-seit-2006/bildungsbericht-2018/pdf-bildungsbericht-
2018/bildungsbericht-2018.pdf

186 Infratest dimap im Auftrag von abgeordnetenwatch.de, 2019,
»Lobbyismus in Deutschland«, S. 3

187 Alle Beispiele und Zahlen bei Kathrin Hartmann, *Wir müssen leider
draußen bleiben. Die neue Armut in der Konsumgesellschaft.* München
2016, S. 180ff.

188 Michael Hartmann, Sie leben in einer völlig anderen Welt, Interview
in der ZEIT vom 8. August 2018

189 Statistisches Bundesamt, Bevölkerung und Erwerbstätigkeit, Bevöl-
kerungsfortschreibung auf Grundlage des Zensus 2011, 2019,
S. 14

190 Der Bundeswahlleiter, Wahl zum 19. Deutschen Bundestag
am 24. September 2017, Heft 4 Wahlbeteiligung und Stimmabgabe
der Frauen und Männer nach Altersgruppen 2018, S. 11

191 https://www.bundeswahlleiter.de/info/presse/mitteilungen/
bundestagswahl-2017/01_17_wahlberechtigte.html

192 Rentenbestandsstatistik, Die Rentenbestände in der gesetzlichen Renten-
versicherung in der Bundesrepublik Deutschland, 2018, S. 17

193 Heinrich-Böll-Stiftung, Europawahl in Deutschland 2019, Ergebnisse
und Analysen, 2019, S. 14

194 Datenbuch Deutscher Bundestag, Kapitel 3.1 Altersgliederung,
2019, S. 2

195 FU Berlin (Otto-Stammer-Zentrum), Durchschnittsalter der Mitglieder
der politischen Parteien in Deutschland am 31. Dezember 2018.
In: Statista (https://de.statista.com/statistik/daten/studie/192255/
umfrage/durchschnittsalter-in-den-parteien/)

196 Klarissa Lueg, *Habitus, Herkunft und Positionierung. Die Logik
des journalistischen Feldes.* (Diss.) Wiesbaden 2012, S. 57ff.

197 Heinrich-Böll-Stiftung, Konzernatlas. Daten und Fakten über die Agrar-
und Lebensmittelindustrie, 2017, S. 20 (https://www.boell.de/sites/
default/files/konzernatlas2017_iii_web.pdf?dimension1=ds_
konzernatlas)

198 FIAN, Pressemitteilung, Kleinbauern ernähren die Welt – Ihre Rechte
müssen gestärkt werden, 2017 (https://www.fian.de/artikelansicht/
2017-10-13-pressemitteilung-kleinbauern-ernaehren-die-welt-ihre-
rechte-muessen-gestaerkt-werden/)

199 Zu den mit den am Ausbau von riesigen Aquakulturen verbundenen
Menschenrechtsverletzungen, siehe Greenpeace.de, 29.1.2008

200 Bundesministerium für Wirtschaftliche Zusammenarbeit und Entwicklung, Pressemitteilung, New OECD figures German ODA ratio rises
to 0.7 per cent for the first time due to domestic spending on refugees,
2017 (http://www.bmz.de/en/press/aktuelleMeldungen/2017/april/
170411_pm_040_German-ODA_ratio-rises-to-0-7-per-cent-for-the-
first-time/index.html)

201 Amnesty International, Bad Information. Oil Spill Investigations
in the Niger Delta, 2013 (https://www.amnesty.org/download/
Documents/12000/afr440282013en.pdf)

202 Gabriel J. Felbermayr, Ein Schaf unter Wölfen? Die Europäische Union
und der Freihandel, 2018. In: *Bundeszentrale für politische Bildung,
Aus Politik und Zeitgeschehen* (APUZ 4–5/2018), Freihandel. S. 21

203 Tanja Busse, *Die Einkaufsrevolution. Konsumenten entdecken ihre
Macht*, München 2006, S. 167

204 Europäische Kommission, EU SFPAs: Sustainable Fisheries Partnership
Agreements. Enhance Fisheries Governance for sustainable Exploi-
tation, Fish Supply and Development of the Fisheries Sector, 2017
(https://ec.europa.eu/fisheries/sites/fisheries/files/docs/body/2015-
sfpa_en.pdf)

205 Greenpeace, Fischereimonster. Der Fluch der Meere. Die zerstörerische
Konzentration von Macht und Quoten in der EU-Fischfangindustrie,
2014, S. 21 (https://www.greenpeace.de/sites/www.greenpeace.de/files/
publications/monsterboats_15.pdf)

206 Pew Research Center, At least a Million Sub-Saharan Africans Moved
to Europe Since 2010. Sub-Saharan Migration to the United States also
growing, 2018, S. 9 (https://www.pewresearch.org/global/wp-content/
uploads/sites/2/2018/03/Africa-Migration-March-22-FULL-REPORT.pdf)

207 Brot für die Welt, Studie. Edles Metall – Unwürdiger Abbau. Platin
aus Südafrika und die Verantwortung deutscher Unternehmen 2018,
S. 10ff.

208 Diffenbaugh NS, Burke M, Global warming has increased global economic inequality, 2019 (https://www.pnas.org/content/116/20/9808; vgl. Klimareporter.de 24.4.2019)

209 www.earthlink.de, 22.7.2015, vgl. auch den Dokumentarfilm »Bottled Life« von Urs Schnell und Res Gehriger, die die Hintergründe von Nestlés Wasserhandel aufdecken.

210 Vgl. *taz*, 21.06.2005 und www.america21.de 18.4.2015

211 World Bank Group, Piecing together the Poverty Puzzle, 2018, S. 129 (https://openknowledge.worldbank.org/bitstream/handle/10986/30418/9781464813306.pdf)

212 Franziska Perlick, Armut ist sexistisch. Warum Bildung für alle Mädchen gut für alle ist, 2017, S. 3 (https://s3.amazonaws.com/one_org_international/de/wp-content/uploads/2017/03/08093122/ONE_Armut-ist-sexistisch_2017.pdf)

213 Jean Ziegler, *Was ist so schlimm am Kapitalismus?* München 2019, S. 82–89

214 Oxfam Deutschland, Charlotte Becker u.a., Der Preis der Profite. Zeit, die Ungleichheitskrise zu beenden, 2018, S. 5 (siehe Anm. 89)

215 Amnesty International, Strangled Budgets, Silenced Dissent. The Human Cost of Austerity Measures in Chad. 2018 (https://www.amnesty.de/sites/default/files/2018-07/Amnesty-Bericht-Tschad-Sparmassnahmen-Juli-2018.PDF)

216 Vgl. Zeit.de, 27.03.2014; www.stern.de, 23.5.2015 (www.spiegel.de), 16.04.2016 (www.kritsches-netzwerk.de, 28.3.2017)

217 Bundesfinanzministerium, Gruppe der Zwanzig (G20), 2019 (https://www.bundesfinanzministerium.de/Content/DE/Standardartikel/Themen/Internationales_Finanzmarkt/G7-G20/G20-7292.html)

218 UNHCR, 2019, Global Trends. Forced Displacement in 2018, S. 2 (https://www.unhcr.org/dach/de/31634-weltweit-erstmals-mehr-als-70-millionen-menschen-auf-der-flucht.html)

219 Zum Beispiel: Deutschlandfunk, 2017, Drohnenkrieg. Obamas tödliches Erbe (https://www.deutschlandfunkkultur.de/drohnenkrieg-obamas-toedliches-erbe.1005.de.html?dram:article_id=376686)

220 Michael Lüders, *Wer den Wind sät: Was westliche Politik im Orient anrichtet*. München 2015

221 Bundeszentrale für Politische Bildung, 2018, »Operation Olivenzweig« (https://www.bpb.de/politik/hintergrund-aktuell/263604/tuerkische-militaeroffensive)

222 Bundeswehr, 2019, Einsatzzahlen – die Stärke der deutschen Kontingente (https://www.bundeswehr.de/portal/a/bwde/start/einsaetze/ueberblick/zahlen/!ut/p/z1/04_)

223 HIIK, Conflict Barometer 2018, S. 12–20 (https://hiik.de/konfliktbarometer/aktuelle-ausgabe/)

224 www.spiegel.de, 9.3.2010

225 *Salzburger Nachrichten*, 20.11.2017: »Das Bureau of Investigative Journalism (BIJ) in London hat insgesamt zwischen 6800 und 9900 Tote durch Drohnenangriffe gezählt, darunter rund 1500 Zivilisten.«

226 Zeit.de, 1.7.2016: Barack Obama gab zu, dass bis 2016 mindestens 216 Zivilisten von Drohnen getötet worden seien

227 Christian Fuchs, John Goetz, *Geheimer Krieg: wie von Deutschland aus der Kampf gegen den Terror gesteuert wird*. Reinbek bei Hamburg 2019

228 Piotr Heller, Cyber-Sicherheit: Die Hackerdämmerung, faz.de 11.1.2016 (https://www.faz.net/aktuell/wissen/physik-mehr/ukrainischer-stromausfall-war-ein-hacker-angriff-14005472.html)

229 John R. MacArthur, *Die Schlacht der Lügen. Wie die USA den Golfkrieg verkauften*. München 1993

230 Hans Leyendecker, Massenvernichtungswaffen, George W. Bushs größter Fehler, 17.5.2010 (https://www.sueddeutsche.de/politik/massenvernichtungswaffen-george-w-bushs-groesster-fehler-1.381428)

231 Bundeswehr, 2019, Einsatzzahlen – die Stärke der deutschen Kontingente (https://www.bundeswehr.de/portal/a/bwde/start/einsaetze/ueberblick/zahlen/!ut/p/z1/04_)

232 Unama, 2019, Midyear Update On The Protection Of Civilians In Armed Conflict: 1 January To 30 June 2019, S. 8 (https://unama.unmissions.org/sites/default/files/unama_poc_midyear_update_2019_-_30_july_2019_english.pdf)

233 Stockholm International Peace Research Institute (SIPRI), SIPRI Yearbook 2019. Armaments, Disarmament and International Security. Summary, S. 9 (https://www.sipri.org/sites/default/files/2019-08/yb19_summary_eng_1.pdf)

234 Bundesministerium für Wirtschaft und Energie, 2019, Bericht der Bundesregierung über ihre Exportpolitik für konventionelle Rüstungsgüter, Rüstungsexportbericht 2018, S. 17 (https://www.bmwi.de/Redaktion/DE/Publikationen/Aussenwirtschaft/ruestungsexportbericht-2018.pdf?__blob=publicationFile&v=14)

235 Deutsche Welle, 2019, DW-Recherche. Beweise für deutsche Waffen im Jemen. (https://www.dw.com/de/beweise-fuer-deutsche-waffen-im-jemen/a-47681315)

236 Heckler und Koch, Code of Ethics and Business Conduct
(https://www.heckler-koch.com/de/corporate-compliance.html)

237 Andrew Feinstein, *Waffenhandel: Das globale Geschäft mit dem Tod.*
Hamburg 2012

238 ICAN, Atomwaffen weltweit (https://www.icanw.de/fakten/weltweite-
atomwaffen/)

239 Franziska Tschindale, Bradley Secker, Syrische Flüchtlinge in Jordanien.
Wo Kinder 15 Stunden am Tag schuften, 1.6.2019 (https://www.
spiegel.de/politik/ausland/fluechtlinge-wie-syrer-in-jordanien-
leben-a-1267830.html)

240 Pro Asyl, 2018, NEWS Die hingenommenen Toten: Jedes Jahr
sterben Tausende auf der Flucht (https://www.proasyl.de/news/
die-hingenommenen-toten-jedes-jahr-sterben-tausende-auf-der-
flucht/)

241 Amnesty International, 2017, Libya's Dark Web Of Collusion Abuses
Against Europe-Bound Refugees And Migrants (https://www.amnesty.
de/sites/default/files/2017-12/Amnesty-Bericht-Libyen-EU-
Migrationskooperation-Dez2017.pdf)

242 Jean Ziegler, Die Menschen leben hier wie die Tiere (https://www.zeit.de/
politik/ausland/2019-05/jean-ziegler-moria-fluechtlingslager-
menschenrechte-fluechtlingspolitik)

243 David Goeßmann, *Die Erfindung der bedrohten Republik: Wie Flüchtlinge und Demokratie entsorgt werden.* Berlin 2019

244 Gesetz über die Feststellung des Bundeshaushaltsplans für das Haus-
haltsjahr 2019 (Haushaltsgesetz 2019), S. 14 (https://www.gesetze-
im-internet.de/hg_2019/HG_2019.pdf)

245 https://netzpolitik.org/2018/cambridge-analytica-was-wir-ueber-das-
groesste-datenleck-in-der-geschichte-von-facebook-wissen/

246 https://www.ftc.gov/news-events/press-releases/2019/07/ftc-imposes-
5-billion-penalty-sweeping-new-privacy-restrictions

247 Robert Epstein, Ronald E. Robertson, 2015, The search engine manipulation effect (SEME) and its possible impact on the outcomes of election,
Abstract (https://www.sueddeutsche.de/politik/aussenansicht-die-neue-
macht-der-manipulation-1.3170439)

248 Wu Youyou, Michael Kosinski, David Stillwell, 2014, »Computer-based
personality judgements are more accurate than those made by humans«,
in: *PNAS*, 27.1.2015, Vol. 112, S. 1036–1040

249 Luc Rocher, Julien M. Hendricks, Yves-Alexandre de Montjoye, 2019,
»Estimating the succes of re-identifications in incomplete datasets using
generative models«

250 https://www.tagesspiegel.de/themen/digitalisierung-ki/video-
ueberwachung-london-big-brother-schaut-weg/1588342.html

251 https://taz.de/Social-Scoring-in-China/!5480926/; https://www.zeit.de/
digital/datenschutz/2017-11/china-social-credit-system-buergerbewertung

252 https://netzpolitik.org/2016/der-bundestagshack-eine-chronologie-
der-ereignisse/

253 https://www.tagesschau.de/inland/stromnetze-angriffe-101.html

254 https://www.nytimes.com/2017/05/12/world/europe/uk-national-
health-service-cyberattack.html?login=email&auth=login-email

255 David Silver, Thomas Hubert, Julian Schrittwieser, u.a,
Mastering Chess and Shogi by Self-Play with a General Reinforcement
Learning Algorithm (https://avxiv.org./abs)

256 https://www.faz.net/aktuell/wirtschaft/netzwirtschaft/microsofts-bot-
tay-wird-durch-nutzer-zum-nazi-und-sexist-14144019.html

257 https://www.sueddeutsche.de/digital/libra-geld-facebook-waehrung-
krypto-zuckerberg-1.4523830

258 Maxime Efoui-Hess für The Shift Project, »Climate Crisis:
the unsustainable use of online video« (https://Eheshiftproject.org-
uploads-2019/07), S. 4

259 Maxime Efoui-Hess für The Shift Project, 2019, »Climate Crisis:
the unsustainable use of online video«, S. 5 (siehe Anm. 258)

260 https://netzpolitik.org/2019/die-dsgvo-zeigt-erste-zaehne-50-millionen-
strafe-gegen-google-verhaengt/